文芸社セレクション

イリノイ大学　スケッチ・ノート　増補

—回想、知の探訪の果てに—

江守 克彦

EMORI Katsuhiko

文芸社

はじめに

アメリカ合衆国の中西部、大都市シカゴから飛行機で約一時間の距離を飛べば、そこは一面見渡すかぎりの大草原と大豆、トウモロコシ、小麦・からす麦畑などの穀倉地帯であった。その中にポツンとその町はある。アーバナ・シャンペインである。アメリカではよくあるのだが、二つの名前が連なっているこのアーバナとシャンペインは双子都市（ツイン・シテイ）なのである。さらにここは、州立イリノイ大学のキャンパスがある大学町なのだ。

この村落共同体に、若き異人たちが米国各地からはもちろん、世界各国からやってくる。異人たちのある者は、国を捨て、あるいは自分の属するコミュニティから疎外され、弾き飛ばされて各地を漂泊の後、束の間の休息を求めてやってくる。もちろん、親兄弟やコミュニティからの期待を背負ってやってくる者もいる。

これら若い異人たちは、外界のコミュニティから、ある者は一神教を信じる民として、また、ある者は多神教を信じる民として、この地にストレンジャーとして訪れてくる。

「神は唯一にして絶対」を掲げるユダヤ教信者の民として、
「神は唯一にして慈愛と恵み」のキリスト教信者の民として、

または、

「真神は至大にして絶対」のイスラム教を奉じる民として、訪れる。

東洋からも、

「仏は解脱にして慈悲」の仏教心を持つ民として、

「自然神はかしこきものにして共在」の神道的自然神を心にとどめる民として、訪れてくる。

これら若き異人たちは、その大学の土地の民に、異文化の風を吹き荒らす。そして土地の民と交歓して、その大学のコミュニティに小さなカオス（混沌）を引き起こして、特異な空間を作り出す。その中でまさに一瞬の交歓の後、再び世界各地へ漂泊の旅へ、あるいは自分の属するコミュニティへと散って行く。勉学・研究と、束の間の休息と淡いほろ苦い思い出を残して、世界各地へ、再び、厳しい荒野へ去って行く。

日本の歴史のなかでも、内部と外部に、その境界に神話も。

漂白・放浪者、追われ者、まれびと、遊歴詩人、芸能者、遊行僧など、定住のはざまに、聖なるものと穢れとの境界に、数多くの物語も生まれる。

赤坂憲雄の『異人論序説』（ちくま学芸文庫、一九九二）には、「異人」について次のように述べている。

「異人」とは、共同体が外部に向けて開いた窓であり、扉である。世界の裂け目におかれた門、である。……そして、境界をつかさどる「聖」なる司祭＝媒介者としての「異人」。知られざる外部を背に負う存在としての「異人」。内と外が交わるあわいに、「異人」たちの風景は茫々とひろがり、かぎりなき物語群を分泌しつづける。

ここに述べる若き異人たちの物語や出来事は、もう数十年近くも前の昔のことになってしまったが、私にとって、偶然が必然となった、まさに一瞬ともいえる出会いと交歓の物語のほんの一部にしかすぎない。

この本では、我々家族の写真は別として、登場人物の顔がはっきりとわかるような写真は掲載しないこととした。また、この物語は、登場する人物の名前を、多く別名にしたが、すべて事実である。

悠久の時の流れと瞬、そして、愛、それもさらに長い年月が経てば、どこかに消え去ってしまうようなはかない一つの伝説となろう。

今、高年になって、限られた我が人生の、歩みの跡を振り返り、回想し、知の探訪の果てに、心身に宿る、自然への、生きるものの霊を崇めるようになってきている。

目次

第四章　大学と研究生活……281

イリノイ大学　スケッチ・ノート　増補

―回想、知の探訪の果てに―

イリノイの四季

イリノイ、ああ、イリノイ大学、アーバナ・シャンペイン、我が第二の青春の地よ
緑春は短く、青夏暑く、紅秋は移ろいやすく、白冬寒く、美しさと、はかなさを、

春
草原はみずみずしく、そして、輝き、どこまでも薄緑にして、大地は広く、のどかに
しかし、すばやく駆け抜ける
夏
青々とした草原に、太陽は輝き、気温はどこまでも高く、暑く
しかし、乾いた薫風が汗を拭い去り、気持ちはさわやかに
秋
草木は黄葉に、また紅葉にと、青空に燃えて映え
そして、あざやかに変化し、速やかに散り急ぐ、街路を黄紅色のジュウタンにして
冬
白一色の大平原で、烈風は強く頬を差し、気温はどこまでも低く厳しく

凍て付いた木立ちの霧氷が朝日を受けて、青く澄んだ大空にキラキラと輝く
イリノイはかつてはネイテイブ・アメリカンの土地
リンカーンが大統領になった土地
ああ、茫漠としたイリノイの大草原に幸いあれ！

過ぎ去りし日々は淡い夢の中に
友は皆、若く真剣で純情であった
つらい思い出は細かな霧となって消え
懐かしさのみが、胸にうずく
ああ、友よ、草原よ、イリノイに幸あれ！

序章

それは、もうはるか遠い昔の思い出となってしまった。

その時、高層の新宿三井ビルディング、二十五階が私のオフィスであった。日本全体が、若々しく活気に満ち溢れており、私も夜遅くまで働き、時には会議室で寝泊まりするほど毎日が忙しい日々であった。でもほんのチョットした時間の隙間に、変化を求める気持ちが入り込んでいた。もっと足元を見つめたい、専門知識を深めたいという気になっていた。この感情は、会社入社後約十年を経過しサラリーマン業務に慣れ始めた若者ならば誰しもが持つものであったろう。行動に移せるかどうかがカギであった。

そのビルの一階に当時の三井銀行西新宿支店もあった。今は、他銀行と合併して名前を変えて、三井住友銀行新宿西口支店として別の場所に存在している。そこの二階別室の為替担当窓口で私の預金口座残高の英文の預金証明書を発行してもらうことになった。いろいろな銀行にある小額の貯金を一時的に集めて、そこの三井銀行の私の預金口座にまとめて預け直しをして預金金額を大きくした。その預金証明書は、その時点での預金金額の残高を示し、その下に次のように印刷されていた。

“To Mr. Katsuhiko Emori

We certify the balance of your undermentioned deposit account held by my office at the close of business on Dec.4,1973 ～”

一九七三年十二月四日付けの私の口座の預金残高を証明する書類であった。最後にアシスタント・マネージャーのサインがあった。手渡してくれたカウンターの魅力的な若い女性が、

「どこか留学されるのですか？」

と小さな声で話しかけてきた。

「ええ、アメリカの大学院へ応募するんです」

「いいですねえ。がんばって！」とささやいてくれた。予想だにしなかった励ましの言葉だったので、ひじょうに面食らった。

その証明書は米国への留学生として渡米するために、学生用ビザであるＦ１ビザ（Ｉ20Ｆｏｒｍ）を得るための必須の添付書類であった。その金額は一年間の留学滞在中の授業料と生活費を支えることができる自己資金を保有していることを明らかにしていた。

当時は、一ドル約三百円に相当し、一年間で約七千ドル必要としていたが、自己資金だけでは足りなく、保証人にお願いした義父の預金証明書も添付した。

これまで、過去約二年の間、いろいろなところへ押しかけた。会社からの帰り道でもある新宿ターミナル駅近くのリンガホーンの夜の英会話にも一年間通ったし、必要とされる英語語学力試験ＴＯＥＦＬを受けに、池袋駅近くの立教大学の試験場にも行った。三回受けて一番良い点数を選んだ。それでも、五百点ギリギリであった。

現在でも、日本は英語後進国と言われる。自分の意見を述べ、討論したり、日常の生活

をする英語力は、学校教育ではあまり育成されていない。

大学時代の成績証明書も郵送してもらった。一、二年の成績は悪かったが専門の三、四年の時は勉強したので成績は良く、総合で一～五段階評価の約四・三だった。また、恩師や別の先生の推薦状をもらうために、京都まで出かけて行った。米国大学への自費留学は、日本で卒業した大学の学業評価と推薦状、英語能力、そして、留学期間の経済状態が入学資格授与判定の条件となる。

当時、赤坂の山王グランド・ビル二階にあったアメリカ文化情報センター内の日米教育委員会（Japan-U.S Educational commission）にも顔を出した。現在は、業務形態（留学情報は含む）を移行中で、「アメリカンセンター Japan」として、近くの野村不動産溜池ビルへ移動している。

当時のセンターは、あのよく知られたフルブライト奨学金も担当していた。そういうところは、田舎育ちの私にはいままで縁がなかったので、勇気を出して恐る恐る厳めしい名前のついたドアを開けて、そのオフィスに入ってみると、なーんということはない、ひじょうに開放的なオフィスであった。

その部屋は静かな図書室のようでもあり、東京の大学生や、研究者から若き講師クラスまでの人々が次々と訪れていた。訪問者各自がめいめいに書棚から米国の各大学や研究機関のデータの詰まった書類を取り出して調べていた。米国の大学・大学院カタログ、大学院の授業コース・研究内容、教授陣などのデータ、留学手続きなどを調査するのである。

女子学生も数多く訪れており、静かだが気軽で華やいだ雰囲気であった。そして、なんとここでは予約をすれば、一人一人の進路にアドバイスまでしてくれるのである。もちろん、無料であった。そこで米国留学オリエンテーションを受けて、カウンセラーから米国の大学の入学願書送付依頼用紙を手渡された。リストの中からある大学を抽出して、手紙を出した。そして、数枚の入学希望願書を取り寄せて、五月に預金証明書も含めて必要書類を提出した。

約半年後、一九七四年十月二十三日に、一通の手紙を受け取ったわけである。そこには次のような文章から始まっていた。

"Dear Mr. Katsuhiko Emori:
We are pleased to advise you that you have been admitted to the University of Illinois at Urbana for Spring 1975 semester to study Civil Engineering at the Graduate level. ～"

イリノイ大学アーバナ・シャンペイン校のシビル・エンジニアリング学部（現在、シビル・アンド・エンバイロメンタル・エンジニアリング学部）大学院へ、翌年、一九七五年の春学期から入学を認めるという手紙であった。アメリカの数ある大学の中から選んだ数校の大学に願書を出したところ、なぜかイリノイ大学アーバナ・シャンペイン工が入学を許可してきた。

なお、日本の建築物の構造設計等は建築（工）学科に所属するが、欧米の大学では、建築物・ダム・橋・道路等の構造物の解析・設計は、シビル・エンジニアリング学部に所属し、建物のレイアウト・デザイン設計・環境等は、建築学部に所属していた。現在では、学部・学科は、領域を統合したり、名称を変えたり、時代の変化とともに、新しい命名も存在している。

イリノイ大学では、一般学生が学ぶ一月から五月末までの春学期と、九月から十二月の秋学期との二学期システムを採用しているが、別に、六月から七月末までの夏学期も実施されているので三学期システムともいえる。正式の卒業式は六月である。

ちょっとしたきっかけから、行動し続けたことが、ついに変化に繋がったのである。

「企画立案し、実行する。不都合があれば計画を修正し再び実行する」

この行動の繰り返しにより、変化が芽生え計画が実現する。約十年間、会社で学んだ長期計画実現への行動規範は、正しく真理であった。数年前までは、考えもしなかった夢のような計画が事実として次々と実現していった。まさに偶然が必然となった瞬間だった。

しかし、喜んでくれるはずの義父（当時の金沢大学教育学部教授増永良丸氏）は一カ月前に亡くなっていた。生前にアドバイスも受けていたので、その義父のアドバイスや妻泰子に感謝しつつ、そのまま実行することとした。

会社へは退職を覚悟して事情を話したところ、上司たちの努力により、二年間の休職扱いにしてくれた。ついに単身、米国の中西部の田舎町アーバナにあるイリノイ大学へ自費留学することとなった。その手紙には、翌年の一月八日に大学の留学生担当オフィスへ、この手紙とパスポートを持参して訪ねるようにと書かれてあった。

家族と会社の上司のささやかな見送りを受けて、大きなボストンバッグとショルダーバッグを持って単身、ノースウエスト機NW〇〇六便で羽田を発ったのは、あわただしい正月を過ぎて、数日後の一九七五年一月五日（日）の夕刻であった。深い知識もなく、将来の約束された展望もなく、勢いで出かける、初めての単身で長期の海外旅行でもある。その日は晴れていたが、なぜか空の模様も、身も心も、寒々と感じた日であった。

その後、我が家族三名（妻・泰子、娘・麻子、息子・新）は、金沢の妻の実家に戻り、生活支援を受けることになった。

社宅から退去、東京からの転出手続き、引越し作業他、多様な手続き作業があり、妻は一時、体調も崩し、私の福井の実家の協力（母末子、同居の私の弟夫妻、正毅、すず子さんが私の子供二人の世話）もあり、平穏な金沢の生活に戻るのは、約半年後であった。

今、振り返れば、私の家族への配慮が少なかった事に、サポートしてくださった当時の多くの人々、母、弟夫妻、そして妻の実家、会社の人たちに、心から感謝します。

第一章　イリノイ州

イリノイ州

イリノイ州はアメリカ合衆国の中西部の位置にあり、その北東側にミシガン湖がある。イリノイ州の当時の人口は約千二百万人である。この州にはミシガン湖に面した、州内の最大都市で人口約三百四十万人のシカゴが存在するが、州都はシカゴではない。州都は州の中心部、シカゴから南下して約二百五十キロメートルの位置にある、人口約十万人のスプリングフィールドである。あのリンカーンが大統領になるまで家庭を持ち、弁護士として生活した町である。シカゴは北緯約四十二度で、日本の函館とほぼ同じ北の位置にある。

州の花は野スミレで、ニックネームはプレアリ・ステイト（the Prairie State,大草原の国）と言われている。北部に大都市シガゴを持つ大工業と商業の州であるとともに、南部には大農業地を持ち、大量の大豆、トウモロコシ、小麦やからす麦を生産する穀倉地帯である。また、石炭、ガスも産出する。北アメリカ大陸の中央部を北から南に向かって縦断して流れるのがミシシッピー川であり、ニューオリンズでメキシコ湾に注ぐ。そのミシシッピー川を挟んでイリノイ州の西側にアイオワ州とミズリー州がある。イリノイ州の東側はインディアナ州である。さらに、北はウィスコンシン州、南はケンタッキー州である。このようにイリノイ州は周りを五つの州で囲まれている。産出された大豆は、そのミシシッピー川を南下し、ニューオリンズから全世界に輸出されている。（輸入国、日本第四

位、二〇一七年）

イリノイ州の案内パンフレットによると、西暦一六七三年に、最初にヨーロッパ人がイリノイの土地に足を踏みいれた。その名をマルクエットとジョリエットという。フランス人である。彼らは、メキシコ湾に面するニューオリンズからミシシッピー川を北上して探検旅行をしていた。ミズリー州のセントルイス近くから分岐して、ミシガン湖に注ぐイリノイ川を北上してイリノイ州に入ったのである。

一七六三年、イリノイ州を含んだこの広大な地域をフランスはイギリスに引き渡した。その後しばらくして、アメリカ東部のバージニア州から人々が移住してきた。その時は、この地域はバージニア州の一部であったが、一八一八年にイリノイ州になった。しかし、依然として、まだイリノイの土地は東部からみれば、遠いフロンティアの土地、ネイティブ・アメリカンの活動する地域であった。

一八三二年、ネイティブ・アメリカンとのブラック・ホーク戦争を経て、その翌年にアメリカ合衆国がイリノイ州全土の実質的な主権国になった。

そして、最初は探検家が、次に農民がやってきたが、あいかわらず、このイリノイ大平原の土地は、人々が生活したり、農地として耕すことには向いていないようにみえた。ただバッファローの通り道のみが刻まれていた。その後、数多くの移住者がそのバッファロー道を通って、イリノイ州を横断して西部へ向かっていった。

一八〇〇年代のはじめの頃までは依然として、ここは移住者には魅力ない土地であった。

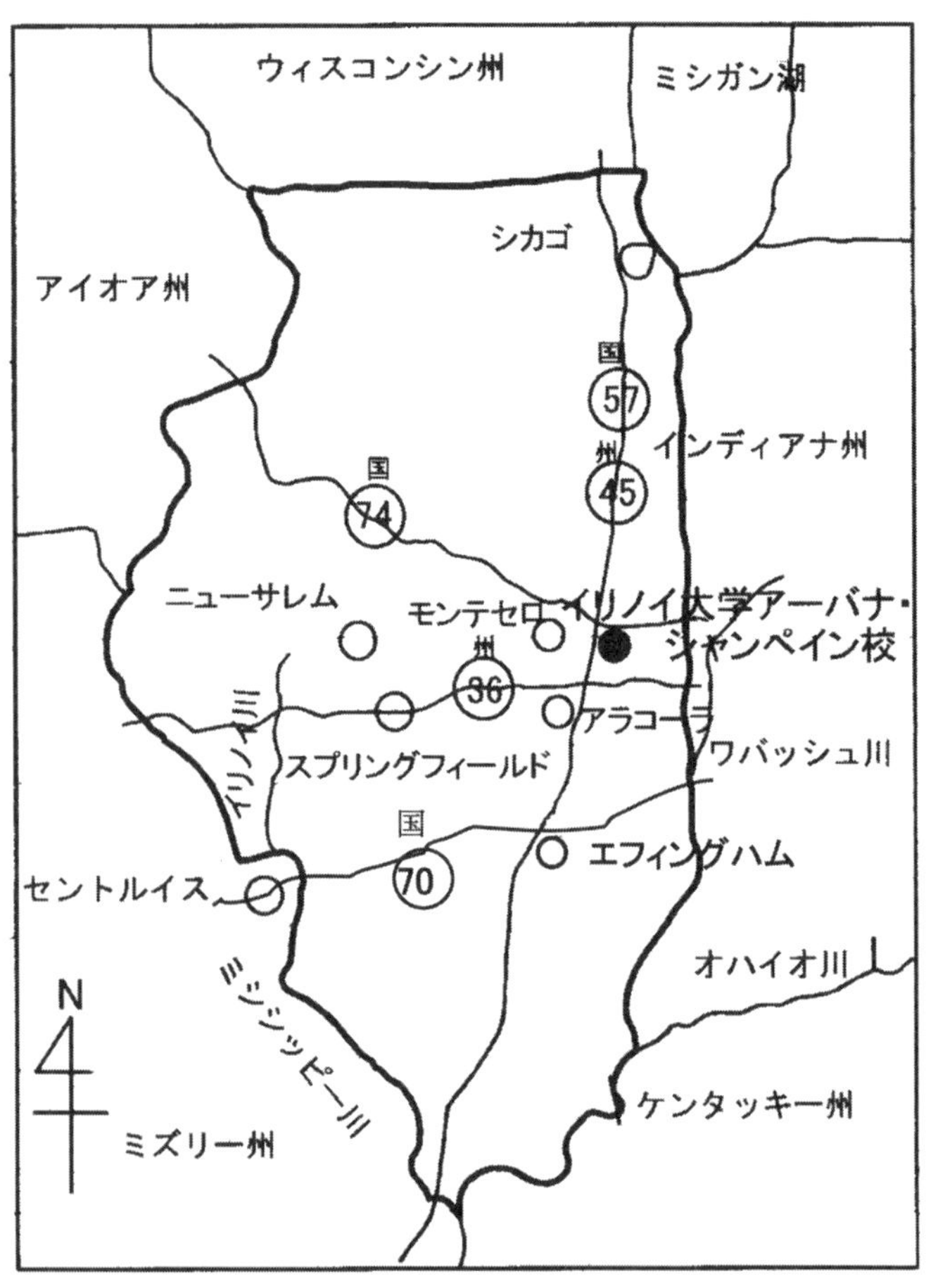
ウィスコンシン州
ミシガン湖
シカゴ
アイオア州
国
57
インディアナ州
州
45
国
74
ニューサレム
モンテセロ
イリノイ大学アーバナ・
シャンペイン校
州
36
イリノイ川
アラコーラ
ワバッシュ川
スプリングフィールド
国
70
エフィングハム
セントルイス
ミシシッピー川
オハイオ川
N
ケンタッキー州
ミズリー州

イリノイ州の地図

その当時、入植の当初は、鋤は自分たちで造った木製であったし、木製の鋤で耕そうとしても、この大平原の土壌には歯が立たなかったのである。土壌は草の根が網の目状に張り巡らされていたために、堅固すぎたのであった。

　春や秋の豪雨の時には、平地は大きな水溜まりや湖になった。イリノイ州の東部や、中央部のシャンペイン地方は特にひどい地域であった。しかも乾季もあるために、一年にわたって、たえず水分を必要とする木や森は育たなかったのである。

　ヨーロッパから移民して来た数多くの農民たちは、最初は森林が育たないこの土地は農地としては役に立たないと考えていた。

　やがて、それでも、土地が安いために少しずつ人々が移住してきた。その中にドイツ系移住者が湿地や沼地の排水を行うために、土管を埋設した給排水システムを適用した。また、移住してきた鍛治屋も鉄の鋤を作りはじめた。これらはこのイリノイの堅い大地を耕作する際には、多大の効果を発揮していった。

　そして、このようにこの大平原の土壌は、水の給排水システムを完備して給排水を良くすれば、森林の土壌に比べて、とても肥沃であることがわかってきたのである。農民が土地を大規模に開墾して畑に変え、集中的に作物を植え付けて収穫するシステムを開発し、毎年同じ土地で小麦や大豆を大量に収穫することができるようになった。鉄道が通り、農業生産物のマーケットができて、町が育っていった。

　そして、現在では、アメリカでもっとも豊かで、生産性のある、豊饒な農業地の州に加わったのである。

今でも、イリノイの大農業地に囲まれた町や村々には、素朴で美しいアメリカの風景が残っている。保守的で、宗教心に厚く、質素で陽気な人々が住んでいる。

そして、我々、外界からの民が、この土地に住みはじめると、イリノイ大草原の輝きの中に、一瞬一瞬の変化を知り、〝清澄な自然と素朴な人間性〟に触れて感動する。

シカゴ

　イリノイ州シカゴの郊外にあるオヘア空港に着いたのは、現地時刻、一九七五年一月五日、日曜日午後四時ごろであった。同じ日の午後七時四十五分に羽田空港から、ノースウエスト機NW〇〇六便に乗り、アンカレッジを経由して、シカゴのオヘア空港に着いたのである。生まれてはじめて海外に、右も左もわからなく、しかも、たった一人で出かけたのである。当時は成田空港もできておらず、シカゴへ行くには直通便がなくてアラスカ州のアンカレッジ経由であった。

　アンカレッジ空港では、米国の国内航空機トランスワールド機に乗り換えた。

　羽田発のノースウエスト機の機内には、私の周りに日本人乗客がたくさんいたが、アンカレッジ発シカゴ経由ニューヨーク行きのトランスワールド機の機内は、クリスマスと新年休暇帰りのアメリカ人家族で満ちあふれていた。ただ私の隣席に日本人の商社マンが座ったので、機上中はとりとめない話ができて気休めになった。

「どこへいかれるのですか」

「イリノイ大学へ留学するのです」

「いいですねえ。私も若ければ大学院で勉強したいなあ」

　とつぶやき、アメリカの状況をいろいろ説明してくれた。

アンカレッジ空港では乗り換える時、旅行用大型ボストンバッグを自動的にシカゴまで運んでくれるものと思い込んで、チェックすることを忘れてしまった。飛行機で海外旅行をする場合、個人の荷物の税関チェックは、その国の最初に到着した空港で行われるという原則や、自分のバッグを乗り換える航空機に移動させるという基本的なチェックを忘れてしまっていたのである。シカゴのオヘア空港に着いて、荷物の引き渡し場所のターン・テーブル前で、次々と乗客が自分の荷物を取り上げて去っていく中で、いつまで待っていても、私の大型ボストンバッグは現れなかった。

遠くの空港出入り口エリアを眺めると、機内で同席となった商社マンを四〜五人が出迎えていて、一緒に空港を去っていくのが見えた。なぜかその光景をみて急に心細くなった。こちらはまだ自分の初歩的ミスに気付かないのと、どう対応してよいか解らなくて、空港を端から端まで大分うろうろと歩き回ったので、空港内の待ち合い席で座っていた人々は、行ったり来たりする私を眺めて、ずいぶん奇妙に思っただろうと、今思い出しても苦笑せざるをえない。その時、ショルダーバッグを肩にかけ、服装もやったらめったら着込んで、目立つ異形な姿でうろつく東洋人の私は、多くの人からジロジロと視線をあびていたことには気が付いていた。

やっと旅行用大型ボストンバッグを探し出すことを諦めて、空港の隅にある苦情処理係を探し出すことができたので、事情を話すことにした。

「私の大型ボストンバッグが出てこないのですが」

つたない英語で言うと、四十歳代の太った係員が無表情に、

「オーケー、調べてみましょう。航空券をみせてください」

と、言ったように聞こえた。そして、しばらくの間慣れた仕草でアンカレッッジ空港に電話したり、あちこちと電話をかけまくっていた。しばらくして、私の方へ顔を向けて、

「今のところまだ見付かっていないが、バッグが見付かった場合の連絡先を教えてください」と言った。また、

「だいじょうぶですよ。安心して待っていてください」

「かならず見付かりますよ」とも述べた。

係員も手慣れた様子なので、どうも私のようなケースは数多く発生しているように感じた。

オヘア空港にはあれこれと二時間はいただろうか、大型ボストンバッグが見付かった場合の郵送依頼手続きを終えて、やっとその日の宿泊場所で、シカゴのダウンタウンにあるミシガン湖沿岸のトラベル・ロッジへ行く気になった。そこは日本で予約していたのである。

またしても今度は、ダウンタウン行きのバスの乗り場がわからない。したがって、タクシーで行くことにした。空港周りをさらにうろうろと歩き回って、長い列を作ってタクシー待ちをしている付近まで来ると、さかんに話しかけてくる輩がいる。

「シカゴのダウンタウンまで五十ドルだよ、いや、まけて三十五ドルでよいよ」

とか言っている。

日本でもお馴染みの白タクである。お登りさんに見えたのか、カモに見えたのか、私に近づき、

「だいじょうぶ、だいじょうぶ」

と私の手を引っ張るようにして連れていき、ドアを開けて、私の体を車に乗せてしまった。この時も、近くで一般のタクシーを待って長い行列をつくっている人々から、同情とも憐れみともつかない眼差しで見つめられていたことには気が付いていた。この手は危険だと教えられていたが、あれよあれよと言う間に乗せられてしまった。幸いにして、相乗りであることが判かった。次々に客が乗り込んで来て私を含めて三名になった。愛想のいい運ちゃんであった。

空港を走り去り、高速道路を通ってシカゴのダウンタウンに入ると、客は目的地に着き次々と降りていった。最後に私が残った。こちらの弱みに付け込んで運賃を吹っ掛けられるのではないかと内心びくびくしていたが、モーテルのトラベル・ロッジに着いて無事言い値の運賃で済ませることができた。最後に、

「Have a nice trip!」、楽しい旅行を…！

と陽気な声で言い、車を発進させ、去っていった。

大型旅行ボストンバッグの紛失の件であちこち歩きまわり、疲れていたので、チェックインして、少量のハンバーガーを食べ、その日は何も考えないですぐに寝た。

　翌朝は六時頃に目が覚めた。外はほのかに明るかった。前夜は暗くてよく判らなかったが、モーテルのトラベル・ロッジは、外壁が白と橙色が組み合った外観を持ち、軽快で、現代的な感じの建物であった。建物の平面形がコの字型の三階建てで、一階の部屋はドアの外が直ちに建物の外の中庭となる。平面形コの字型の内側の中庭は同時に駐車場でもある。外に出てみると、すぐに両側に歩道をゆったりととった広い車道をもつ街路に出た。ミシガン通りであった。夜中に雨が少々降り、地面は濡れていた。早朝の天候はどんよりとした曇りで霧がかかっており、まだ街路灯が点々とついて、ぼんやりと光っていた。遠くは霞んでおり、寒々とした冷気があたり全体を包んでいた。車も人通りも少なく、町全体がようやく眠りから目を覚まそうとしていた。

　宿泊宿の正式名称はシカゴ・ダウンタウン・トラベル・ロッジである。ミシガン通りとルーズベルト通りの交差点近くにあった。

　すぐ隣には七階建てで年代の経ったクリロン・ホテルがあり、街路からもよく見える上層部の褐色の外壁には、二ドル二十五セントから宿泊できるとペンキで書かれていた。

　一つ通りを挟んだ向こうに大きな公園があった。ミシガン湖に面したグラント・パークである。目が覚めてしまったので、厚手のオーバーを着て、その近くまで散歩に出かけた。

　シカゴの一月は寒く、吐く息も白かった。朝七時頃になると街路灯も消えて、あたりがようやく明るくなってきて車や通勤の人通りも多くなってきた。

交差点で信号待ちしていると、なんと若いが化粧もしていない素朴な白人女性が道を尋ねてきた。もちろん、こちらも土地勘は何もないし、答えられようがない。向こうもお登りさんらしい。あたりをきょろきょろ見渡しながら遠くへ去っていった。

このトラベル・ロッジには三年後、シカゴに車で来て再び宿泊することになる。すでに呼び寄せていた家族とともに、渡米してきた義母を出迎えるためであった。その時は妻と子ども二人で二部屋を借り、楽しい宿泊であったが、当時の渡米の最初の宿泊場所での東や西も何もわからず、寒々とした気持ちや情景を思い出して、感無量であった。

アーバナ・シャンペイン

シカゴ郊外のオヘア空港からローカル線のオザーク航空の飛行機に乗って南に約二百キロ飛行すると、約一時間でアーバナ・シャンペイン郊外のウィラード空港に到着する。飛行機から眺めると、町は周囲を、牧場、とうもろこし、小麦、大豆畑で囲まれている。その中に点々と農家もみえる。

シカゴから車で行く場合は、国の高速道路インターステイト五十七号線を約二時間半南下すれば、その田園風景の真っただ中にあるアーバナ・シャンペインに着く。

アーバナ・シャンペイン（Urbana-Champaign）はツイン・シティ（Twin City）である。いわゆる双子都市である。アーバナ約四万人、シャンペイン約六万人で、両方の市の人口は約十万人である。位置は北緯約四十度、日本で比較すると、北の位置が十和田湖と盛岡間の中間の位置にある。

両市を東西に分割しているのは、南北に一直線に通るライト通りである。このライト通りは大学キャンパスをも中央部を一直線に分割する。ライト通りの東側がアーバナで西側がシャンペインである。（四四ページ参照）

両市の北方及び西方郊外に、国の高速道路インターステイト七十四号線（東西方向）と五十七号線（南北方向）が通り、それぞれ直角に交差する。（二八ページ参照）

シカゴからアーバナ・シャンペインへの交通は、車や飛行機のほかに鉄道もある。大学キャンパスの西側に州道四十五号線（インターステイト五十七号線とほぼ平行）に沿って、鉄道線路が南北に走っていて、イリノイ・セントラル鉄道の列車が通り抜ける。シャンペインに駅がある。

旅客列車は一日に二〜三便しかない。そのほかに貨物列車が二〜三便走る。貨物列車は延々と長く、のろのろ走っているため、踏切で貨物列車に遭遇すると、長い間待たなければならず、がっかりする。

ダウンタウンはシャンペインの方が大きく、キャンパスから車で十分程で行ける。数十軒ぐらいの商店やレストランがあるが、そのほかはほとんど住宅である。

アーバナ、シャンペインそれぞれに市議会、警察署などの公共施設がある。そして合理化、経費削減と称して、ときどき合併して一つの大きな市にしようとする動きが生じるが、いつも、いつのまにか立ち消えとなる。

アーバナ・シャンペインは、イリノイ大学のコミュニティが中核となっている。大学は周囲の田園と、さらにその外環の広大な大草原に囲まれて、外側とは無縁な共同体空間として存在する。その空間は、周りの人々にとっては、未知の空間であり、異空間でもある。その空間には、全世界のあらゆる混沌が存在する。世界各地の文化、風俗、人種、宗教を背に負った若き異人たちが生息する空間でもある。その空間と外部空間の境界をなす目印はない。境界はあいまいで周辺に溶け込んでいる。ただ、大学コミュニティの中央部に、

アルマ・マータ像
（背景：アルトゲルト・ホール）

大学の象徴たるシンボルのアルトゲルト・ホールや、大きなアルマ・マータ（母校）彫刻像が存在しているのみである。

周りの定住民からは知的異人たちが滞在し、巨大な知的エネルギーを発信し続ける「知」なる空間として尊敬の眼差しで見られている。

大学コミュニティ内は、自由な発言権があり、平和な集団であり、若人の集団でもある。相互に平等であり、解放領域、保護領域でもある。アメリカ社会構造の中での若さと知性のほとばしる泉でもある。ここでは、異人たちは学生として、研究者として一時的な来訪者として姿を現わす。自国の慣習や文化を知っているが、この周辺の土地の文化や慣習はあまり知らない。

これら異人たちのある者は数カ月から一年、二年と滞在し、その後、このコミュニティを去る。三年、四年、六年以上と仮の定住をしはじめる者もいる。しかし、大学生は四年間で、大学院生、研究者は一～三年間で九〇パーセント以上が入れ換わる。

第二章　大学と生活

イリノイ大学アーバナ・シャンペイン校

イリノイ大学アーバナ・シャンペイン校（University of Illinois at Urbana-Champaign）はアメリカ合衆国中西部、イリノイ州のほぼ中央部の、アーバナとシャンペインにまたがって存在する州立大学である。両市は合わせて人口約十万人である。

この典型的な大学町を一歩出ると広大な大豆畑やとうもろこし畑、小麦畑が続き、さらに大草原へと繋がっていく。

本校は一八六七年に設立された。最初はイリノイ産業大学（Illinois Industrial University）として開校し、現在は総合大学となっている。

当時の調査データ（大学当局や留学生担当オフィスの会報・配布資料等、一九七四年）によると、学生数は、大学院生を含めて約三万五千名である。内訳は、白系アメリカン約三万人、アフリカン・アメリカン約千二百人、オリエンタル・アメリカン約四百人、ネイティブ・アメリカン約三十人、スパニッシュ系約二百五十人、外国人約千五百人、その他回答なしが千六百人である。外国人学生は九〇パーセント以上が大学院学生である。

外国からは約九十カ国から来ている。その数は交換教授、研究者を含めて約二千名となっている。

九十カ国の内訳を地域別に示すと、アフリカから十九カ国、アジアから十四カ国、中東十一カ国、ヨーロッパ二十カ国、南北米二十三カ国、オセアニア二カ国と世界中の各国から留学して来ている。なお、同窓生（卒業生、一定期間在職した教員、研究員等）の中から、二十三名がノーベル賞を受賞している。（一八六七―二〇一七年、本学のホームページより）。さまざまな文化を背に負う民族の青年たちが、この大学に一定期間、集まり、共生し、研究し、学び、そして、去っていく。その多様性の中に、人類の未来の希望が含まれている。

日本とも関係が深く、当時、約百名の学生、研究者、交換教授が毎年滞在し研究に励んでいる。日本では大学入学試験をパスするための受験勉強が大変だが、こちらでは大学院時代がまさにそれに相当する。しかし、世界各国から来ている留学生も十分その試練に耐え、自主的に行動し、成果もあげているところをみると、人間は人種、国籍に関係なく等しい潜在能力を持っているということになる。

なお、近年では、世界各国、特にアジア各国からの米国留学生数は増加しているが、日本からの留学生は減少している。

ここの大学の教育システムの特徴は、一言でいえば「柔システム」にある。一年は春（一月から五月）、夏（六月から八月）、秋（九月から十二月）の三学期制で構成され、各学期ごとに、いつ入学してもよく、いつ卒業してもよいシステムである。したがって入学式はないが、正規の大多数の新入学生は九月に入学する。その時は、キャンパス内はささやかな祭り日となる。また、正規の卒業式は、五月末の年一回のみ行われる。

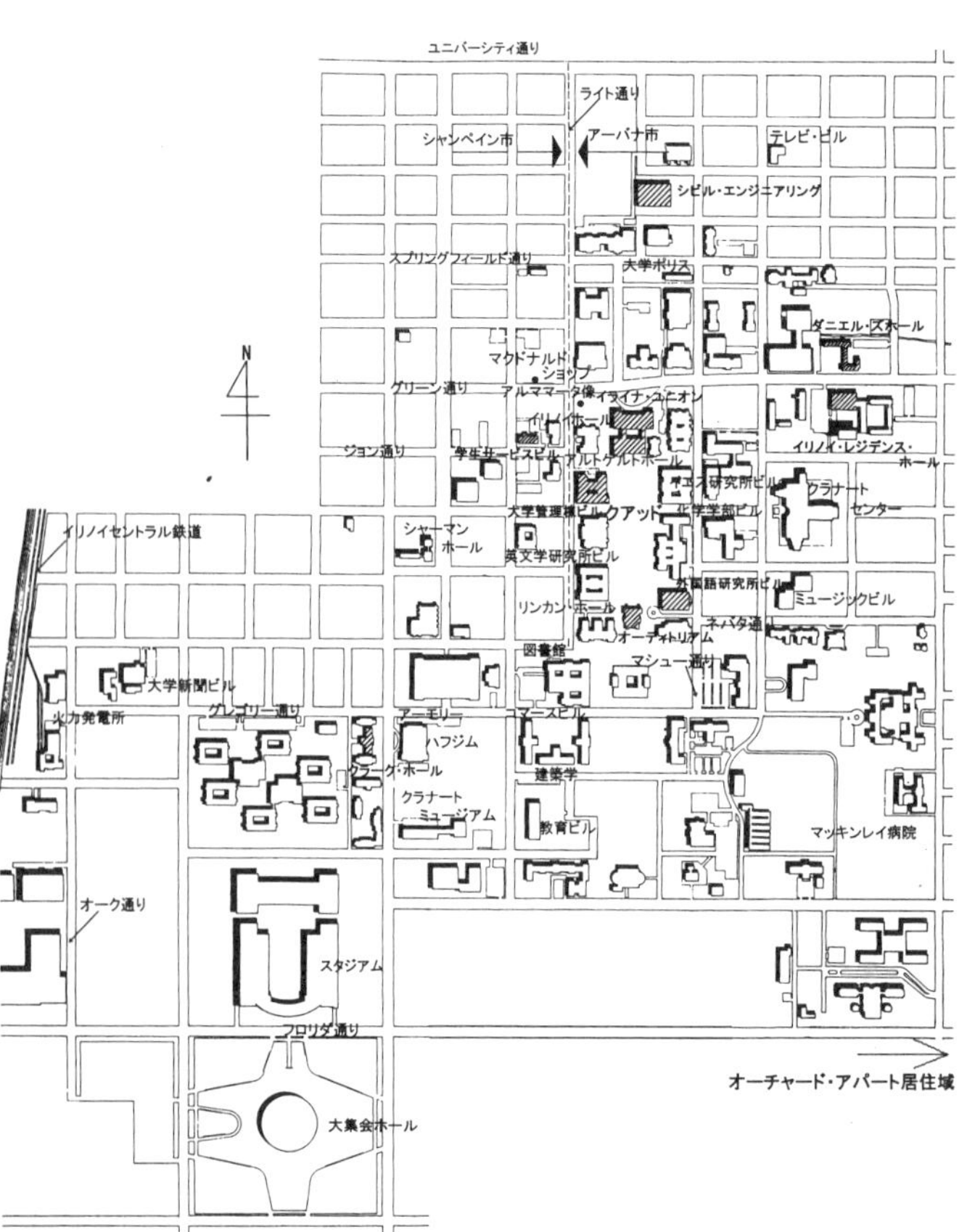

イリノイ大学アーバナ・シャンペイン校
（当時のイリノイ大学発行パンフレットから、日本語に修正）

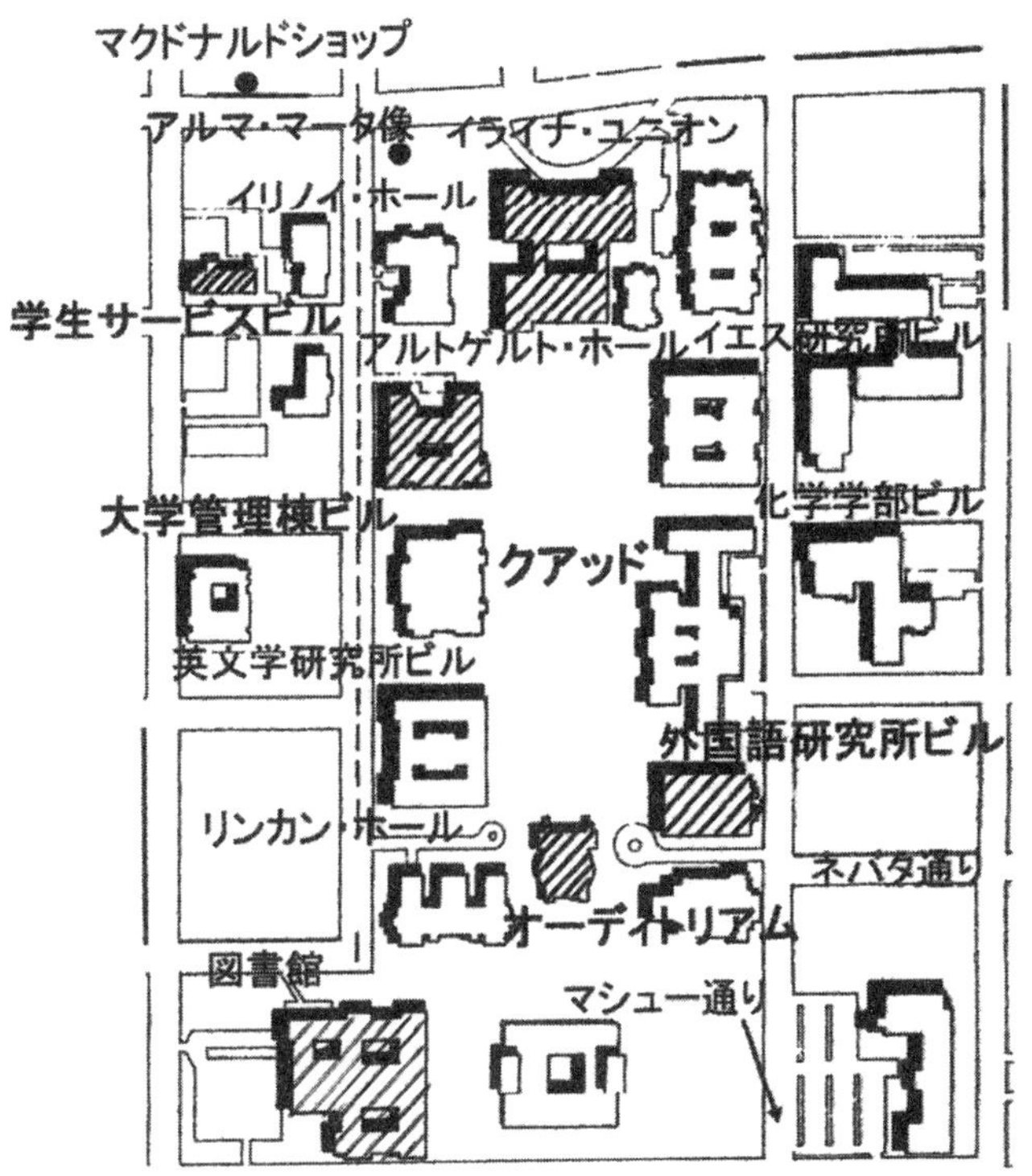

イリノイ大学アーバナ・シャンペイン校：クアッド周囲
（当時のイリノイ大学発行パンフレットから、日本語に修正）

各学期はそれぞれ独立しており、各学期ごとに成績が出て単位が与えられる。このうち、夏学期がとくに重要である。この期間中、アメリカの数百万といわれる大学生は一斉に働きに出るが、早く卒業したい人、病気で遅れた人、夏だけ会社から離れられる人などは、この学期を有効に使って単位を取り、遅れを取り戻したり、早く卒業する努力をする。

アーバナ・シャンペインの郊外にあるウィラード空港に着いたのは、一九七五年一月六日月曜日の午後二時ごろであった。同じ日の朝にシカゴで一泊したトラベル・ロッジから、車でオヘア空港へ行き、正午ごろに、そのオヘア空港からオザーク航空会社の小型のプロペラ機に乗って、ウィラード空港に着いたのである。ちなみに、このオザーク航空会社は、今は別の航空会社に吸収合併されて存在しない。

ウィラード空港は小さなローカル空港で、平屋建ての小屋が滑走路の脇にポツンと建っているだけと言ったほうが判りやすい。本大学が管理している。空港の出口でうろうろしていると、リムジン・バスの運転手がさかんに声を出してイリノイ大学方面への利用者を集めていた。

「イリノイ大学方面は、この車に乗ってください」

と叫んでいた。

他に行く手段がなかったのでリムジンに乗ることにした。リムジンは、八人乗りで六名が乗った。州道四十五号線で大学に向かって走る車の窓から、外の草原やトウモロコシ畑の風景を眺めていても、初めてなのでどこをどう走っているのか、さっぱりわからなかった。

二十分程で、イリノイ大学キャンパス内に数多く点在するホール建物（ドミトリー、学生寮）に次々に止まり、休暇明けの乗客の学生たちも慣れたしぐさで降りていった。春学期の授業科目の登録は、一月二十日からで、授業は三十日から始まる。最後に残った私に向かって、運転手は行き先を再確認した。

「あなたは、どこで降りるんでしたっけ」

「クラーク・ホールで降ろしてください」

「いやあ、すまない。さきほどそこを通過したんですよ。すみませんが戻ります」

と、答えた。私の英語の発音があまりわからないようだったのである。こちらの行き場所は、本来は、イリノイ大学の留学生担当オフィス（Office of Foreign Student-Staff Affairs）であるが、出頭する日は八日なので、手紙で指示されていた一時宿泊所のクラーク・ホールへ直接行くことにした。クラーク・ホールの前に到着すると、

「どうも、少し料金が高くなって、すまないことをしました」

と、すまなさそうに言い割高な料金を受け取って去っていった。リムジンが去ると、まったくの一人ぼっちになった。

クラーク・ホールは同じく学部学生用の寮であった。年代を感じさせるレンガ造りで、外壁レンガは黒褐色になっていた。まわりの緑葉の木々に囲まれて、シックなたたずまい

大学キャンパス内の大集会ドーム（フロリダ通り）

となり、つつましく自然の中に溶け込んでいた。玄関に入り受け付けの呼び鈴を押すと、しばらくして、若い管理人が出てきた。どうもこの大学の在校生で、冬休み中はアルバイトで管理人になっているらしい。

「一月の春学期から入学する者ですが、二日間ここに泊めてください」

と、理由を話して八日朝までの二日間の宿泊を頼んだ。管理人は、

「では、ここにサインして料金十五ドルを支払ってください」

と、事務的に言った。料金十五ドルを支払うと、部屋の鍵と毛布とベッドのリネン物（敷布やマクラカバー）を手渡された。大学はまだ休暇中なので、寮内は閑散としていた。

部屋に入って、リネン物でベッドを整理し仰向けに横たわると、やっとほっとした気分になった。共同のシャワー室でシャワーを浴びて、夕食を取るべく外へ出た。もう午後四時を過ぎていた。外は晴れていたが、ひどく寒かった。アーバナ・シャンペイン双子市は大学都市である。周りは広大なコーン畑と草原平野である。大学構内と外界との仕切りもなかった。グレゴリー通りを西方向へ行くと大学が維持管理する石炭火力発電所に突き当たった。そこで南に下って少々歩いたら広い大通りに出た。東西に走るフロリダ通りである。周りは見通しが良く、冬の薄茶色の芝生の大地が続く広大な空間で、その中に大学の施設がポツンポツンと建っていた。南の方向を見ると、かすかにコーン畑が見える。東の方向も遠くにスタジアムや大集会ホールらしき建物が見受けられたが、食べ物屋は何もなさそうであった。西の方向には遠くに看板らしき建物が数多く見受けられたので、西へ歩い

た。しかし、行けども、行けども、食事のできる店は何もなかった。遠くに見えた看板は近くまで来るとガソリンスタンドのものであったり、金物屋のものであったりした。一時間ばかり歩き周り、空しく寮に戻ってきた。

疲れていたので部屋に戻り、オヘア空港で買った残り物のハンバーガーと同じく残り物の少し固くなったチーズと水とで夕食をすませ、はやばやとベッドに入った。休暇中も寮に滞在している数人の学生たちが時折廊下を走ったり、遠くで騒ぐ声が聞こえたが、間もなく意識が遠のいていった。ぐっすり眠りに入ったらしい。こういう場合は何も考えないで眠るのが一番良い。

後で大学キャンパスの地理に明るくなってみると、その時は東西南北の四方向の内の残る一つの北の方向に行くべきであったのである。十数分も歩けば本大学の中心部に到達し、大学の象徴建物で、ゲスト・ハウスでもあるイライナ・ユニオンの建物に行き着く。そこの地下にはカフェテリアがあるし、もうちょっと歩けばグリーン通りにぶつかる。その通りには、ハンバーガー店はじめ、ピザ店などいくらでも食事をする店があったのである。それほど大学敷地は広大であった。

留学生担当オフィス

一九七五年一月八日朝に、ジョン通りにあるイリノイ大学「学生サービス・ビル」の留学生担当オフィス（Office of Foreign Student-Staff Affairs）に、留学許可を示した手紙を持って出頭した。ここのオフィスの長は、名前がオスドールという女性であり、スタッフ五人はすべて女性であった。その中にはカウンセラーが二名いる。このオフィスは我ら外国からの留学生や研究者の一般の手続き業務や日常事務を取り扱う。また、各留学生のトラブルや悩みのカウンセラーも行っていた。留学生のよろず相談所でもある。

応対に出たのは、大柄で背が高く、目鼻立ちがくっきりとした三十歳前後で、美人の白人女性であった。二名のカウンセラーの一人で、既婚で名前はスーザンという。結婚しているとわかったのは、それから数カ月後に会った時、おなかを少し大きくして勤めていたからである。日本では経験したこともないその大柄の美人の白人女性の迫力には最初、びっくりしてしまった。

「エモリです。二日前に、日本から来ました」

と、おずおずと挨拶すると、

「イリノイ大学アーバナ・シャンペインに、ようこそいらっしゃいました！」

と、明るく笑顔で返答した。そして、

「事前に到着時刻を知らせてもらえたら、だれかを空港に迎えに行かせたんですよ」。「どこに宿泊しているのですか」

と、私の目をしっかり見詰めながら現況を尋ねた。日本では、若い女性が私の目を見詰めて話をするような人は少なかった。

「一時的にクラーク・ホールに滞在しています」

と、答えた。

「それならば、さっそく今日から学生寮に入れるように手続きをしましょう」

と言い、ここでの長期宿泊施設を示された。

そして、すぐダニエルズ・ホールの管理人に電話して、本日から宿泊できるように指示してくれた。

「ダニエルズ・ホールがあなたの住居ですよ」

次に大学構内の案内書や授業スケジュールが示され、そのクラス講座の登録の仕方を教えてくれた。ここから歩いて七分程の距離にある。

えてくれた。次に、

「英語語学力のレベル検定試験を受けるために、第二外国語学科のテーラー教授に会ってください」

と、指示された。シビル・エンジニアリング学部でのアドバイサー教授、ウォーカー教授にも会うようにと指示された。

次にナショナル・セキュリティ番号を与えられた。

「とりあえず一時的な番号、〇〇〇—五五—三二三〇を使ってください」

と、番号を示された。これは米国で生活するに際して必ず必要となるもので、すべての生活事項についてまわる。私の米国滞在での公式番号である。一カ月後に正式番号、〇〇〇—六〇—一七四九に変更となった。小切手で支払う時や、ある契約をする時などは、必ず、そのナショナル・セキュリティ番号を記入することを要請される。現在、日本では、マイナンバー制度が採用されているが、多様に使用はされていない。多様な人種、移動が激しい社会では、ナショナル・セキュリティ番号制度がないと、社会保障制度、年金制度も成り立たない。弱点は、その番号をインプットするだけで、その人のほぼすべてのデータが明らかになることである。

さらに本大学に滞在中のホスト・ファミリーに申し込むように申し込み用紙を渡された。これは生活が落ち着いてから申し込んで、ロバート・ハッチャンス夫妻が私のホスト・ファミリーとなった。

このハッチャンス夫妻にはその後、私の家族が来るまでの二年間、クリスマスなどの祝祭日ごとに夕食に招かれて、家族同様の扱いをしていただいた。イスラム教の一派のバハイ教を信奉する信心深い夫妻であった。

ちなみに、ご夫妻は私が帰国した数年後、アジア旅行に出かけた時に日本にも立ち寄り、その時は半日間東京を案内し、我が家に来てもらった。

「さて、ほかに何か困ったことはありませんか」

と、尋ねられたので、

「三日前に、大型旅行ボストンバッグをアンカレッジ空港に置き忘れてしまったんです」

と言い、これまでの事情を話した。

すぐアンカレッジ空港のノースウエスタン航空の窓口に電話をしてくれた。この時も何やらこまごまと向こうの係員と交渉しているのが判ったが、早口なので内容は把握できなかった。十分程してひととおりの問い合わせが終わると私の方に向き直り、結果を詳細に話してくれた。

「あなたのバッグはアンカレッジ空港でいったん降ろされたらしいが、引き取り手がないために再びノースウエスト機内に運び込まれて、どうも、そのままヨーロッパへ行ってしまったらしいみたいです」

と、説明してくれた。

「それを米国へ持ち帰り、ダニエルズ・ホールへ届けてくれるように係員に頼んでおきましたよ」

と、述べた。

「もちろん費用は航空会社負担ですよ」と言い、さらに、

「はい、二十ドル分の小切手です。バッグが手元に届くまでの日用品代にあててください。これも、航空会社の負担ですよ」

と、お金までもらってしまった。

「安心して待っていてください。バッグは必ず戻ってきますよ」

と、笑顔で述べた。

約一週間の後、無事大型旅行ボストンバッグはダニエルズ・ホールの私の手元に届いた。とにかく対応が早く、テキパキとアドバイスし、内容の説明を行うので、カウンセラーとはこういう役割なのかと、カウンセラーの役割を見直したものであった。係員全員が女性のため、留学生には気安く相談できるオフィスであった。

ダニエルズ・ホール

ダニエルズ・ホールは大学院で学ぶ学生が九割以上を占める学生寮である。この大学には同じものが、他にもう一棟、シャーマン・ホールがある。

ダニエルズ・ホールは三棟で構成されている。建物の三棟の平面配置が、ほぼ、カタカナの「エ」の字体のエ型状配置となっていた。両端の二棟が住居棟で中廊下式である。中央棟は一階が共用スペースで、二、三階が住居棟である。住居棟の一棟は、半地下一階、地上四階建ての建物で、西グリーン通りに面していた。もう一棟は地上七階建てであった。

その一階正面玄関を入ると、すぐ左側に管理人室があり、そこで入居の手続きをした。

呼び鈴を押すと、管理人が出てきた。三十歳前後の背の高い、がっしりとした体格で、口髭をはやしていた。アラブ系の人であった。

「一月から入居することになったエモリです。よろしくお願いします」と挨拶した。

「オーケー、先程スーザンからの電話で知っています。この書類に必要事項を記入して、サインしてください」と言った。

春学期期間中の部屋の入居契約と朝、昼、夕食の食事の契約をした。また、ベッドの敷布やマクラカバーなどのレンタル・リネンの契約もした。リネン類は一週間に一回、クリーニングのため交換してくれる。

「これが、あなたの部屋のキイです」

そして、二人用の七三〇号室のカギを手渡された。

入居の手続きを終えて、玄関から真っ直ぐに奥に進むと、低層の中央棟に入り共用スペースとなる。ここは右側に五百平方メートル程度の大きなオープン・ラウンジがあり、さらに奥に進むと同じく右側に、二十名程度が入れるテレビ室があった。オープン・ラウンジはじゅうたん敷きで窓側にソファーがあり、内側には丸テーブルと椅子が数セット配置されていた。

玄関から共用スペースを通り抜けて突き当たると、奥の住居棟一棟、地上七階建ての鉄筋コンクリート造、一部ブロック造の建物である。エレベーターで上がり、その七階の七三〇号室に入室した。

カギでドアを開けて七三〇号室に入ったところ、ガラーンとしていた。前の住人は慌ただしく去ったらしい。部屋のあちこちに片方の靴下や使い古した運動靴が投げ出されていた。この部屋の新しい住人として、私が最初に来たのだとわかった。

七三〇号室は約十二畳程の広さで、ベッドとクローゼット及び机が一対となって、それぞれ二つあり、その部屋の中で最大限に離れた位置にあった。アメリカでは、一般住宅やマンションでも、土足で部屋の中に入るのである。ベッドに寝る時以外は建物の外も内も、靴を脱ぐ必要がなかった。

隣の七二九号室はシングル・ルームでイアーインというエチオピアからの留学生が住ん

ダニエルズ・ホール（西グリーン通り）

でいた。七三〇号室と七二九号室の間に二部屋共通の洗面所二カ所、それにそれぞれ一平方メートル程度のシャワー室やトイレが設置されていた。このスペースは双方の部屋から入れ、中から鍵がかけられるようになっていた。したがって、シャワーを浴びたり、トイレに入る時は、内側から両方のドアの鍵をかけて行う。

部屋は、南側に面しており、その南側の窓からは真下に芝生の広場とその向こうに西グリーン通りを見下ろせることができた。西グリーン通りは、中央部に中央分離帯があり、片側が歩道と二車線からなる計四車線の大きな通りである。

その西グリーン通りを挟んで、さらに向こう側には、十五階建ての高層ビルと四、五階建ての中層ビル及び二階建ての低層ビルの建物群があった。これは、イリノイ・レジデンス・ホールといい、大学生用の寮である。低層の建物は大ホールの食堂である。

その大ホールの食堂へ、我々ダニエルズ・ホールの住人たちも、毎日、朝食、昼食、夕食をとるために、西グリーン通りを横切って通うことになる。

大型旅行ボストンバッグはアンカレッジ空港で置き忘れてきたために、日本から持ってきたもので手元にあるのは、手持ちのショルダーバッグ一個のみであった。管理室で借りたレンタルのベッド用のリネン物（敷布や枕カバー等）で、先着者の優先権でもって、窓側のベッドを選び、ベッド・メイキングをした。

ベッドは、足元に四つのローラーが付いており、広い部屋を容易に動かすことができた。また、ベッドは、ベッドを片押しすると、ソファーにもなった。

ダニエルズ・ホールの1階ラウンジ

（Student Housing、University of Illinois At Urbana-Champaign 1977-78より）

なお、毛布と枕は各自購入することが必要であった。

一階おきに洗濯機と乾燥機を備えた洗濯スペースがあり、衣類の洗濯から乾燥まで各自が行う。建物の外に出して干す習慣はない。

このイリノイ州アーバナ・シャンペインは、冬には摂氏零下二十度にもなるが、大学構内の建物は、全館集中暖房のため暖かく、また、夏は猛暑になるが、全館集中冷房とするため涼しく、一年中毛布一枚で十分である。

ちなみに、当時、この大学では、自前の石炭火力発電所を持っていた。

部屋の整理が終わると、一階に降りてラウンジにある長いすのソファーで休息した。隣のテレビ室でテレビも見た。

これでやっと、初めての短くも長い旅が終わった。とにかく、辿り着いて、ここに数カ月間の食べ物と寝る所を確保したのである。これが実感であった。

「動物というものは、長期間の食べ物と休息の場所の確保が確認できると、心身とも安心する」という本能をもろに味わった。

日本を発ってたった数日間ばかり、短い期間だったが、言葉も不自由で初めて新しい土地に来て、いろいろとトラブルもあったが、ようやく右往左往しながら辿り着いたのである。じゅうたんが敷かれたラウンジのソファーに深々と座って深呼吸をした。この時程このソファーが柔らかく、気持ち良く感じられたことはなかった。

ラウンジ横の通路には、いろいろな人種の学生がせわしなく行き交いしていたし、見知った人もいなかったが、暖房で暖かいラウンジで心地よく、ここ数日間の緊張が解けて、身も心も緩んだ。

ブレイク・クロフォード

西グリーン通りに面して、ダニエルズ・ホール、いわゆる大学院生用のドミトリーがある。学生寮である。

一月八日にそのダニエルズ・ホール、七三〇号室に入った。二人用の部屋である。

二、三日経過したある日、部屋で本を読んでいると、昼過ぎにドーンと足でドアを開けて、両手に大きな荷物を持ち、ショルダーバッグ一つを肩にかけて、入ってきた大男がいた。この部屋の相棒となる男だった。すぐ私を見付けて、

「ハァイ、アイム・ブレイク・クロフォード」

「ハウ・アー・ユー」

と握手を求めてきた。東部のデラウェア州からやって来た男であった。

「私はエモリです。よろしく」

と返答し、握手した。

デラウェア州の位置は地図で探すのにひと苦労するほど小さな州で、首都ワシントン区域の隣にあり大西洋に面している。彼はアングロ・サクソン系の風貌をもった長身の男で、薄色のブロンド髪で口髭、顎鬚を生やしていた。

年齢は二十二、三歳なのだろうが、日本人からみると三十歳ほどに見えた。

アングロ・サクソン系とは、一般にイギリスから北米大陸へ最初に移住してきた人々をいうらしい。長身、ブロンド髪、青い眼が特徴という。

東部の名門校イエール大学を出たが、奨学金が出るのでこのイリノイ大学のジャーナリズム（新聞）学科の大学院に入学してきたのである。

型通りの挨拶と握手をし、お互いに自己紹介をした後、彼も最初にしたことは、ベッド・メイキングであった。

彼とは、その後、春学期の五カ月間一緒に同室で共同生活することになる。新入留学生と米国人学生を、一定期間一緒に生活させて米国に慣れさせるというのが、本大学の方針であることを後で知った。

夕食などよく一緒に食べに行ったりしたが、彼と短い共同生活をしていく中で、小さな生活習慣の違いに遭遇し、時々驚かされることがあった。

まず、就寝時になると、パンツ一枚で素裸となってベッドに入って毛布一枚の下で寝る。この習慣はカゼを引こうが、寒暖の季節にも関係なく行われた。こちらは下着を身に着けて、その上にパジャマを着て、ベッドに入るので、逆に向こうもびっくりしたであろう。最近は日本の若者もアメリカン・スタイルに近づいているそうだが。これは、子供の時から室内暖冷房の環境の中で、電力をたっぷりと消費して、育ってきた者の生活スタイルである。昔からアメリカは豊かであったのである。

彼は洗濯もまめに行い、清潔にしていた。「質素でも清潔」、これは米国で暮らす一つの大きなキーワードである。最小限の暗黙の約束条件でもある。日本の「弊衣破帽、高吟」はこの土地にはマッチしない。

そして毎朝シャワーを浴びる。これは合理的であるし、日本でも近年は同じである。しかし、私がいても、お構いなく素裸でシャワー室と部屋を行き来するのである。もちろんバスタオルは腰に巻いている。これもこちらは、朝シャワーでなく、夕方のシャワーを浴びるので奇妙に思ったであろう。

夜、宿題を行うために本を多読することになるが、部屋全体を明るくする習慣がない。室内の暗闇の中で机の上やベッド近くのランプのみを点けて読書する。薄暗い部屋の中で、ランプ一つを点けて読書するというのは、米国ではほぼ一般的であるらしい。家族アパートに移っても、日本の家屋のように、部屋の天井のど真ん中に明るい電灯を配置するというような部屋はない。ソファーの横に長いスタンド式の電灯を設置する場合が多い。まわりは薄暗い状態を好むのか、節約なのか、どうも白人系は目が弱いらしい。

ブレイクにとって、日本人は私が最初ではなかった。彼の高校時代の先生の中に一人の日本人がいた。その先生は日本から米国に来て永住権を取った日系一世の人で、教育に熱心であったが、英語の語学力が劣っていたらしい。こうした場合どうしても、ブレイクも含めて生徒たちの勉強意欲は減退し、授業がだらけたものになるのもしかたがない。

「我々はよく早口の質問をして、先生をひやかしたり、困らせたりしたものだよ」

と、ブレイクは、その時を思い出して言った。

このように米国では、先生と生徒間で十分な意志伝達ができない教育環境の中で、教育されるというケースが多々ある。スペイン系、アラブ系、ロシア系、中国系やその他の国の言語系を持つ人々が移民してきて、この国に住むという多民族多人種の国家であるため、先生も人によっては英語をあまり深く理解できなかったり、英語にナマリがあったりして、発音、伝達が多種多様となる。米国の学生は、小さい時からこのような環境の中で教育され、言葉の伝達のハンディキャップの状況の中でよく辛抱して勉強している。

日本では、日本語には東北弁や九州弁などのナマリはあるが、先生ともなると標準語を喋るし、学生たちはその日本語を空気や水と同じように、意志の表現や伝達の手段として当然のあるべき言語体系と考えて、疑問もはさまないのである。したがって、ここでは、各人が自分の思考を意見を主張し、お互いに納得した上で行動する。日本の風習、「以心伝心」の文化は理解できないことになる。

アメリカ人は二十二、三歳ともなると、男性同士では群れない。独立心が旺盛で、自己主張が強く、意見の違いが出てきて、身動きできなくなるからかもしれない。逆に言えば、個性を重要視し、また、異なる意見を認め合うことも、小さいときから教育されている。

しかし、独立心が旺盛なために、逆に困った時や悩んだ時は、その解決も個人で行わなければならないという非常に心に負担のかかる日々となる。

アメリカ人は各人が「マイウェイ」であり、逆に日本人は各人が「和」の行動パターンであった。この違いは、注意深く観察するとよくわかる。

ブレイク・クロフォードも例外ではなかった。もちろん、食事時や、週末に開かれるささやかなパーティーでは、集まって議論することはある。しかし平常は単独行動かガールフレンドとのペア行動である。そのちょっとした違いに気付き始めたのは、彼との共同生活がほぼ終わりかけた頃であった。

何と、寂しくなると、我々日本人留学生の群れに入ってくるのである。もちろん、数人の他国の留学生もいる。私が日本人であるため、日本人との知り合いが増えたからかもしれない。日本人は自己主張せず、和を重んじ、白人にやさしく接する傾向があるので、居心地がいいのかもしれない。喜んで入って、日本人学生の群れの大騒ぎの中に、自らも埋没させるのである。

よく米国のエスタブリッシュメントは、肉体と精神のそれぞれ二人の医者を持っていると言うし、精神科の医者がカウンセラーとして活躍する場が多いと聞くが、こういう事情はここでは実感できた。

一人前の男性が二人で行動すると、同性愛風にも見られるのである。また、白人は自己の意思と意見を持ち、付和雷同には群れないのである。

彼の同居半年間の生活態度は質素で清潔で柔和なものであった。毎日の消灯も夜十二時前には暗黙の了解で行っていたし、テスト前日で遅くまで勉強する場合は、部屋を出て別室の自習室や一階のラウンジで行っていた。白人は他人に対して繊細であった。

洗い晒しを着ていたが、服装センスもよかった。

我々が日本で着慣れた服装をアメリカで着ても、どうもこちらの風景に馴染まないで、浮いた感じを受け、いつも違和感を持っていた。

それに反して、こちらの人は、早春の田園風景、夏の青々とした芝生、秋の紅葉、冬の雪風ブリザードの中で、日常の身の自然なこなし方や、着ている服装はよくフィットしていた。人が着る服装とは、その人が住む土地の風土や環境からにじみ出るものだと本当に思った。

ちなみに、アメリカ東部のエスタブリッシュメントは、伝統的に、西欧の文化・服装を身に着けて、清潔感溢れる行動で仕事に邁進する。一方、アメリカ西部では、その伝統ももちろん、あるが、西部開拓時代、ゴールドラッシュの中での鉱山作業者や、牧場・農場で働く開拓者が自由に行動できる、いわゆる「ジーンズ、ジーパン」服装・文化を生み出した。この服装は、最初は、強くて丈夫な幌馬車の帆布・テントの布で作られ、鉱山で働く人々がガラガラ蛇等から身を守るため青色（インディゴ、現在は合成衣類で、その効能はない）であったという。南部の農業や綿の収集作業に従事する黒人の作業服に、その後、ヨーロッパやアジアでの種々の争い、戦いに参加したアメリカ軍兵士たちの普段着によって、世界各国へ広がっていった。

その後、一九七〇年代に、アメリカ、特に西部では、ジーンズが若者の自由と反抗の象徴にもなった。さらに、現在、ジーンズの生地を元にしたデニムや、使い古したデニム（古く見せたデニム布）が、個性をアピールするファッションとして、また、女性のカジュアルな服装へと拡大していった。

なお、近年、ペルーの遺跡で、六千年前のインディゴブルー（青色）の綿織物の一切れが見つかったと報じている。現在のジーンズに相当するのではないのかとのことである。すでに、インディゴ染めの織物は、四千四百年年前のエジプト遺跡でも発掘されている。なお、日本では、岡山県倉敷市児島町、瀬戸内海の港町で生産される「児島ジーンズ」が有名である。我々もよく見る、布の部分白変色など使い古した感に、世界から人々も訪れているという。

そして、現在、世界各国の人々、老若男女を問わず、色も様々で、履くのも脱ぐのも大変だが、足にぴったりの細幅のズボン、機能性が優れた、「作業着」スーツが、一般的になっている。動作が容易で、スタイルも良いからかもしれない。

春学期が終わり六月になると、長い夏休みである。急速にダニエルズ・ホール内から学生たちが去り、閑散となっていった。その時が、共同生活を解消する時でもあった。

「I had nice days with you, this spring semester, Emori. Now, I'm moving to a new room」

「君と楽しい時を過ごしたよ。エモリ！」と、ブレイクは共同生活解散の握手を求めてきた。

「私も君と一緒に過ごせて楽しかったよ、ブレイク」と答えた。

我々はそれぞれ個室へ移動した。私の新しい部屋番号は七二三号室であった。中廊下式の建物なので、廊下を挟んだ向こう側、北側の個室であった。ブレイクの部屋は数室隣の部屋であった。

そして、時の流れとともに、お互いに課題レポート作成や研究で忙しくなって、時には、廊下で出会っても簡単な挨拶だけですれ違うようになり、付き合いも少なくなっていった。また、その一年半後には私は家族と共に暮らすために寮を去ったために、彼との付き合いも自然に消えていった。

日本の新聞業界の状況を知りたがったが、充分議論できなかったのは残念であった。

薄暗い部屋の中や、ラウンジで、ゆったりとした姿勢で細縁の眼鏡をかけ、いつも本を読んでいた彼の姿が思い浮かぶ。

スペシャル・イングリッシュ・コース

どんより曇った寒い日であった。

ダニエルズ・ホールに到着して、その翌日に、外国語研究所ビルに行った。

その建物は大学構内のマシュー通りとネバタ通りの交差地点に建っており、一部分がザ・クアッド（大学構内中央部の広大な中庭）に面している。地下二階、地上四階建てで、外装が明るい赤レンガ仕上げの近代的なビルである。

ここに来たのは、本大学の留学生担当オフィスの大柄で美人のカウンセラー、スーザンから、英語能力を判定するために、外国語研究所ビル三階の第二外国語学科三一一号室にいるスーザン・テイラー先生のところへ行きなさいと指示されていたからである。

建物の中に入ると、中央コア部は一階から四階まで吹き抜けの開放空間であった。三階の三一一号室へ行くと、テイラー先生に会うことができた。先生は色白で細身で長身の約四十歳のどことなく気品があり奥ゆかしい女性であった。

「こんにちは、日本から来たエモリです。よろしく」

と、挨拶を交わし、スーザンから手渡された紹介状を提出したまではよかったが、その後は、先生の話す英語の発音がイギリスなまり（？）で独特で、理解できなくてチンプンカンプン、イギリス英語本来の発音で早い口調でしゃべられたためにポケーッとしていた。

外国語研究所（左側4階建て）ビル

しかし皮肉なことに、先生が隣の助手に向かって、

「この人（私）はあまりヒアリングができないみたい」

と、私にわからないように、声を小さくして話しているのは理解できた。

日本で長年英語を勉強してきたが、その土地の生の会話にはまったく役に立たなかった。

ここでは、別室で、二日間にわたって英語の語学力検定テストを受けた。テストにより、英語を母国語としない留学生の英語語学力を調べて、それぞれの語学力に応じて受講してよい正規の専門学科の授業時間数と、語学力を向上させるための英語コースの受講時間数を割り当てるためである。英語圏以外の国々から来る留学生は全員受けることが義務づけられている。テスト項目は文法、構文、ヒアリング及びスピーキングである。

　一月十日　ヒアリング＆スピーキング・テスト
　一月十一日　ライティング・テスト（文法、構文）

新しく入学してきた留学生十数人と一緒に、このテストを受けた。

そして、数日後、英語語学能力レベルの判定が出た。

テイラー先生は、私の判定結果の数値を見て、

「当地は初めてなので、春学期（一月二十日〜五月八日）は、専門コースは一〜二教科目が適当です。英語コースは二教科目受けてください。そのうちの一教科として、スペシャル・イングリッシュ・コースを取りなさい」

と、今度はゆっくりと話しかけて、アドバイスした。スペシャル・イングリシュ・コー

スとは、英語特別教育コースと訳することもできる。

この判定結果は各留学生のアドバイサー教授に通知される。英語コースはいずれも大学院の修士号や博士号の資格取得の単位にはならない。私のアドバイサー教授である、シビル・エンジニアリング学部のウォーカー教授と相談の結果、英語コース二科目、専門コース二科目を取ることにした。専門コースはいずれも数学である。最初の半年間の受講はあまり語学力を必要としない科目を選んだ。

一月三十日はスペシャル・イングリッシュ・コースの最初の授業の日である。少し緊張して教室に入ると、クラスには、女性受講者がたくさん座っていた。まわりを見ると十八名程の学生のうち私一人を除いて全員が女性であった。最初は、居場所が違うのではないかと、室外に出てクラスの室番号を確認したが、間違っていなかった。さすがに心細くなった。

配布された名簿リストに、もう一人日本人の男性の名前が載っていたが、出席してこなかった。受講女性の国籍はイスラエル、チリ、コロンビア、ボリビア、ブラジル、台湾、韓国及び日本である。しばらくして、受講女性の身元がわかってきた。どうもこの女性たち全員は、この大学の大学院に留学している留学生の妻らしいのである。このスペシャル・イングリッシュ・コースは留学生の奥様の英語教育コースなのであった。

そのうち約三割強が日本の夫人であった。ブラジル人でカタコトの日本語をしゃべって話かける日系三世のジーノや、日本でアメリカ人と結婚した後、その夫がこの大学のコンピュータ・サイエンスの修士課程に入学したためにやってきた日本女性、ユーコもいた。

先生は三名、マーガレット・サイディン、マルシア・オルソン、それに主任教授のスーザン・テイラーである。いずれも女性である。ミセス・サイディンとミス・オルソンはいずれも第二語学としての英語教育学（英語を話さない人々への英語教育学）の大学院二年の学生で、本学科のティーチング・アシスタント（教育助手）なのである。授業ではその他、その英語教育学専攻の大学院の一年生の学生十七名が、入れ代わり立ち代わり我々の先生となる。我々はその大学院学生の英語教授方法の実習と実践教材となるシステムであった。二名のティーチング・アシスタントは、その一年生の大学院学生に教授法をアドバイスする役割である。

テイラー先生は同様に、時々我々に教授する一方、大学院学生が実習の先生として教えるのを、クラスの後ろに座っていて、教授法のチェックや採点をしていた。

サイディンは陽気で活発で、顔にソバカスのある長身で細身の、典型的なイギリス系アメリカ美人だ。冬の季節に、エレガントな長めの毛皮コートを長身にまとわせて、帽子からはみ出た長いブロンド髪を揺らしながらキャンパス内を颯爽と歩く時の姿は、周囲の冬景色にマッチして美しく、様になっていた。英語の発音練習で間違った時など、近くに来て腰を屈めながら顔をグーンと私の眼前に十センチメートル程にも近づけて、私の目をジーンと見つめて口を大きく開け閉めして、

「私の発音にしたがって、繰り返しなさい。エモリィ Think… シンクでなくて、スィンク、スィンク！」

と、舌を上下の歯に挟んで、発音の練習をさせられたのには、どぎまぎしてビックリしてしまった。日本では今までかって、そんなはしたない若い美人の先生にはお目にかかったことはなかった。

サイディンの夫は北アフリカ出身のアラブ系の人で、数学の博士号取得のためにこの大学で研究しており、顎鬚を生やして、片足を少し引きずりながら歩くので、キャンパス内でも時々目にすることとなる。このような情報は万国共通の女性のお手の物で、授業中の一時間のコーヒー・ブレーク（立って、コーヒーを飲みながら休息し、クラスメイトたちと談笑する時間）に話題となって知ったのである。こちらは英語の先生サイディンの夫だと知っているが、向こうは私を知るはずがないから、カフェテリアなどで出会って、目と目が合っても向こうは不思議そうな顔をするだけである。哲学的な風貌で笑い顔は見たことがなかった。コーヒー・ブレーク時の話題は、出身国や自分の境遇や夫の状況、勉強の専攻分野など多方面にわたる。

オルソンは北欧系で身長百六十センチメートル、少し太りぎみだが、ブロンド髪のチャーミングで陽気な女性であった。キャンパス内で出会うと、いつも向こうから、

「ハーイ！　エモリイ、元気ですか」

と、手を上げて声をかけてきた。

名前の「カツヒコ」よりも、名字の「エモリ」の方が覚えやすく、発音しやすいので、たいていの知人は、私を「エモリ」と呼ぶ。

当地の電話帳で調べたら、「Emory」という似たスペルの名前が載っていたので、ありふれた英語名なのであろう。

名簿リストにあったもう一人の日本人男性は、企業からの研修派遣員のために、アメリカ各地へ出かけることが多く、ほとんど出席できなく、私一人が唯一の男性であった。

イスラエルのナワルはまだ十八歳前後にしか見えなくて、若くてみずみずしくて、結婚しているとはとても見えなかった。このクラスでただ一人、夫が学部の学生であった。チリのアストルガは陽気で少しおばさん風、ボリビアのパズは学部の学生で、清楚で美形でこのクラスでただ一人のミスであった。コロンビアのエスコバは陽気で活発に、トーレスは物静かに、いずれも気品があり、南国風のスペイン系美人であった。韓国のキム・ヤン・ヒは色白で眼鏡をかけた静かな人、英会話の練習として気楽に話せる相手と思ったのか、コーヒー・ブレークにはよく話しかけられ、いろんな話題について話し込んだ。台湾のリンは陽気な人、さらに日本女性たちは、先生から質問されても、はずかしがり屋で引っ込み思案で、はっきりと答えられない人や、無口で、おとなしい人から活発で陽気で積極的な人まで数多くおり、五人と数が多いから、コーヒー・ブレークの時など、時々日本人同士で群れるけれど、いろいろと各人各様の個性で行動していた。

その中に、私と同じシビル・エンジニアリング学部で博士号専攻中の日本人留学生の妻が二人いることが後で判った。私は大学研究室でその夫たちと知り合う前に、彼女たちとはこのスペシャル・イングリッシュ・コースの机を並べた同期生になってしまったのである。

とにかく、彼女たちからみても、奇妙な日本人男性一人がスペシャル・イングリッシュ・コースに入ってきて一緒に受講していると、日本女性グループでずいぶんうわさ話のネタになったことであろう。あるとき、見知らぬ日本人女性が、受講している友人と会うために休憩時間のときクラスに立ち寄って話し合っているとき、どんな人かと視線を私に向けていたことは感じていた。

スペシャル・イングリッシュ・コースは、毎日午後一時から三時まで二時間、月曜と木曜は、立席で談笑するコーヒー・ブレークでさらに一時間みっちりと英会話の勉強をした。授業は教室内に限らず、キャンパス内のいたるところへ出かけて建物の由緒を教えてもらったり、簡単な屋内外のパーティーをしたり、自国の紹介をしたり、企画が盛りたくさんであった。

その自国の紹介では、学生たちの出身国について各自が十五分間のプレゼンテーションすることになった。私は、日本について、歴史・文化や現況を短く紹介し、途中に「日本は世界で初めて原子爆弾の被害国になった」と述べた。

その時、サイディンが、大きな声で、「Who?」（誰が投下したの？）と発言した。一瞬、周りに緊張が漂った。

私は、それには答えず、紹介を続けた。紹介が終わって、新たな質問もなく、先生がコメントし、何事もなく次の国の紹介が始まった。

ある時、ティーチング・アシスタント教官のサイディンとオルソンに引率され、キャンパス・ツアーで大学キャンパス内を歩きまわっていた時に、このクラスの一人、エスコバの夫に偶然出会ったことがある。その時などは、エスコバはキャッキャッと、夫の近くまで飛んでいって夫と仲良く手を組み、我々にその熱々さを見せびらかすのである。それを見て、クラスの我々全員が大いに笑い、こちらもキャッキャッといい、ひやかすこととなる。キャンパス・ツアーでは、同じようなことが二、三度あった。南米の女性の行動は情熱的であけっぴろげであった。このことは、夫の男子学生もたえずキャンパス内を移動していたことを示していた。学生たちは、ある授業が終わると次のクラスに向かうために、広いキャンパス内を大移動しているのである。

女性の中に入って授業を受けたのは生まれて初めてであったため、最初は気恥ずかしく、心細く戸惑ったが、しだいに慣れてきた。今思うと、このクラスの約四カ月間は英会話よりアメリカの生活や風習に慣れる時間、国際的に交流する時間だったように思えた。

授業が始まって一カ月ほど経過したあるコーヒー・ブレークの時、

「どうですか、女性たちに囲まれて、楽しいですか、心細いですか」

と、テイラー先生は気を遣って、よく話しかけてきた。

「いやあ、何とかやっています」

と、答えた。

教室の椅子に座って学ぶだけでなく、キャンパス内を歩いて学んだり、コーヒーを飲み、室内外でパーティーをして学んだりすることにより、クラスに奇妙な一体感、家族的雰囲気が生まれ、貴重な体験となった。

別に正規の英語文法コースを一科目受講していたが、先生が学生に教えるという感じで、日本の英語授業形式と同じで新鮮味はなかった。このスペシャル・イングリッシュ・コースは、いろんな先生（修士専攻の学生）が入れ替わり教え、屋内・屋外・学習・ウォーキング・コーヒー・ブレイク、そして、パーティーの組み合わせ学習であった。会話は遊びながら学ぶものと実感した。

春学期が終わり、コース終了後、終了証が手渡された。クラスは解散となった。

テーブル・立席のサヨナラパーティーではオルソンはいつものの陽気さと違って、涙もろくなってクラスの解散を悲しんでいたが、サイディンはあいかわらず陽気に活発で、あちこち飛び回っては我々に話しかけていた。

「楽しい授業だったわね。お互いにキャンパスにいるのだから、これからもよろしくね」

ユーコは、

「毎日夜遅くまで、夫の論文作成のタイプを手伝っています。将来はカリフォルニアへ移り、そこで夫とともに職を見付けて、暮らしたい」

と、将来の話をした。

アストルガやエスコバ、ジーノは、

「今日で、もう皆さんと会えなくなるの？　さみしいね」

「エモリィの奥さんはどんな人？　会ってみたあい！」

と、口々に言った。東洋系に比べて、南米系の夫人たちは、はっきりと心の思いを言葉に出した。

東洋系の夫人たちは、通常と同じ行動で、これからの生活など話し合いながら別れを惜しんでいた。

そのサヨナラパーティーで、テイラー教授が私にそっとささやいた。

「この授業のクラスの中に男性が一人いたおかげで、女性は知らず知らずのうちに緊張し、個性をアピールし活発化して、ひじょうに楽しいクラスになったわね」

「しかし、あなたが、陽気な女性たちに囲まれて、心細くなって、いつ、授業に来なくなるのか、心配していたのよ。よくがんばりましたね」

私は「サシミの具」ならぬ「サシミのワサビ」であったのである。

テイラー先生は独身で、同年輩の女性と仲良く同居生活していることを、ずっと後になって知った。ある日曜日早朝に、遠くで二人が静かなキャンパス内を語り合いながら散歩しているのを、私も運転中の車の中から見かけたことがあった。

留学生の妻たちのスペシャル・イングリッシュ・コースは、彼女たちにとって、学生になって授業を受け、キャンパス・ライフを実際に経験することができるというひじょうに魅力的なものであったのだった。

一年程過ぎた頃に、キャンパス内でひさしぶりにオルソンと再会した時は、チャーミングさは失われていなかったが、さらに少し太ったようにみえた。その時、数年後の彼女のスタイルが予想できた。

そして、二年後、わが家族がイリノイ大学で合流し、妻が同じく本コースを受講した時は、男子学生は一人もいなかった。

渡里

「ハァーイ、あなたは、日本から来られたのですか」

と話しかけてきたのが、渡里さんであった。中肉中背で、日焼けして精悍な顔立ちの、体もよく引き締まった人だった。

ここは、ダニエルズ・ホール一階のラウンジである。ダニエルズ・ホールに入居して二、三日経ってからのことであった。

西グリーン通りを横切った向こう側の、イリノイ・レジデンス・ホール一階の大食堂で毎食の食事が終わると、ダニエルズ・ホールへ戻ってきて、一階のこのラウンジで休息するのが習慣となった。ラウンジのソファーで休息して、廊下を通る人を眺めるともなしに眺めていると、いろんな人種の学生がいることがわかった。

ラウンジのソファーに座って、通る学生達を眺めるということは、逆に廊下を歩いている人からは、眺められているということになる。

というわけで、二、三日そこに座っておれば、誰かが話しかけて来ることになるのである。渡里さんは、当大学の大学院に席を置く自衛隊の三尉の肩書きを持つ、土木関係の技術将校であった。後でわかったことなのだが、気さくで、行動力があり、規律もあり、人の面倒をよくみる人であった。

「おやじは警察官だったんですよ。もう定年退職しましたがね」

「防衛大学へ行くのを勧めたのも、おやじなんですよ」

と述べた。酒が入ると少しギョロ目になり、雄弁となった。彼の行動や思考状態から推測しても、我々と同じように戦後の教育を受けた普通の青年であった。

当時から、自衛隊員が日本の大学の大学院で研究する場合、いろんな支障があった。左翼系の学生や学者が軍学共同研究の反対運動をしていたのである。したがって、日本のほとんどの大学当局は各大学の左翼系学生団体との話し合いにより、自衛隊員の学問研修の受入れを拒否していた。そこで防衛庁では、優秀な自衛隊員を積極的に外国の大学の大学院へ研修派遣していたのであった。

しかし、このことが、逆に結果的に、自衛隊員が国際的に活躍できる能力の養成という命題に大きく貢献することになったのは、まさに幸運であったろう。

毎日の夕食は、暗黙のうちに食堂がオープンする午後五時半頃に、イリノイ・レジデンス・ホールの食堂で会って会食するのが日課となった。その時刻には、いつも集まる日本人学生が、少ない時でも二名、多い時で四、五名はいた。その中に彼がおり、私も加わることになった。もちろん、その中に日本人以外の学生が入ることもある。帰国のためメンバーは代わっても、年中数は増えることもなく、減ることもなかった。

日本人はどうも英語の環境に疲れると、日本語が恋しくなるらしい。今日起こった出来事についてグチを言い合う。

「あの教授の英語の発音は判りにくくて、どうしようもないなあ」

「あのジョンは、こんなことも理解できない」

「白人という人種はどうも単純だ。買い物の支払いのお釣りの暗算もできない」

などと、食事中に日本語でガヤガヤ言い合った。

いわゆるストレス発散であった。

一方、このようなグループ、日本人の群れに絶対近づかない日本人留学生もいた。斎藤さんもその一人であった。彼は京都の外語大学を出て、単身この大学の大学院に入学し、英語学を勉強していた。彼は寮でも、食堂でも意識的に日本人以外と行動する。

彼にとっては、夕食時は生の英語を学ぶ最大のチャンスである。

学生たちの一日は各々が忙しく、心がどこか張り詰めており、授業が終わって、ほっとした夕食と談笑の時間が、一番の心の安らぎとなる。彼にとっては、その時が、スラング込みの生の英語を身に付ける最良の時でもある。そのために、彼は積極的に日本人グループ以外のグループの輪の中に入って談笑する。わざと早口で喋られて、意味が理解できないのをからかわれたり、いじわるな冗談を言われても、すぐ冗談だと理解し、反論もしなければならない。また、自分も冗談や自己主張をしなければならない。

私は夕食時に、広い食堂の中の遠いテーブルで、彼が、いたずら好きな白い大男達に囲まれて食事をしている姿をよく見掛けたものであった。孤軍奮闘して、一歩も負けるまいと必死に口角にアワを飛ばして議論に近い談笑をしていた。

それは、あくまでも陽気で活気に溢れていた。たまに、その輪に私も入ることがあったので、彼の信念と困惑はよく理解できた。

ある時、偶然、ダニエルズ・ホールの廊下ですれちがった。

「こんにちは、どうしたんですか、厳しい顔をして」

と、挨拶すると、彼はポツリと言った。

「あの仲間のジェームスが、今、一時休暇明けでシャンペインのウィラード空港に着いたので、迎えに来てくれと電話がかかってきたんだ。そんなの自分でタクシーでもリムジンバスにでも乗って帰ってこい、あまったれるなと言いたい！　こちらも明日締め切りのレポートを書いていて、とても忙しいのに、便利屋ではないんだ！」

と、私に真顔で訴えた。その顔にあの陽気さはなかった。

話したことでうっぷんが晴れて心がすっとしたのか、裏の駐車場の自分の中古の自動車を運転して出迎えにいった。

彼も時にはイライラするんだなあと思った。

多分、彼は忘れているが、夕食時などでの雑談の中で、話のついでに自分の車をいつでも利用してくれてよいよ、と言ったのだろうと想像できた。

しんどいが、これも短期間で生の英語を習得するためにはしかたがないのかもしれない。

とにかく彼の行動は普通の日本人留学生のなかでは特異点であった。アメリカの環境や習慣に、また言葉に素早く慣れるもっとも効果的な一つの方法ではある。

一方、私と渡里さんとは、同じ学部つまり、シビル・エンジニアリング学部の大学院生であり、彼は一年先に入学した同窓生となった。彼の紹介で私はイリノイ大学の日本人の群れに入ることになった。ここでは二、三年で日本人の群れの九〇パーセント以上が入れ替わる。従って、年齢や実績に関係なく先に来た者が地域の生活情報もたくさん持っており、先輩となる。

私は新入りのため、渡里さんからイリノイ大学が持っているいろんな機能の有効な利用方法を教えてもらった。

イリノイ大学日本人会での世話仕事、ゴルフ・プレイ、自動車による旅行、勉強・授業科目内容のオリエンテーション（説明・アドバイス）と、彼や夕食時の仲間の行動範囲はまことに広く、全て、彼らとの一緒の行動によって、私もここでの行動範囲を短期間に広げることができた。

毎日勉強に明け暮れていても、その間のちょっとしたひとときに、大学校内外にわたって、ひじょうに大きく広く行動できたのも、彼らのおかげである。

この大学で、数多くの日本人青年の留学生と付き合うようになったが、知的能力は高い一方、やはり皆個性があり、当然自己主張もする、また、忙しいので他人の面倒までなかなかみられない。

大学時代に運動部にいた人は少なく、集団規律にはそれほど慣れていない。

その中で、渡里さんは自衛隊というところで、清潔な身だしなみ、規律、団体行動、団結など軍隊の特徴たる行動パターンの基本訓練を長く受けていた。和を保ち、テキパキと行動し、物ごとを企画し我々をまとめていた。一般の大多数の青年は、私を含めて小中学、高校から大学を卒業するまで、長期間にわたって、受験の勉強、いわゆる脳の鍛練は必死になって行っているが、運動関連のクラブ活動した人を除いて、規律という心構えと肉体の鍛練は一度も行っていない。

青年期には脳（能力）、精神（心）と肉体間のバランス良い、しかし強制力のある高度の鍛練がひじょうに重要であると感じた。さらに、もう一つ、欲をいえば、これから、いろいろな生存競争に立ち向かう青年たちに期待するのは、精神（心）の柔軟性、他人への「寛容・慈愛」心を持つ人間に育ってほしいとも思った。

とにかく、彼が二年間滞在して帰国したために、私にとっては、わずか一年間の付き合いであった。また、私の日常の行動パターンの反省の材料ともなった。

「あのおんぼろ車、君に置いていくよ」

と言って、この地を去っていった。

気が付いてみたら、中古のおんぼろ自動車に加えて、お米の自動炊飯器、小型テレビからゴルフ・バッグ一式までも譲り受けてしまっていたのであった。

私の質素な生活に配慮してくれたのであろう。

そして、彼との短い付き合いは切れた。

そして、

十数年という長い年月が経過した。私は日本で働いていた。

五月下旬のある日曜日、夜九時、ＮＨＫがスペシャル番組を放映していた。「『日本の選択安全保障、自衛隊はどこへ向かうのか』　迫られる軍縮・制服組ｖｓ防衛官僚」の番組であった。キャスターは田中直毅であった。

ソファーに横たわり、〝うつらうつら〟しながら見るともなしに見ていた。同時刻の民放チャンネルの番組に巨人・広島戦のナイター野球試合があり、リモコンを手にして、主にナイターとＮＨＫ番組をあちこち切り換えして、かつ、うつらうつらしながら見ていた。

野球の試合は点差が開いて緊迫感がなくなり、興味を失いつつあった。そして、ある瞬間、チャンネルをＮＨＫに切り換えた、その一瞬、

突然、画面に見覚えのある彼の姿が出た。

たった、数分間の出現であったが、まぎれもない彼、渡里さんの姿であった。髪の毛は少し薄くなっているが、制服の肩に階級章を付けた服装で、精悍溢れる堂々たる姿であった。

うつらうつらと眺めていたために、テレビ画面の下方に示された彼の名を目で追うことはできたが、所属部署や階級は見逃してしまった。

話題は「日本のＰＫＯの今後のあり方」についてであった。

彼は自分の、自衛隊の考えを論じていた。

「ああ、動作や話し振りも、少しも変わっていないなあ」

と思った。かれの健在な姿を見たのは、十数年振りであった。

彼は自衛隊のＰＫＯ参加に関する基本方針の策定業務に従事しており、自衛隊のある部分を背負うまでになっていたのであった。まさしく、適任であった。

公式の場での厳めしい顔付きと話し振りであったが、多分、あの時のように、今晩も、この厳めしい制服を脱ぎ捨てて、ステテコ姿とは言わないまでも、くだけた姿で胡座（あぐら）をかいて、酒を飲んでわいわい騒ぐのだろうか。

自動車と運転免許

日本では、十年以上もペーパー・ドライバーであった私が、日本の自動車運転免許証から国際自動車運転免許証を取ってアメリカに来た。アメリカでは、長期に滞在する者に対しては、その国際自動車免許証を持っていても、滞在先の州の自動車免許証を取るように求められていた。イリノイ州では十六歳以上の人が自動車免許取得できる資格がある。自動車運転免許の授与に対する当局の考え方は、法規則を知っているか、それを守れるか、安全運転ができるかが認可基準である。難しい運転技術は要求していない。

十月のある日、

「そろそろ、自動車の運転免許を取ってみるかい」

と、渡里さんから言われて、その気になった。

渡里さんが、イリノイ大学シビル・エンジニアリング学部大学院を卒業し、ここアーバナ・シャンペインから、日本に帰る数カ月前のことであった。その時は渡里さんの八年目の中古車、プリマウス・フューリーⅠを譲り受けることになっていた。その車は、八気筒エンジンの大型車でガソリンは大食いであったが故障もなくよく動いた。

事前に小冊子の州の自動車「運転規則」に記載されている運転規則と方法を覚え、また、渡里さんの車で渡里さん同乗で、私が路上の運転練習をして、その後、その車で試験場へ

シャンペイン郊外の住宅地の家（イリノイ州）
ゆとりある大きな家：米南部の1840年代・家建築様式

連れていってくれた。試験場はシャンペインの町の北方、プロスペクト通りと高速道路インターステイト（ハイウェイ）七十四号線の交差付近の、ウィリス通りにあった。

ここの二階建ての小さい建物の中で筆記試験を受けた。受験者は十五人ほどだった。筆記試験は、その「運転規則」の内容を、数時間から一日間、即席に勉強すれば普通の人ならほとんどパスする。問題も平易な英文で書かれている。答は丸バツ式か、五問から正解一問を選択する方式である。失敗しても正解を学んで、その日の午後か翌日再受験すればよい。筆記試験はなんなくパスした。

筆記試験をパスすれば、次に実地試験である。実地試験もすぐ受けられる。渡里さんの車を借りて、その助手席に試験官が乗り込んで、試験場の周りに設定された試験コースの一つで行った。試験場からマッキンレー通りに出て、南下して踏切を渡る。途中、小道をあちこち回って、バックしたり、方向転換や車寄せを行ってプロスペクト通りに出る。これを、北上して試験場に戻るコースであった。

日本の車と違うところは、車が左ハンドルで、右側通行であることである。最初は少し戸惑うが、これは慣れることに限る。路上の運転試験は、日本とほぼ同じで、最初の発進する際の、前後左右のチェックから、最後の停車、そしてハンドブレーキ設定までを、私の横の試験官がチェックしてそのたびに一つ一つ紙に書き込んでいた。

信号機のない十字路に到達したときは、一時停車し、最初に到達した車が優先的に発進する。同時に十字路に到達した場合は、自分から見て、左側の車に発進優先権が与えられる。これをフォーウェイ・ドライブという。アメリカ独特の交通ルールだ。

鉄道の踏切では必ず一時停車する。しかし、車庫入れのテストはない。

ここシャンペインは田舎町なので、日本に比べて、車も人通りも少なく、運転しやすい路上テストであった。

「どうだい、易しかっただろう」

親切にも、渡里さんはいやな顔もせず、その日はずーっと、付き添ってくれた。

基本的なルールを守って運転すればパスし、十数ドルの金額を払えば、もうイリノイ州の自動車運転免許証がもらえる。これがアメリカ全土に有効な免許証となり、身分証明書にもなる。

数日して、イリノイ州の自動車運転免許証が届いた。日本の運転免許証と違うのは、本籍欄がないこと、そして、目の色、身長、体重の欄があることである。ちなみに、私の目の色はブラウンであった。

ここでは、自動車の免許証を取りたいとの意欲のある人には、「できるだけ取らしてやろう、いやぜひ取ってください」との考え方が基本方針である。その理由はこの国には自動車は必需品であるからである。

高齢者が各地に遠く離れてポツンポツンと点在して住んでいる状況では、市当局が社会福祉担当者を雇って、面倒をみる費用に比べて、各人にできるだけ自動車の運転免許証取得などの便宜を計ってやり、自分の行動で生活できるようにする方が合理的だからでもある。従って、ここでは、七十歳以上でも運転する人は多い。もちろん都会とは違って、道幅も広く、ここでは運転に難しい交通状態はほとんどない。それでも、交通事故が少なくない確率で発生するので不思議なくらいだ。

この町には、他に交通機関としてバスがある。しかし、なんといっても、車は自由な時間に自由な量の買物をすることができる便利さがある。後に私の妻はここで車を一週間練習して自動車運転免許証を取得し、二年間滞在して日本帰国後、書き換えて日本の運転免許証を取得した。日本では、アメリカの自動車運転免許証は自動的に日本の自動車免許証に書き換えてくれる。したがって、その費用は数万円程度であった。

アーバナとシャンペインそれぞれの町の郊外に、K・マートなどのショッピング・センターがあるが、これらは自動車を前提にしている。この状況は、現在は日本でも同様であるが、この大学に来た当時は、右も左もわからず、自動車もなく徒歩で大きな買い物をして抱えて帰ったが、遠くてひじょうに不便であった。

我々学生は五年以上使い古した中古車をなんとか手に入れて乗り回す。千ドルはしない。日本の千五百CC程度の小型車は、中古車でも高すぎて学生たちはほとんど持っていない。したがって、米国産の中古の大型車を乗り回すのである。

また、日本のような車検制度はない。車の整備の管理は持ち主の責任に任されている。ある時、ドアが一つがなくなっている車が走っていたのを見た時には、びっくりしてしまった。

使って十年以上もするリンカーン・コンチネンタル車を乗り回していた日本人留学生もいた。なるほど、ひじょうに乗り心地はよい。我々は便乗して十分楽しませてもらったが、ガソリンをがぶ飲みする放蕩車と呼びあったものだった。大型車は八〜十二気筒エンジン搭載のため、小型車の二倍以上のガソリンを食う。ただ、当時、ガソリン代が日本と比べて二分の一から三分の一であったので、ガソリン消費量×ガソリン費用を計算すれば、日本で小型車を乗り回すガソリン消費費用と、アメリカで、大型車を乗り回す場合と、トータルはほぼ同じ費用ですむ。

前に述べたように、この町の郊外に高速道路インターステイト（ハイウェイ）が二本通っている。アーバナ・シャンペインの北方に東西に走る一本の高速道路インターステイト七十四号線と、西側に南北に走るもう一本の高速道路インターステイト五十七号線である。ハイウェイの七十四号線は、イリノイ州の西方アイオワ州近くのロックアイランドから、イリノイ州を東西に横断して、東隣のインディアナ州インディアナを通って、オハイオ州のシンシナティまで続く。（二八ページ参照）

その気になれば、アーバナ・シャンペインから日帰りや、土・日曜日の一泊泊りで、四方八方へ行楽に行けた。

それは、遡ること数カ月前のある日、土曜日であった。渡里さんが段取りし、車で四名、私と企業派遣留学生、それに語学研修生である。日帰りのスケジュールでシカゴへ行くことにした。車で約二時間の距離である。シカゴ見学と日本食を食べるためである。もちろん、その時は、お酒が嫌いで、飲めない人を必ず一人参加させる。夜の帰りの運転手を確保するためである。

ハイウェイの五十七号線はシカゴからイリノイ州を縦断し、南側のミズリー州で五十五号線に接続する。シカゴへ行くには、この五十七号線を利用することになる。誰だか忘れたが、ハイウェイは無料で速度制限が時速六十マイル（約九十七キロメートル／時間）である。道路はガラガラである。見晴らしもよく、コーン畑やトウモロコシ畑の平原が延々と広がる中を、ハイウェイの道が果てしなく続く。前後に車もなく、天気も晴、気温も穏やかとなると、気分壮快でスピードは当然オーバーする。シカゴに近づいても、のんびりとほぼ時速九十マイル近くで走っていたために、スピード違反でハイウェイ・パトロール・カーに捕まってしまった。

パトロール・カーがサイレンを鳴らして、追い抜いて我々の車を誘導し、道路サイドに停車させた。パトロール・カーの警官はやおら車のドアを開けても、ひと呼吸おいて、すぐには近付いてこなかった。ゆっくりとこちらを観察して、警官二人が別々に降りて近付いてきた。

「アメリカでは、危険なので警官一人では近付いてこないんだ。いつ、ピストルで、ドンとやられるかわからないからなあ」

と、車の中で渡里さんがつぶやいた。

「アメリカの警官も大変だなあ」

皆がうなずいた。

その時は、友人の運転手は、イリノイ州のドライバーズ・ライセンスの代わりに、日本の国際自動車運転免許証とパスポートを見せて、

「すみません。日本からイリノイ大学に来た留学生です」

「アメリカの交通に不慣れなもので、スピードを出し過ぎました」

と、片コトの英語で釈明したら、説教されて見逃してくれた。まじめな留学生に見えたからだろうか。日本では、考えられないことだった。

ハイウェイ・パトロール・カーは、だいたい都市の郊外、ハイウェイからの都市への入口近くで待機していると知ったのは、その後のことであった。

アメリカでは、銃の乱射事件が起こり、多数の市民の犠牲者が発生するたびに、全土で、種々の銃が多く売れる。護身用のためである。近年では、米全土で、一日平均四十二人が射殺されている。(「米、銃犯罪者一日四十二人」、読売新聞、二〇一七・一二・二六)

シカゴでは、当時、世界最高の超高層ビル・シアーズ・タワー(現、ウイリス・ビル、地上百十階建て、地下三階、屋上位置は地上から四百四十二メートル)の頂上展望台に上り、シカゴ市街を眺めたり、ミシガン湖に面したグランド・パーク(大公園)内を散策し、公園内にある自然歴史博物館を訪れたり、その他、各所を見学した。

なお、このシアーズ・タワーの所有会社(シアーズ・ホールディング、百二十五年の歴

シカゴ都市外観
（当時世界最高の超高層建物シアーズ・タワーから）

史を持つ百貨店相当）は、時の流れとともに、ネット通販の拡大とともに、売上が減り、二〇一八年十月十五日、破産と民事再生の申請をしている。日本の百貨店など小売業界にも大きな影響を与えた。（「シアーズ、米破産法申請」、日本経済新聞二〇一八・一〇・一七）

シカゴ散策後、日本料理とお酒はたっぷりと味わった。女っけはない。皆どちらかというと硬派であった。

「たまには良い。英気が養われる」

「さあ、また来週もがんばるぞ」

帰りの車の中で、わいわいとみんなが騒いでいた。アーバナ・シャンペインに着いたときは運転手以外皆眠りこけていた。酒の飲めない友人が黙々と不平も言わず運転してくれた。運転手さん、ありがとう。

イライナ・ユニオン

The Illini Unionと書いてイライナ・ユニオンという。イライナ・ユニオンは、イリノイ大学アーバナ・シャンペイン校の中で中心を占める丸屋根アーチ塔付き四階建てのシンボル建物である。大学キャンパスのコミュニティ・ライフの中心でもあり、迎賓館にもなっている。（一一三ページ参照）

建物は正面がグリーン通りに面しており、裏側は広い芝生の中庭（クアッド）である。そのクアッドの向こう側にオーディトリアムがある。

したがって、このイライナ・ユニオンの建物とクアッドとオーディトリアムが南北に一直線に配置されている。クアッドの東西両側には管理棟や教室棟の建物が配置され、これらの領域がこの大学の中心部を構成する。（四四・四五ページ参照）

イライナ・ユニオンはイリノイ大学に係わる学生、教職員、同窓生及び客に対するサービスを目的とする施設である。建物の外装はブラウン色のレンガ壁と、同じくブラウン色の屋根で、窓枠および壁面の二層の線を白いモルタルで浮きたたせている。建物正面の屋根には、教会の塔に似たチャペル・ベルと、その基部に時計を内包したオープンの丸屋根アーチ塔が設置されている。この高さ九メートルの塔の上部には、さらに三メートルの高さの風見鳥板が設置されている。

内部の壁装飾やソファーや椅子、机などの家具類はアメリカ初期の時代（一八世紀イギリス風）のもので、質素な美しさと尊厳さを表している。

イライナ・ユニオンの建物の中にはカフェテリア、スナック・バー、宴会場、多目的ホール、アート・ギャラリー、ブロウジング・ルーム（じゅうたん敷き・ソファー・椅子設置等の休憩室）、本屋、ボウリング・ルーム、ビリヤード・ルーム、宿泊施設ゲスト・ルーム、食堂、チケット・オフィス、ラウンジ、インフォメイション・センターなどの施設、学生のメール・ボックス、タイプライター室などの学生の活動施設もある。大学が夏休み中で夏学期が開かれていたある日、昼食をこのイライナ・ユニオンの地下一階のカフェテリアでとった。ここはイリノイ・レジデンス・ホールの食堂と違い、一般の人にもオープンであるが、主食やソフト・ドリンク類のおかわりはできない。

友人と二人で昼食を食べて、日本語で談笑していると、初老の東洋系紳士が寄ってきた。一般に日本語の発音には、独特の響きがあり、また、日本人はどちらかというと大声でしゃべるので、米国人にとっては奇妙な言葉に思えるらしい。音声は遠くまで響く。

その紳士は少し離れたテーブルで一人で食事をしていたが、我々の日本語を聞きつけて、トレイを持って近寄ってきたのである。

「いやあ、こんにちは、日本の方ですか」

「そうですよ」

「同席してよろしいですか」

とつぶやいて、我々のテーブルの席に座った。

中肉中背で白髪が目立ちはじめていた。服装は着古した背広とズボンをはいていた。身だしなみは構わない方であった。挨拶してしばらく世間話をすれば、もう昔からの知り合いのような錯覚に落ちるのも、異国でこのような場所にいるからであろう。私が大学に来た当初の苦労話をすると、

「私もアメリカに初めて来た頃は、それはもう、英語もできなくて、必死になって勉強したものですよ」

と、身の上話をしはじめた。

その人、村井さんは若い頃単身米国の大学に留学し、そこで博士号を取得し、そしてカナダの大学へ移って、ある一定期間勤めた後、テニュア付き（終身雇用の）教授になった。そこで人生の後半を過ごし、数年前に定年退官したのであった。

「今はカナダのある研究所に勤めています」

「数日前からこのイリノイ大学で小さな学術会議があり、その会議に参加するためにここに来たんですよ」

と述べた。いま勤めているところもあと一年間で退職し、その後は非常勤の引退生活となる。我々が尋ねないにもかかわらず、

「日本に戻るつもりはない」

と彼は話した。四十年近く北米で暮らしていると、さすが、当地に溶け込んでいると最

初は思ったが、話の端々から想像すると、そうとも言えないところが日本人らしい。

若い頃の研究の自慢話をする時は顔も生き生きとしてくる。それが終わると、やはり言葉の端々に寂しさが漂う。

「日本に落ち着けるポストがあればいいのだが」

などとぽつりとつぶやく。日本の情報にも詳しい。当時の日本の今西錦司博士の「進化論」は学問になっていないと決め付けて、その理由を話した。

「日本では、今西博士はダーウィンの進化論と比較されて、マスコミで脚光をあびているらしいが、彼の理論は矛盾だらけだよ。西欧ではだれも注目していない」

と述べて、自分の持論やその分野の世界の動向を詳しく説明してくれた。

我々は素人なので、どちらにも与することができなかった。うなずくのみであった。自分の論文がイギリスの高級な専門誌「ネイチャー」に記載されたこともあると自慢した。

それで、村井さんの専門分野は生物学であることが判った。やはり他人の論説に攻撃的になるのは、思考姿勢が厳しい環境のもとで、西欧的思考姿勢になったのだろうと思った。

「日本に戻っても両親はとうの昔に亡くなっているし、住むところもないし……、やはりカナダに骨を埋めるか」と笑いながら述べたりする。

外地で力強く生きて、功なり、老年になると言動とはうらはらに、帰巣本能が働いていることがわかった。

その状況は、私の未来にも重なるかも知れないと感じた。一応、二年間の休職は取得しており、帰るところはある状態で、心の平安は保たれているが、浮き草のような私も、いつ、将来の状況が変化するか予測できないとも思い、他人のこととは考えられないことであった。

「どうぞ、おたっしゃで！」

昼食後、我々はそう言い、そのまま別れた。話題は新鮮で彼はまだ話をしたかったように見えたが、時の経つのは早く、午後の夏季授業が迫っていた。

彼の後ろ姿には、どこか侘しさが漂っているようにも感じられた。家族はどうなっているのだろうか、いるのか、いないのか、元気なのか、とは聞きづらかった。

そして、長い年月が経った。私は日本にいた。

ある日、偶然に読売新聞、夕刊（一九九五年二月二十二日）を開いたとき、「ブームを呼んだ『今西進化論』」（軌跡、科学の五十年、第一部、特質、増満浩志記者）の記事が目に飛び込んできた。

世界の進化論の中における今西進化論の位置付けが解説されているのを読んで、昔イラ イナ・ユニオンで出会った村井博士の今西進化論批判の言葉を思い出した。

そして、この記事を読んで、初めてすべてが理解できた。

今西進化論は、日本の環境や風土、日本文化にどっぷりと漬かった人しか理解できないのではないかと。

その記事の「進化論の軌跡」によると、まずダーウィンの進化論では、「突然変異のうち、生存や繁殖に有利なものが残る」とした個体同士の生存競争、自然淘汰による進化を提案した。

次に旧ソ連のルイセンコの進化論は環境の影響による進化論である。ルイセンコは、「環境によって生物の遺伝性が変わる」と主張した。そして、その記事で、今西進化論は、「個体は『種』社会の規制を受け、『種』社会もまた生物全体社会の規制を受ける」という枠組みの中で『種』を進化の主役に据えた。

「必要な時、種の中のすべての個体が一斉に変わる」と論じた。

人類の起源をめぐる大きな謎「直立歩行」についても、「立つべくして立った」という。そして、「種はそれぞれに適した生活の場を持ち、種同士は生存競争でなく、すみ分けによって共存している」という自然観を前面に押し出した。

ダーウィン進化論と今西進化論との違いは、競争主義に対する平和共存主義、個人主義に対する集団主義であり、日本人の「和」、「協調」の思想にぴったり合ったのであった。

なお、この記事はさらに木村資生・元国立遺伝学研究所教授の中立進化説にも言及している。それは今西進化論のブームと同じ頃に、木村氏が「分子レベルの進化は偶然による」という中立説を発表し、欧米に論争を巻き起こしたとしている。

また、一九七〇年代に、中原は「ウイルス進化論」を唱えていた。（『ウイルス進化論」ダーウィン進化論を超えて』、中原英臣、佐川峻、早川書房）

「進化はウイルス性の伝染病である。遺伝子の変化は、ウイルスによって運び込まれる遺伝子やウイルス自身が設計図を書き替えることによって起こる」と唱えている。

「ネアンデルタール人は、あるウイルスに感染したために、ヒトへと進化するしかなかったのだ」と言っている。

現在は、細胞内の遺伝子DNAレベル（細胞内核の中で情報蓄積・保存）で、各国の国民の起源や、進化論も議論されている。

日本人のDNAは多様性に富み、単一ではないことがより明らかになってきている。

（篠田謙一、分子人類学者）

進化論については、科学技術分野では、AI技術（人口知能）で、将来に向かって、偶然性を必然にする仮想環境・突然変異性の進化計算の研究も行われている。

例えば穀物のDNAの中から、膨大な組み合わせ計算（進化計算）をして、仮想的に優位な変異を探す試み等である。

その可能性を求めて、いろいろな条件（環境など）を設定し、AI技術（人口知能）利用で、DNA構成要素内で、外部因子の膨大な組み合わせの（進化）計算をし、ケース・

スタディで、その条件に適応する優位なＤＮＡ組織構成を探すのである。
そこでは、偶然的にも、突然変異的にも優位なＤＮＡ組織構成が見つかるかもしれない。すでに穀物では、薬剤で突然変異させ、進化計算する試み（バイオ燃料に）も行われている。一方で、クローン（同じＤＮＡ・細胞等の遺伝情報を持つ生体）技術の開発研究も静かに進んでいる。人類はすでに、植物のクローンを作っている。次は、牛・未・猫・犬等へ、最終的に問題となる、人のクローンは許されるのか。
そして、未来の豊かな社会構築に向けて、進化計算の適用は、あらゆる分野で、ますます拡大しつつあるが、一方、倫理性の問題も再浮上してくる。

さらに、近年では、量子生物学研究もおこなわれ始めた。原子・電子・クオーク・ニュートリノ等、ミクロの世界は量子力学の法則で成立している。あらゆる物体を通り抜けていく粒子、細胞の中の遺伝情報を担うＤＮＡにも影響をおよぼしているかもしれないといわれ始めた。細胞が安定しているのも、突然変異を起こすのも、その粒子の影響があるのではないかと研究が始まっている。

そして、はるか遠い未来には、人類は、大変革技術を進め、倫理的問題を突破して、人のＤＮＡと、植物や動物の原子・分子・ＤＮＡ、ＲＮＡ（一時的情報処理と、合成・分解）の細胞を交配し、そこに、ＩｏＴ（情報通信）技術も適用した、バイオ技術で、さらに変革した人類が、脳系、知能系、神経系脳、血液血管リンパ管系、五臓六腑系、五感系、運動器系等の分野で革新的に進化した人類が出現してくる。その一部の人類は、あらゆる生物の優位なＤＮＡを持ち、ＩＴチップや微小機器を各部位に内蔵した多機能を持った生物というか、半生物（サイボーグ化）となる。そこには、優位な機能を持つ身長二メートル以上の大型人類や、逆に、身長一メートル以下の人類の群れも出現することになる。

その進化の過程で、遺伝子組み合わせ研究の過程で、または、地球上の未開発地域の地中深く数億年間も世代を超えて、生息していた未知の新型ウイルスが、地球上の大環境変化を受けて地表に出てくることもありうる。その地球上では、無数の我々現人類が地上の隅々へ追いやられる。人類の進化過程で、ネアンデルタール人が急速に地上から滅亡し、現ホモサピエンスからの現人類が繁栄を担っているように。急速な現人類が滅亡する場合、都会や町や村々で、死体が道路や川海に溢れることも考えられる。その状況は日本の平安時代、天変地異で飢餓や伝染病で多数の人々が死に、京都の町々の道や賀茂川に無数の死体が放置された状況が、地球上で起こりうるようになるかもしれない。

さて、大きな謎、無機物の世界から、なぜ有機物、そして生命が、人類が誕生できたのか、それは、偶然か、必然だったのか。将来は……、解明されつつあるとはいえ、生物の進化における謎は依然深い。

そして、数百年後か、数千年後か、数億年後か、形状や能力が格段に異なる次世代人類がこの地球・宇宙に進出していくことになる。一方、人類から枝分かれした、種々の厳しい環境に適応する、超能力を持った別の新生物が、脳や視覚・聴覚・嗅覚・味覚・触覚機能を持つ突然変異体が出現し、大繁栄する地球になっているかもしれない。

そこは、激変する環境の中で、偶然と必然が融合したり、叩きのめしたりする世界でもある。

村井さんは今どうしているだろう。彼はやはり真理を探求する学者であった。

イライナ・ユニオンのカフェテリアの一隅で、偶然の出会いに、たった「ひととき」の昼食で同席した素人の我々に対して、生物学における自分の意見と真理の探求という学問的情熱を示して語り合ったその身振りと振る舞いには、今思い出しても頭が下がる思いであった。その一瞬、一言一言に重みがあったことが、今わかった。

クアッド

クアッドとは英語のスペルでQuadと記す。多くの日本人には、初めて知る英語言葉だが、英和辞書によると、Quadrangleを略した言葉であると記してある。大学構内などの建物に取り囲まれた中庭、方庭という意味で、別に四辺形、四角形の意味もある。
クアッド語の近年のニュースの使用例として、自由で開かれたインド太平洋の実現に向けて、日米豪印首脳会談枠組みをクアッド（Quad（Alliance））と述べられている。

イリノイ大学では、その広大なクアッドは大学コミュニティの中心となっている、イライナ・ユニオンの建物の裏側にある。このクアッドはまさしく辞書で述べられているように、周囲を大学の建物群に取り囲まれた中庭で、その周囲にイライナ・ユニオン・ビル、大学管理棟ビル、英文学研究所ビル、化学学部ビル、オーディトリアム、リンカン・ホール、外国語研究所ビル、ノイエス研究所ビルなどが建っている。（六、四五、一一三ページ参照）
広大な芝生と少々の木々と、その間の舗装された歩廊とが調和良く配置されていて、気持ちの落ち着く場所でもある。巨大なサッカー場に相当する芝生のある広場が大学の中心にあると考えると判りやすい。

ここでのクアッドは、学生がそこに来て束の間の休息や読書をするところであり、散策し友と交歓するところでもある。

春、夏は刈り込まれた芝生の緑が美しく、秋は木々の黄緑や赤褐色の葉と落葉が美しい。冬は薄く積もった雪景色とその中を学生たちがもくもくと歩く姿が目に浮かぶ。

クアッドに、また、大学の多くの平地に植えられている芝生は、寒冷地に強い西洋芝で葉が細長く、芝を刈っても、ふんわりとした絨毯のようであり、太陽が輝く温暖な日々には仰向けに背を伸ばし横たわると、非常に心が和んだ。


四月初旬、まだ気温は摂氏十八度、クアッド内の木々にはまだ葉も生えていない。でも昼休みには学生たちで一杯になる。ようやく長い冬が終わり、短い春が始まるのである。ギターを弾く者やフリスビーを投げ合う者、芝生に座って上半身裸になり、日光を浴びる者、談笑する者や本を読む者と午後の授業に向けての束の間の休息となる。

毎年九月の新学期には新入生歓迎の週があるが、その中にクアッド日が設けられている。その日は屋台が並び、新入生は家族と一緒にクアッドを散策することになる。

しかし、学校が始まると、授業の間隔が十分間程しかなく、この広いクアッドの端から端まで次の授業のクラスへと、移動する学生でクアッドの歩廊は一杯に混み合う。

クアッドを間に挟んで、イライナ・ユニオンの建物と対極の位置、つまりクアッドの南側に存在する建物としてオーディトリアムがある。つまり劇場、講堂である。

クアッドからイライナ・ユニオンを望む

ここでは、各学期の中間にある短い休息期間、例えば中間テストの後の数日間などに、映画会が開催される。

その休息期間のある日、アーサー・C・クラーク原作（脚本）、監督、脚本、スタンリー・キューブリックの「2001年宇宙の旅（一九六八年）」の映画を見にいった。その時、誰と一緒だったかは思い出せない。振り返ればその時は、この映画のシーンは、遠い未来のことだと思って見たが、今はもう二〇〇一年は遠い過去の年代となっている。でも、いまだに、科学がこの映画の中のハイテク・レベルには到底到達していないと思って感慨深い。たとえば、宇宙ステーションを通って気軽に月の人工基地に行くシーンや、人間をロケットに乗せて木星探査に行くシーンなどである。

日本ではもう長い間、映画館へ行く習慣はなくなっていたが、ここでは、まだ大きな娯楽物であった。

開場前にオーディトリアムの入り口から、クアッドに向けて長い列を作って並ぶが、不思議と全員座れる。上映が開始されると、館内は日本の小学生時代に体験した雰囲気であった。口笛は吹くし、拍手はする。人工知能を持つハル（ＨＡＬ）コンピュータが宇宙・ステーション全体を監視・環境管理していた。終盤で、ハルが宇宙士の指示に従わなくなったので、宇宙士により、ハルの電子システムをシャットダウンされて、ハルは最後の自己消滅の言葉を発する。それは、「ハル、九〇〇〇型コンピュータ、イリノイ州アーバナ、イリノイ大学、ハル、一九九二年十二月、誕生。私は消えていく、怖い」と発する。

当時、コンピュータ人工知能分野の研究開発は、本イリノイ大学が最先端にいた。そのハルの言葉「イリノイ大学」が発せられ、クライマックスになると場内は大騒ぎとなる。アメリカ人学生の精神年齢は若いというか、喜怒哀楽を直接に表に出す。「2001年宇宙の旅」の内容は抽象的で、かつ、英語で進行したため、その時は六〇パーセント程度しか理解できなかった。特に宇宙に巨大なカガミのような石柱（謎の石板モノリス）が出てくるシーンがあるが、それが何を意味しているのかが全然理解できなかった。どうも異次元への時空を超えた（人類に新たな英知をもたらす）ジャンプを表現しているらしいと解ったのは、数年後日本に戻って、テレビでの再放送を見てからであった。

映画を見終わって、外に出ると、冷たい夜風が心地よく体にあたり、身が引き締まる思いであった。

この北アメリカ大陸のど真ん中の、大草原の中の田舎町の、この大学キャンパスは、夜の真暗闇の中に、満天の星がキラキラと輝いていた。

気持ちがよくて、クワッド中央部の冷たいが絨毯のような柔らかい芝生に仰向けに横たわった。

こんなにゆったりと、真暗闇の中で夜空の星を眺めたのは、何十年ぶりであったろうかと思った。星が落ちてくるとはこのことを言うのだと感じいった。人間は一生に一度は、真夜の暗黒の中での静寂な大草原の中で満天に輝く無限の星空をじっくりと味わうのもよいと感傷にふけった。

真っ暗闇、静寂、少し離れた周りの黒々とした木々、冷たい夜風の匂い、青い芝生の柔らかさ、空には満天の星空、淡い星影が降り注ぐ。穏やかなときの流れ。まさしく、この地球上の息吹、そして、その美しさに感動した。一人だったのか、誰かと一緒だったのか覚えていない。ただ、沈黙空間の中に「聖」に研ぎ澄まされた夜空を、心身ともに体得した。

仰ぎ見る宇宙と人類、天空と地上の豊かな自然、山々、大地、森林、木々、草原、そこで生息する動物、人類、朝焼けと夕暮れの静寂の中の景色、真夜中のキラキラ輝く星々を眺め、響きあう宇宙と人間の魂に、古代から、多くの宗教者、哲学者が言う、「自然との同化」「我が身体、呼吸、意識、瞑想、一体化へ」を体得した。

また、さらに調べてみると、日本も含めて、仏教の原点はインドのバラモン教・ヒンズー教・ヨガ（ヨーガ）にあることと、ヨガによる宇宙・太陽・大地・我が身体、意識と呼吸、相応による宇宙との一体化・瞑想、解脱等の思想が、特に、密教・禅の源であったとは、新発見であった。

子供の頃は、夜遅くまで遊び疲れて、帰宅の途中に漠然と不可思議なものとして月や星空を眺めたものであったが、大人になり、年をとると、仕事に熱中して、夜空をゆっくりとは眺めなくなる。特に、東京などの大都市で働いて、生活していると、夜になっても人工的に明るく、夜の暗黒の実感がない。

　四季の自然の移り変わりの景色を愛でたり、身近かなものや足元を見つめることも良いが、たまには遠くの暗黒の夜空を、星空を眺めるのも良い。日本では、奥深い田舎の野原や田園地帯、山々頂上近くからでも経験できる。

　宇宙は、太古の昔から、人間の創造力の源泉であった。インスピレーション、発想力の糧、この世の世界の謎にヒントを与えてくれた。また、未来のビジョン、価値観、倫理観、宗教観を、そして、哲学的発想を育ててくれた。

　チグリス川とユーフラテス川の間の古代のメソポタミア、バビロニア、エジプト、インド、中国などで発生し、その後ギリシャなどで発展した文明には、厳然として大宇宙の神秘性の影響を大きく受けた痕跡がみられる。神の意志として、人間や社会の在り方や、未来を占っていた。

　また、古代には、夜の闇には悪が徘徊し、朝日が昇る晴天には、人間が新たな気力を取り戻し、悪を退散させるという神事もある。

　現在の世界各国の国旗にもシンボルとして、宇宙の太陽や星々、三日月等を示すものが多い。日本の国旗は、勿論、太陽、日の丸、である。米国の星条旗、ベトナムやトルコ他の国旗にも示されている。

　そして、西欧では、古代から哲学的な思惟が長く論ぜられることになる。「我々が存在しているこの宇宙は何なのか。宇宙は永遠の過去から未来永劫に存在するのか、それとも、遥かな昔、創造されたものか」、この命題は、古代の人々、ギリシャの哲学者にとって大きな命題であった。そして、到達した一つの考えとして、「我々が見る外界の事物は、心が認識したから実在として存在する」とし、「精神・思惟こそ永遠の根本的な存在である」とする宇宙観が、哲学的表現では「観念論」が生まれたのである。そして、その拡大論として、「創造主が宇宙を創造し、人間は選ばれた生命体である」との宗教論も出てくることになる。一方、宇宙は遥かな昔から存在しており、それを構成する「物質」こそ、根源的で、未来永劫な存在であり、その後、生命体（人間など）が出てきて、その反映として精神・意識というものが生み出されてきているとする宇宙観が、哲学的表現では「唯物論」が生まれることになる。そして、その後、一九世紀にいたるまで両方の哲学論の深化と論争が多くの哲学者間で行われ、ドイツに一人の哲学者、ヘーゲル（一七七〇～一八三一）が現れることになる。彼は、人間の意識・意志・精神・理性について論じ、自然や社会との関係において、「世界は絶え間なく運動し、変化し、発展するのか」との命題のもとに、そのつながりを論じたのであった。そして、その後の二〇世紀の西欧になると、ヘーゲル哲学の中に示される、「万物は流転し、矛盾を含み、それを克服することにより真理に到達する」との弁証法と唯物論を融合させ、経済学論に結びつけ、その当時の近代西欧で始まった産業革命で、工場で商品（物質）を製造する際の、初期資本主義においての劣悪な労働条件のもと搾取されていた労働者階級の権利を主張できうる新しい経済哲学論として、大きく形を変えて現れ、世界情勢を一変させ、人々に大きく影響を与える思想が出てくることになる。マルクスの「弁証法的唯物論」である。この思想は当時の世界中の労働者、貧者、若者たちから熱烈に受入れられ、また、支持を受けることになるのであった。なお、著書『資本論』では、商品・貨幣・労働・資本蓄積でまとめている。（『哲学の名著』久野収編集より「4．マルクス主義―科学的社会主義の成立」小松茂夫、毎日新聞社、一九六八）

振り返って、日本の古代文化には、太陽や月以外にその影響はそれほど残されてはいない。古代日本人は、より身近かな自然のなりわいに、森に、山々に、岩々に、鳥に、動物に、「そこに神々が宿り給う」と信じ、より畏怖と神性を感じて信仰するようになっていったのであった。

古代日本列島は、満天にキラキラと輝く星を眺めて、その神秘さを瞑想することができない程、周囲は豊饒な森林で覆われていたのであろうか。

古代日本住民は、それでも天空については、ほとんど太陽に、時には月に、その神秘性を感じている。古代から、太陽や大地は食料収穫や動物を与えてくれる恵みの神として敬われてきた。一方、キラキラ輝く星については、

日本の古代、三～七世紀にかけて、北は青森から九州まで大小合わせて四千以上の前方後円墳を含む古墳遺跡の中には、一部内部の天井に無数の星空が、描かれている（例、明

日香村、キトラ古墳・天井画、六～七世紀）。また、別の古墳の壁には、その宇宙（死後、ユートピア）に向かうとされる棺を乗せた舟の絵が描かれているものもある。日本列島各地に住んでいた古代人は、宇宙の遥か彼方に不老長寿の理想郷、ユートピアが存在すると考えていたのであった。

渡来系か大陸文化の影響を受けた豪族の古墳の壁にも今でいう北極星、北斗七星などが描かれている古墳もある。

魏志倭人伝によると、三世紀中頃、邪馬台国の女王、卑弥呼は宮殿の奥に住み、弟や難升米（なしめ・男性）の助けをかり、鬼道（占い）により国を治めていたといわれている。その鬼道は天体における太陽や月、星の運行を基にしていたといわれている。

飛鳥時代あたりから、特に平安時代では、日本でも天皇の補佐役の一部の高級貴族などは、官僚（例・安倍晴明）などに指示し、天体の運行と暦の作成法や星占いによる統治政策の良し悪しの判断法を研究していたが、一般庶民は天空の祭りについては、恐れおののいて近づかなかった。

それでも、江戸初期、江戸城の北方に日光東照宮を造った。これは、北極星を神としその神を祀る北辰信仰が、同時に、北極星の神を敬う日光東照宮の神々（家康他徳川家先祖の神々）が江戸を守る）によるものといわれている。さらに、鎖国政策の中で、これまでの中国の星図や暦作成法から、新たに、オランダから西欧の暦作成法、天体観測法について情報が入り始めた。一七世紀後半から一八世紀前半にかけて幕府の天文方の人々が江戸の町、浅草に浅草天文台を設置し、西洋式の三種の観測器、「子午線儀」「垂揺球儀」「象限儀」を使用し、天体観測をし始めている。その時期に「惑星」という言葉もつくられている。あの日本地図作成で全国を計測旅行した著名な伊能忠敬（一七四五〜一八一八）は、その天文方重鎮の弟子であった。（「和書で巡る江戸の天文学」中村士 協力、『Ｎｅｗｔｏｎ』、二〇二二年一二月号）。

さて、古代人は、太陽や月の運行について、朝、東から顔を出し、夕方に西に沈む太陽、太陽が西に沈む頃になると天空に出てくる月の運行が、循環として、毎日変わらない永遠の営みとして、人や動物の生死に重ね合わせたのであった。そこに万物の「再生」という信仰が生まれたのである。

自然神を敬う古代人は、「人は死んでも魂は残り、必ず再生して、この世に再び人として生まれてくる」という魂の永遠の循環を信じたのであった。

仏教の教えにも「輪廻転生（りんねてんしょう）」の信仰がある。しかし、これは、「再生」とは、異なった概念である。

「輪廻転生」は「人はその業によって輪廻し転生する。生前の行いによって、その因果により、死後、人はゴキブリや他の動植物にも転じて生まれ変わる。しかし、仏を信じ、信心に努めれば、極楽浄土にも行くことができるし、また、幸福な人にも生まれ変わってこの世に出てくることができる」という教えである。また、その概念の中に悪行を積めば地獄に落ちるという概念も生まれている。

やはり、最初に古代から長い年代にわたって人間も含めた万物自然に対する「再生」の信仰があり、その中で人間の貧富の差や支配者と非支配者との階級差、災厄や苦難に遭遇する人としない人、長命と短命の差など、人間の一生に不公平さがあるのを経験して、不条理な人生の、その弱者の救済のために、慰めるために「輪廻転生」の思想が創り出されたのかもしれない。

さて、その後、太陽は豊穣の神として、日本神話の天照大神や「日出ずる国」日本の象徴として、月は和歌や絵画、文学の中に、日本の自然の美を表すものの一つとして、日本の文化や生活に深い影響を与えていったが、宇宙や星は中国から伝えられた「天の川」の七夕の祭りなどに定着したのみであった。

一方、仏教では、広大な宇宙の頂点に存在し、宇宙平安を祈る盧遮那仏（東大寺・華厳経）や、さらに進展した密教で、宇宙の中心から大光明で照らし、全てを生かす大日如来を創造した。密教曼荼羅は、人間の心や、言葉や、身体の中の小宇宙を表すといわれているが、古代インド、仏陀によって創造された仏教を理論的に発展させた門徒たち、何もない混沌とした大地の上で、悠久の星空を眺め続けて、この深大な大宇宙の生命の謎について瞑想して、この深遠な哲学というべきか、宗教を打ち立ててきたのであろうか。仏教という宗教は、密教はもちろん、日本に入り日本化した宗教だけでも、調べれば調べるほど、先人たちの本を読めば読むほど、その教えは広大で、深遠で、裾野が広く、かつ難解であった。

まさしく宇宙そのものであったのである。

古代インドで誕生し、中国から日本へ伝わった般若心経の中のよく知られた一文「色即是空　空即是色」（すべてのものに実態はない。実体がないところからすべては生じるのである）。『国語辞典』（講談社、昭和四七・九・二　改訂増補版、監修者：久松潜一、林大、阪倉篤義）によると、仏教では、「色は、この世の感覚の世界、形のあるもの」で、「空は、全て存在するものに実態はない」と示されている。「即是」とは、色・空がまったく一体であるということ。不思議なことに、近代からの西欧の科学者たちが、この我々が住んでいる宇宙の誕生について、ビッグバン（Big Bang）理論を発表している。彼らの仮説によれば、「この宇宙の誕生は、何も実態のない無空間（時間・空間の区別のない無）で、一三七～一三八億年前にビッグバン（巨大爆発）が起こり、我々の宇宙が誕生し、この宇宙が膨張し続け、現在にいたっている」との説である。古代インドの宗教・哲学が現代の天文学科学者が考えた宇宙誕生理論と、偶然一致していることは、本当に不思議である。

なお、追加して述べれば、キリスト教の教義の中でも、「神が、無から万物を創造した」と記されている。

古代から、日本には、太陽・山・風・森・木々・草花・石など、森羅万象に、八百万（やおよろず）の神々がいたけれど、仏教とともに日本にやってきた「この世の苦の世界に生きる人間とはなんであるか。人の生きるべき真理の道とは」と問い掛け、深く考え、修行する学問、その学問こそ、日本の精神風土の土壌のなかで、日本の神々への信仰・習俗と習合し、独特に変化してきた日本の仏教思想、西欧哲学とは幾分違った分野（宗教）の中で発展してきた、約千五百年間にわたって思考し続けた日本における「人間の真理探究」への哲学、日本の思想史でもあったのである。

北アメリカ大陸のど真ん中の、大草原の暗闇の夜空の中、静寂なイリノイ大学のクアッドの中で、満天にキラキラと輝く星光は、我が全身を暗黒の星空の中へ溶け込ませて、清澄な時空の、広大無辺なる宇宙の中で、この一瞬を生きていることを実感させ、「存在するもののなりわい」を考える霊力を与えたのであった。

大学附属図書館

どこの大学でも同じだが、イリノイ大学にも、各学部に図書室があり、さらに大学生用図書館、各分野別の図書室（たとえば、エンジニアリング部門）および、大学の附属図書館がある。大学生用（Undergraduate Students）図書館は、大学キャンパス内の中央部、クアッドの南側のオーディトリアムの、さらに南側にある。地下三階、地上一階建ての建物で、景観を配慮して、地上部分を一階建てにして、大部分を地下に配置している。建物の中心には、外部から採光ができるように大きな中庭が配置されている。

前に述べたように大学に入学すると、一、二年生までは、原則として全員が、大学キャンパス内にある約三十カ所のレジデンス・ホール、つまり寄宿舎、寮に入ることが義務づけられている。それらはキャンパス内各所に散らばって配置されている。

大学生用の図書館は、各々のレジデンス・ホールから約十分の歩行距離の中心にあるため、学生はその大学図書館で勉強する。金曜日の夜を除いて毎晩深夜の十二時まで多くの学生が勉強する。机はつい立てで三方が目隠しになっているもので、机に向かえば左右及び向かい側の人と話をすることができないレイアウトになっている。現在の日本のオフィスにも職員の席として配置している会社も多いが、試行錯誤して、社員同士のコミュニケーション重視の観点から、オープン座席に戻す会社もある。床はじゅうたん敷で冷暖房完備で快適で本当に勉強するのに適している。また、日常の図書館の管理業務の中で大学生が多く働いている。受け付けから、本の出し入れ、室内の掃除まで、パート・タイムとして働き、その労働時間を大学の勉強及び授業時間と調整して設定している。

私の住んでいるダニエルズ・ホールからその図書館まで歩いて七、八分なので、私もよくそこで勉強した。自分の部屋ではなかなか勉強には身が入らないものである。他の大学院生も同じようで、夜遅くなって自分の部屋に戻るのが普通だった。

さて、夕食時の談話等で友人たちからその利用法を教えてもらった本学の主要な附属図書館が、大学生用図書館の隣の通りにある。当時、規模と蔵書数は、州立大学で第一位、全米の私立大学の附属図書館を含めても、上位五位以内に入る巨大な大学附属図書館である。入り口から中に入ると幅の広い二層分の階段があり、そこを上がると正面にメイン受付けがある。このメイン図書館は開放式図書館で、この大学の学生や関係者であることの証明書を見せれば、自由に書庫の中にまで入れる。あまりに簡単に入れるので、びっくりしてしまった。我々外部の者が書庫に出入りするための入り口及びチェックポイントは一カ所しかなく、メイン受付けの横のところにある。そこで身分証明書と自分の持ち物の中がチェックされ、簡単にオーケーということで通過すると、この巨大な附属図書館の心臓部、いわゆる蔵書スペースに入ったことになる。と同時に、牢獄に入った気分になる。なお、チェックする係員の一部員も、本学の学生がアルバイトとして雇われている。

完全に外部と遮断される。外部に面する窓は小さく、外の風景は見えずスリガラス入りで鉄格子が入っている。書庫内部は地下四階、地上六階の合計十階分が全て分類順に整理された全米の大学附属図書館で五位に相当する多量の蔵書や貴重な資料で埋まっている。書庫内部には、ほぼ中央部に年代物の鉄骨組み立て式で手動式のオープン・エレベーターとその横に階段があるが、これは内部空間の上下移動用のものである。そこからは、書庫の外部には出られない。その書庫の中では、その空間を縦横に動いて、自分が直接必要とする本や貴重資料を、眼で見て、手で触って、探し出すことができるのである。書庫のなかには、所々の壁際に机と椅子が設定されており、そこで読み、読み終わったら自分で本を元の位置に戻すシステムである。さらにリサーチ・アシスタントなどの研究学生の身分となると、申し込めばこの書庫の中の小さなオフィスが与えられる。オフィスといっても二メートル四方の四平方メートル程度のスペースに机と椅子、書棚があるだけであるが、鍵付きドアがあり周囲の壁は腰高以上は透明ガラスで仕切られており、壁側に連続して配置されており、ひじょうに落ち着くスペースとなっている。

私もリサーチ・アシスタントになった後にここにオフィスを持った。シビル・エンジニアリング学部でのオフィスと二カ所持つことになる。このメイン図書館では自分の専門分野の利用以外のことで利用した。例えば、日本蔵書や、日本に関する資料、アメリカ歴史資料や、人文・社会学資料、スライド（ＣＤ）コーナーなどである。特にスライドコーナーにはビジュアルな資料として、古代から現代までの南北アメリカ大陸を含む世界各国の絵画、彫刻、建築物、考古学の発掘物などのカラー・スライドが数多く保存されていた。目的を絞って整理するとひじょうに貴重な活用資料となるように感じられた。とにかく興味ある図書や資料が目の前にたくさん整理されていることや、自由に取り出して読むことができるということはひじょうに魅力的であった。本に触れて、時には、本を手指で開いて、その紙の冷ややかさ、温かみもある感触を心に感じながら、豊かで自由な思考力・感性が育まれ、知性も磨かれるように感じた。やはり、利用者に利用しやすいシステムが確立されていることが新鮮にうつった。ただ、貴重な本や傷みの激しい本は、保存のため管理されている。

使い方によっては、宝にもなる数多くの貴重な図書資料が、眼前に手の触れるところに整理され、眠っているのをみると、身が震える思いがした。しかし、残念ながら、その時は自分の専門分野を研究する時間しかなかった。その磨けば宝にもなる図書資料の山を横目で眺めるのみであった。

大空間の夜空（図書館）の中で、大小の無数の星々が輝いて、私を求めるかのように、また、森（図書館）の中で、陽の光が降り注ぐのどかな小さな空間で座って、木々や草花を愛でるときに感ずる心の安らぎと好奇心を呼び覚ますような感覚を受けた。

あの有名なマルクス（独、西部トリーア市生まれ、一八一八〜八三）が、無名時代、ケルンやパリを追放され無職となり、英国に渡り、当時、世界最大の大英帝国博物館の膨大な図書、哲学資料を眼前にして振るい立ち、約十年間通い続けて、経済学を研究し『経済学批判』を出した。さらに十年間研究し、『資本論』を書き上げて共産主義の理論を打ち立てることができたのも、過去の膨大で貴重な哲学書・経済学書等が手にじかに触れることができるという同じシステムのおかげであったのである。大英帝国博物館には、世界各国の文化財資料、特に、古代エジプト、ペルシャ、ギリシャ、及び、西欧の近代に至る学術書、哲学資料など、東西で発展した学術文化資料が多数収集保存されていた。ちなみに、その時の貧困生活でのマルクス研究活動は、後世の研究者から「超人的な努力と執念の研究」とまでいわれるようになる。その期間の経済的支援とマルクス死後の彼の成果の整理と刊行は、医者でもあった、マルクスの友人、あのエンゲルスが行った。その一部は、マルクス・エンゲルス理論（『共産党宣言』一八四八、『資本論』一八六七）ともいわれている。（「カール・マルクス」玉野井芳郎『哲学の名著』）。

そして、資本主義は、技術革新により、少数の富裕層と大多数の格差と貧困の社会に行き詰まって、失敗するとしたカール・マルクス（一八一八―一八八三）に対して、マルクスの亡くなった年に生まれた、ヨゼフ・シュンペーター（一八八三―一九五〇）経済学者は、マルクス理論を評価し、さらに経済学理論を進め、資本主義を「創造的破壊（成功するがゆえに自壊する）」の過程にこそ、その本質と論じ、社会主義へ移行するとした。（参考資料：「経済学X現代③、ヨゼフ・シュンペーター、二〇一九・八・一七、読売新聞」）

さて、はるか古代のギリシャで培われた文明遺産は、すなわち、神話・天文学・歴史・

科学・哲学・市民参加の民主主義・オリンピック競技などの遺産は、人類の発展の現在にいたる各時代に、基底で深く影響を及ぼしてきている。そして、その大著『資本論』の初版本は、ドイツから世界記憶遺産として登録されている。

なお、現在は、このイリノイ大学附属図書館は、貯蔵本の増加もあり、新しく建設されたと聞いている。

その後、日本に帰国して、時々住居近くの、規模は小さいが、自治体の公共図書館を利用しているが、よく整備されており、開放型図書館で利用者（特に高齢者）も多い。そして、近年の電子図書化の動きが、将来の図書館システムに大変革をもたらす可能性も大きいと考えられている。場所・空間・時間に関係なく、瞬時にアクセスができ、情報を取り出しできるシステムが存在することになる。また、個人がパソコンやスマートフォンで自己流の電子図書館を造り膨大な図書や資料を蓄積し、いろいろな状況にしたがって利用することにもなる。しかし、電子図書か紙図書か、受ける感動は、各個人、各分野に依存すると思われる。既に、英国等、ヨーロッパEU各国、米国、中国等も、極秘も含めた公文書のデジタル化作業を行って公開し始めており、過去の各国との外交文書等も拝見できるようになりつつある。

さて、しばらくして後、ある専門図書資料の調査が必要となり、ついでに貴重な図書資料へのアクセスがどの程度可能かを調べる興味もあって、東京の著名で大きな大学の附属図書館へ行ったが、当然、守衛に門前払いをくった。大学関係者、図書館関係者、及び、その紹介状を持つ者以外はだめとの事であった。大学の図書館は学生や教官の研究のためにあるのであって、公開すると、警備上の問題や、また、図書館が高齢者の地域サロンになってしまうのを危惧しているらしい。まさしく、我が地元の公共図書館は高齢者の地域サロンになっていた。

一方、各地域の公立図書館の役割は、地域住民・子供たちの学習・交流も大きな役割を担っていた。その成果も現れている。「図書館の近くに住む人々に要介護者が少ないこと。図書館数が多い県は、全国で健康長寿県の上位にある」（「健康長寿の秘策」二〇一八・一〇・一三、ＮＨＫテレビ）、という目的もある。

さらに、世界の公立（パブリック）図書館は、あらうる人種・民族・社会階級の人々に「開かれた」という意味を持っていたのである。（「公共精神　民主主義の柱」猪木武徳、二〇二〇・二・一七、読売新聞）

地域の図書館、県立・市立図書館等は、その地域の貴重な歴史資料・文献も保管している。

さて、皇居お堀脇にある国立公文書館（訪問した当時は、昭和天皇のサインと印章入りの、戦後の「日本国憲法」原文が展示されていた。）等も含めて、いろいろ試みたところ、日本では蔵書もたくさんあり、日本第一位で専門資料も整理されており、閉架式だが一般人が一番利用しやすいところは、千代田区永田町の国会議事堂前にある国立国会図書館であることが判り利用もした。ただし、イリノイ大学のメイン図書館内の蔵書心臓部に入り、その中に自分のオフィスを設けて、そこで資料を自由に引き出しで読みふけったときに味わった、開架式での貴重な資料を前にしてのあの「どきどきするほどの興奮」はなかった。

過去に、一五世紀中期頃にドイツでヨハネス・グーテンベルクが活版印刷技術を開発した。書籍等の出版により多量の情報が各層へ広がっていった。そして、そのことが、その後のヨーロッパで、ルネッサンスが起こり、宗教改革が行われ、科学革命の発展に結びついたといわれている。

そして現在、ＡＩ技術による電子化で、第二の情報革命・情報爆発が起こっている。

アーヴィン

「Hi! Emori. How are you doing?」

「Oh, Hi! Arwin. I,m pretty good」

　ダニエルズ・ホールのラウンジのソファーで一休みしていたら、話しかけてきたのがアーヴィンであった。

　出会うといつも、「日本の電気製品はすばらしい。日本はすばらしい」と褒める。いや、褒めちぎるといった方があたっている。当時は、世界で、アメリカでも、日本の経済発展、技術革新による新製品は、高品質、適正なコストで話題となっていた。

　アーヴィンはパキスタン人である。色が浅黒く、長身で丸顔の陽気な電気工学専攻の大学院生であった。インドのゴア出身でキリスト教徒である。ゴアにパキスタン人がいるのも不思議だと思ったが、キリスト教との組み合わせも妙であった。

「ゴアはかってはポルトガルの植民都市で、キリスト教徒も少なくないんだよ」と言う。

　中世ヨーロッパ時代、キリスト教の海外布教が盛んとなり、今から約四百五十年前に、ゴアは東洋へのカトリック系キリスト教布教の拠点となった。ちなみに、現在、このゴアには、日本歴史上、信長時代に初めてキリスト教を布教した、あの有名なイエズス会のフランシスコ・ザビエル（一五四九（天文一八）年、鹿児島に上陸、島津貴久から布教の許可を得る）の聖体ミイラが保存されている。ちなみに、ザビエルの末裔、ルイス・フォンテスが、一九五〇年代後半に来日し、その後、日本に帰化し、山口市などで神父として教会活動している。

戦前の植民都市時代は、アーヴィンの家族はキリスト教徒であったが、その時はなに不自由なくすごしていた。

第二次世界大戦後、インドはイギリスから独立した。そして、その後に、インドは、ポルトガルと数度の小さな戦いをして勝利し、ゴアはインドに帰属することになった。ポルトガル人が去り、その時、イスラム教徒が勢いを盛り返して、ゴアの住民の大勢を占める情勢となった。情勢が一変したのである。現在でもキリスト教信者はゴア住人の三〇％を占めるが、それ以来、キリスト教信者は少数派となり、支配層はイスラム教信者が占め、肩身の狭い日々を送ることとなった。もちろん出世は思いもつかないものとなったのである。当然、彼も小さい子供の頃から父親の生活を見ており、また、彼自身の体験や別の理由もあったのだろう。彼は国を捨て、未来の希望を求めて、ゴアを飛び出したのである。

そして、現在、彼はまさしく世界を漂泊する流民の一員となった。

「二度とゴアには帰りたくないんだ。帰っても希望は何もない」と言う。

「できることなら、永住権を取ってアメリカで生活したい」と将来の希望を漏らす。

キリスト教徒であるためか、生活習慣が違うので、イスラム教を信奉するパキスタン人やヒンズー教のインド人ともあまり交際しない。

アーヴィンからみれば、宗教的にも、階級的にも、あまり自己主張しない日本人は、もっとも付き合いやすい人種だと思っているのかもしれない。

我々日本人の感覚では、国土や国家は空気や水のように、その存在すら気が付かない程に当然で、しかし、絶対的に存在するものとして、人々の心の中にある。

国を愛するとか、国を憎むといった感情でなく、自然の美しさを随所に表すところの、有史以来、連綿として続き、先人たちが喜怒哀楽の数多くの物語を生み出していった国土として存在する。そこに所属する人間として、当然存在する絶対的な国土と思っている。しかし、世界を漂泊する民にとっては、国土や国家は相対的であり、国籍は単なる仮の宿の宿泊名簿にしかすぎないのである。

ここアメリカの中西部の田舎町の大学という異界域で、そのような若き異人たち、留学生たちが数多く学んでいる。

アメリカの大学コミュニティは、一つの主義主張からかけ離れて保護された異和空間として存在し、その異和空間では、世界中のいろいろな国家の中で、迫害され、または挫折した若者や国を捨てた漂泊の若人の民の、精神的な治療の場所、慰安の場所、希望の場所、そして、再生、再起の場所となっている。

ダニエルズ・ホールでは、私が入居した年、入学して約四カ月目に、留学生の自殺事件があった。労働と工学関係の研究のために、本大学の大学院に入学してきたアルホン・インダナという名のインド人が二階の自室で、ガソリンを身にふりかけて火をつけた焼身自殺を試みたのであった。

その時、この建物に消防車が数台、サイレンを鳴らして馳せ参じた時、私は部屋にいたが、窓を開けて外を見ても、廊下に出ても、火も煙も見えず、何が起こったのかと気には止めたことはあったが、その後は一時的なボヤでも起きたのであろうと、このことは頭からすっかり忘れてしまっていた。

後になって、同室のブレイクが知らせてくれたり、いろいろな事情が漏れてきて、その時のいろいろな事情が漏れてきて、その時のいきさつがわかってきた。断片的なその情報を組み立てると次のようなことであった。

彼は、母国インドで成績優秀ということで、奨学金をもらって留学生として、この自由の国のイリノイ大学大学院にやってきた。多分、皆と同じような希望を胸に抱いてやって来たことであろう。どの機関が、奨学金を与えたのかは判らない。インド政府かもしれないし、アメリカの慈善団体だったかもしれない。彼が、この事件の後に、他のケースと違って、大学当局に注目されたのは、スードラ（数千年前に支配されて奴隷階級になった民）階級の出身だったことである。インドには世に名高い世襲的身分制度、カースト制度がある。最高位のバラモン（僧職人）、クシャトリア（王族・武人）、ベーシャ（平民）及びスードラ（賤民）の身分制度である。その身分制度の厳しさを我々は実感できない。本人は、まさか、自由と平等を掲げるアメリカに来てまでも、その制度に縛られるとは夢想だにしなかったに違いない。しかし、入学して周りを見渡しても、この大学にも彼の属する安息の群れと場所はどこにもなかったのである。インド留学生は数多くいたが、近づこうともしなかったし、手助けもしなかったのであろう。逆に軽蔑視さえ示すこともあったのではないかという。自由と平等の信奉者のアメリカ人も、大学の留学生担当官も彼の悩みには気が付かなかったのである。

カースト制度は、紀元前千年頃、アーリア人が北西インドに侵入しその地域を支配して、農村社会を氏族制に、出生を階級的に区別していった制度、という途方もない長い「継続」の実績を持つ歴史の重みがあった。その制度が約三千年間「継続」したという実績が、神聖にして犯すべからずとの、だれにとっても、まさしく不可侵の力となってしまったのである。

当初はインドの諸部族間の異なった生活や信仰、又、慣習を認め合い、お互いに不干渉という立場から確立したというが、それぞれの職業を世襲することにより、階級間で通婚したり、食事をともにすることを禁じるようになった。それが次第に、

・賤しいカーストの者から食物を貰ってはならない。
・賤しいカーストの者に奉仕してはならない。
・もし賤しい者が近くに来たら、汚れるから浄め（きよめ）の儀式を行わねばならない。
・賤しい者の影が食物の上にかかったならば、その食物を捨てねばならない。

という凄まじい戒律となった。（「カースト」中村元『世界大百科事典』）。

歴史的にも「人間の平等と慈悲」を掲げる仏教は、とうの昔に、生まれたインドから影が薄くなってしまったし、「慈愛と平等、自己犠牲」を掲げるキリスト教もプロテスタント派を除いて、その存在を暗黙のうちに認めてしまったという。その他のイスラム教やユダヤ教の宗教もインドに入れば同じ結果となったのである。

現在、日本では、仏教が、インドから遠く離れた日本列島に、シルクロードを通って、アジア大陸の最東端に、辿りついて（西暦六世紀半頃）、深化し、大きく花開いている。

イリノイ滞在時代幼稚園児であった長男の新が、大学一年生になった冬休みにインド旅行に出かけた。その時のカースト制の印象は強烈であったという。

スードラ階級の人間の眼は、トロンとしていて光のない死んだ瞳であったという。牛の瞳以下であったのである。彼等にとって、紙幣は単なる紙くずにしかすぎない。お金を持っていても、だれも物を売ってくれないのである。りっぱな体をしていても、雇ってくれない。まさしく牛馬以下の扱われ方となる。

その結果、人間はどうなるのか。その日その日の食物をなんとか手に入れて、本能的に生き長らえるのである。そして、輝きのない死んだ瞳となり、来世の生まれ変わりのみを願う生ける屍となる。トロンとした瞳とは、この世に絶望した瞳であったのである。

彼等に残された唯一の希望は、なんとか来世に上級階層に生まれ変わって、幸福に暮らしたいという、ただ一つの願望のみであったのである。一体、仏教やキリスト教の教えは、どこへ吹き飛んでいってしまったのか。

なお、インド独立後、平等に向けて、努力もしている。一九五〇年に制定されたインド憲法でカースト差別は禁止された。下層の人々を援助（一定枠の公務員採用、大学入学など）しており、インド国内で活躍する人々も出てきているが、制度そのものは廃止していない。また、「男尊女卑」の気風も残っている。

国連予測では、「二〇四〇年頃には、インド国の人口が約一六億人に達し、地球上に住む人々の六人に一人（一七％）がインド生まれとなる。」、ちなみに、インド国民の信仰割合は、ヒンズー教（七九・八％）、イスラム教（一四・二％）キリスト教（二・三％）、シーク教（一・七％）、仏教（〇・七％）である。（二〇一一年インド国勢調査）。日本等東アジアで盛んな仏教は、発祥地の本家インドでは、信者数が極端に少ない。

しかし、他国のことを知ることも大切だが、振り返って、日本の場合はどうか。

全国に大きく広大な荘園を保持し、栄華を極めていた京都貴族階級（大きな寺院も保持）に、源頼朝が全国に守護・地頭（じとう）を置くことを認めさせ（一一八五年（文治一）、一一九二年（建久三）、源頼朝が征夷代将軍になり、鎌倉幕府を開いたからである。武士の前身は、その貴族や寺院が持つ大荘園を守るための、武器を持った警護人だったのであった。この鎌倉幕府成立により、日本の身分制史上、一つの大きな変換点となった。武士階級の成立である。これ以降、全国の荘園は、幕府の支配に向けて、武士が管理するようになり、次々と消滅していく。

そして、身分階層を考えるにあたって、日本には身分の記録資料の消失と、身分階層の変革をもたらす歴史的に大きな二つの断層がある。これらは、いずれも大きな二つの政治体制の変革によるものであり、長い戦乱と多大の人命を失ったものであった。

日本の歴史上の大きな二つの断層とは、何であったのか。

一つ目の断層は、約六十年間続いた南北朝の動乱（一三三六年〜一三九二年）であり、二つ目の大断層は、主に約十一年間の応仁の乱（一四六七年〜一四七七年）の期間で、この断層は戦国時代にまで続くのであった。

南北朝の動乱とは、鎌倉幕府第十四代の執権、北条高時が失政し、楠木正成などの半農武士が、後醍醐天皇の倒幕運動を支援して、戦乱が各地に発生した。一三三三年に鎌倉幕府が滅亡し、後醍醐天皇の建武の新政が始まったが、復古政治を理想としたため、武士層が離反した。その後、後醍醐天皇と足利尊氏が争い、東北から鎌倉、京都、九州と日本列島を縦断して戦った。その結果、足利尊氏が勝利して室町幕府が成立した。一方、後醍醐天皇は、吉野に南朝を成立させた。その後六十年近くにわたって、南北朝に分かれて各地で戦った。これらの戦乱をいう。

この動乱により、日本本州を縦断して戦いが駆け巡り寺社邸宅が焼かれて、多くの人の死と、多くの重宝・記録資料も焼失してしまったのである。

また、この動乱を境に、権威・権力も大きく変化した。

第二の大断層は、室町幕府の第八代将軍足利義政時代に発生した応仁の乱で、一四六七年から一四七七年までの十一年間の戦乱をいう。幕府の将軍継承問題と、畠山・斯波両家の家督争いがからんで細川勝元派、山名持豊派に分かれて争った。この乱により、幕府は崩壊し、地方に多くの荘園を持つ貴族・寺社も崩壊した。

この応仁の乱で、寺社が焼かれ、京都は焦土となり、荒廃した。同じく重宝・記録など多大な資料も消失してしまった。一方、新興武士や庶民が台頭しはじめた時代でもあった。一部地方では、貨幣経済も広がり始め、庶民の女性の社会進出も始まった。衣類の染める作業をしている働く姿が当時の絵に描かれている。

さらに続く戦国時代、信長は一向宗徒と争い、さらに比叡山の延暦寺を焼き討ちするなど、近畿や中部の寺社邸宅が焼失し、多大の貴重な記録類がなくなってしまったのである。

大多数の日本人は、また、ほとんどの武士階級も、古代からの出自、系譜は、この二つの大動乱でプッツンと切れてしまったのである。つまり、ほとんどの日本一般庶民の家系譜は、この二つの大動乱以前のものは偽物くさいのである。はっきりいって偽物なのである。辿れないのである。信長も秀吉も家康（「徳川家の出自は新田氏か」煎本増夫、『歴史読本、一九九九年七月号（第四十四巻、第八号）』、新人物往来社）さえも、現在のほとんどの日本一般庶民も、自分の家系図はこの二つの大動乱の以前の平安時代までは遡れないのであった。

なお、この中世時代、戦乱、天候不順での農作物不作等に巻き込まれた地域では、武士・商人・農民他あらゆる階層の人々、親や子どもに苦難苦渋の、人生を送ることになる。餓死や、病死した庶民。子供たちが、災難に遭遇した、各地域や京都の山路の裾野、谷々、河原、道端に伏していた。この不条理の状況に対して、中世の日本の仏教は、「十界、四聖・六道」の世界観を生み出した。「六道」の中には、畜生・餓鬼・地獄、そして、因果応報の論理を生み出している。（『畜生・飢餓・地獄の中世仏教史』、生駒哲郎、吉川弘文館、二〇一八年）

さらに、長期間続いた江戸時代から、一八六八年に明治維新という政治体制の大革命が起きて、士農工商の身分階層がなくなった。その代わりに、公家や士族の不満を和らげるための妥協の産物として「華族」階級を制定し、その後、一八八四年（明治一七年）華族令（公家、士族の「華族」に、国家につくした政治家、軍人、官吏、実業家なども加えられた。爵位は、公、侯、伯、子、男の五段階）が制定されたが、それも、それから約六十年後の一九四五年に、第二次世界大戦で敗北して、戦前の旧体制が崩壊し、民主主義が取り入れられて、やっと、日本人は法の前ではすべてが平等となったのである。「華族令」の廃止は、戦勝国の連合国司令部、及び、マッカーサー司令官の強い意志であった。（日本国憲法、第十四条　すべて国民は、法の下に平等であって、人種、信条、性別、社会的身分又は門地により、政治的、経済的又は社会的関係において、差別されない。
2　華族その他の貴族の制度は、これを認めない。
3　栄誉、勲章その他の栄典の授与は、いかなる特権も伴はない。栄典の授与は、現にこれを有し、又は将来これを受けるものの一代に限り、その効力を有する）

どこの国においても、自国の身分制度の自律的大改革は、ほぼできない。国の大変革か、敗戦による他国からの強制力でしか実現できなかったのである。

なお、華族制度が廃止されたことにより、既成の華族の人々は、その後、厳しい生活を送ることになる。大きな土地や財産は世代が変わるごとに多大の税金を納めなければならなくなったからである。全ての国民と同じように、自活して生活することを余儀なくされたからである。

なお、他国について調べると、国の盛衰にかかわる様な大きな戦争で負けなかった英国では、一部例外があるが、終身貴族として、聖職貴族、世襲貴族、一代貴族が存在し、その中から上院議員が選ばれる。

この身分制度は、まさに、幕末の政争が激しかった時代、第十五代将軍、徳川慶喜が大政奉還（一八六七年・慶応三年）を行った決断の大きな拠り所であった。世襲・終身貴族として上院議員となり、日本をリードする考えであったとも思われている。

それも日本の約二千年の歴史の中で、まだ八十年程度しか経っていないのである。

我々が現在謳歌している平等と主権在民の精神は、同時に、日本の歴史、宗教、政治、社会及び文化や、それにつながる公家・寺院や神社の人・武士・農民・職人・山や海の民・芸能民などすべての身分階層のあらゆる分野の最深基層で、約二千年間も長く継続し、その関係が醸し出す数多くの伝説や抒情・叙事詩、及び、物語が、わが国の個性となり影響を分泌し続け、繋がっている現在の象徴「天皇制」を対極に置いて、まだ始まったばかりであった。当然、差別の歴史的残滓は、日本の国民全体の心の中に、また、各個人の問題として存在しているし、まだ完全無垢なものではない。しかし、法の前では、人間は全て平等という日本国憲法の精神の確立により、日本の人間平等性は、世界の中でも最先端の位置に到達したのであった。しかも、それは、同時に、まだ、約八十年程度の歴史しかないという事実でもある。

現代の日本人は、現日本国憲法について、天皇象徴制、戦争放棄、基本的人権については、よく知っているが、現一般国民は、それ以上にも重要ともいえる第十四章の貴族・華族という明文化された身分制度の廃止の新制度が、戦後、全ての国民が、基本的人権保障され、日本の驚異的発展に寄与していることを、あまり気が付いておらず、現日本国憲法の中に、静かに生き続いている。

さらに、現在、西欧・米国等での男女同権の動きが加速している。日本は大きく遅れているが、改革に努めている。

ふたたび、振り返って、大陸インドはそれほど歴史が長く、日本のような、人間の所属の過去帳の喪失やご破算をもたらすような国中を縦断した大動乱や革命が発生するには、あまりにも、国の「うつわ」が大きすぎたのだろうか。

国も時によっては、すべての記録を破壊し焼きつくして、ご破算としてしまうような大動乱が必要なのかもしれない。逆説的に言えば、親しみのない、また、マイナス・イメージのある南北朝動乱も応仁の乱も、過去の秩序の破壊と変革、身分制の破壊という点では多大の貢献をしたことになる。

ダニエルズ・ホールでのアーヴィンとの交歓や、特に、会ったこともないアルホン・インダナの自死への行為は、異人たちの秘めたる背景と苦悩の一つを、かすかに洗い出させた。人間個人の一生である数十年の命とは、数千年間も継続して生息している怪獣ともいうべき制度の前には、迷えるか弱き小羊のようなものであって、一口で食いつくされてしまうような、ひじょうに無力で小さなものであったのである。

そして、時の流れとともに、その出来事は風化し、忘れ去られていった。過去の数多くの出来事の単なる一つとして、埋没した。

しかし、アルホン・インダナの自死への行為は、私に、日本国の身分制度の歴史を探索するきっかけとなったのであった。

アフリカン・アメリカン

人類は、最初は、皮膚に色を持って存在したにちがいない。あの白い肌はどうみても、人類の発生の始めから存在した肌ではない。多分その白い肌は、たとえば白い蛇や白鯨のように、いわば突然変異で生まれるようになったのではないか。

後年になって、現人類の祖先、ホモ・サピエンス（約二十〜三十万年前、東アフリカ大陸・遺跡）は、アフリカを出るとき、肌が黒かったことを知った。日光の紫外線量を多く浴びる程、肌の色も黒くなる。一方、その時代、西欧では、ネアンデルタール人が生息していたが、白肌で、毛むくじゃらで体格が大きく知能もあったが、小さな家族親族系で生活し、大きな集団生活へは進まなかったらしい。その後、滅んでいき、我々、現生のホモ・サピエンス系時代となった。しかし、中東付近かどこかで、ホモ・サピエンスとネアンデルタール人が出会い、遥かな年月を経て、ホモ・サピエンスの末裔である世界の現代人、日本人を含めて、その約二％がネアンデルタール人の遺伝子を持っていると言われている。（「人類誕生」、ＮＨＫテレビ、二〇一八・五・一三）

なお、六万年間の氷河期を乗り越えた東アジア地域の人類は、体格は、体毛少なく、手足短く、平べったい顔、鼻低く、目も一重まぶたになっていったという。（「人類寒冷対応」ＮＨＫテレビ、二〇一八・五・一八）

ルイセンコ学派の環境による進化論に従えば、北方の地で太陽の光が弱く、周囲が白い雪や氷で囲まれた気候や環境に影響されて、人類の一部が幾世代も経て、少しずつ変化し白い肌を持つようになったのだろうか。

もし、そうだと仮定すると、黄色人種は中国大陸の黄色い岩肌や砂埃の環境に囲まれて影響されて、同じように人類の一部が幾世代も経て、少しずつ変化し黄色い肌を持つようになったことになる。

また、そう考える場合、黒人は南方の地で、強い太陽の光に肌をさらし続け、幾世代も経て、黒い肌を持つようになったということとなり、その発想も理解しやすい。

その後、人類進化の過程で、森林から草原へ進出し、日差しにさらされる生活する中で、体型も、髪の毛を多様に、また、体内のメラニンが皮膚の色を多様に、朝黒くし、強い紫外線から身を守り、一方、紫外線を浴びることにより、体内にビタミンDを形成し、骨や免疫力を強くしていた。まさに、「太陽」こそ、人類が生存を求めて、自らを変容させていったのである。(「地球ドラマチック　太陽と人類」ＮＨＫテレビ、二〇一八・一二・八)

とにかく、通常は、その白い色は劣性遺伝であった。しかし、偶然か必然か、その白い

初夏のクアッド広場

肌を持った人間が、同時にいままでの人間にない何ものかを持った。その何ものかが優性に働き、生き残り、人類の近代科学文明発展のある部分の推進力となった。その「何ものか」とは、なんだったのだろうか。それは、「なぜと考える本能」だったのかもしれない。小さな出来事や物事になぜと考えることから出発した本能である。今で言う「科学する心」である。その「なぜ」と考える本能的習慣が、近代の大文明発展の点火剤となったのである。フランスの著名な哲学者、デカルトが「人間は考える葦である」と言ったのは、けだし明言である。

ホワードはブラック、つまりアフリカン・アメリカンの大学生である。昔は、「ブラック・アメリカン」とも言われていたが、近年では、「アフリカン・アメリカン」と言うのが一般的となっている。

身長が約百六十五センチメートル、体重が約五十五キログラムで、アメリカ人にしては小柄な体格であるが、敏捷に行動する。目鼻立ちもすっきりしているので、白人の血が混ざっているのであろう。彼とは何のきっかけで、話をかわすようになったのかは忘れた。多分、白人の友人たちとの雑談の中に私も彼もいたし、その友人たちの紹介だったと思う。

ある時、白人の友人と彼と私の三人は、キャンパス内イライナ・ユニオンのカフェテリアで昼食後の人込みの中の片隅で、コーヒーを飲みながら、とりとめもない話をしていたが、その白人の友人が授業に出席するために、立ち去って二人きりになった。そして、しばらくの雑談の後、白人の友人の前では決して表さない表情となる。そして、彼は本心を私にぶつけてくる。それは、白人に対する憎悪の言葉の連続であった。

「白人たちは偽善者だ。絶対に信用してはならない」

「我々は白人たちを動物と見なしている。くそくらえだ！」

「我々は白人たちと終わりのない戦いをしなければならない」

彼は眼をランランと輝かせて、ほとばしる言葉を鉄砲の弾丸のように発射した。

小さい子供の時から、現在の奨学生として大学生になった今日に至るまでに体験したことからほとばしる言葉であった。その言葉は峻烈を極め、ノンポリの私にとっては、「ハトに豆鉄砲」の如く、最初は口を開けて、唖然とするのみであったが、最後に強烈な印象となった。

ホワードは自分を「戦う黒人（アフリカン・アメリカン）」を自称していると述べた。

「米国内各都市に数多くある自分たちの住むところは我々が治める。そこは人口が密集するスラム街だ。町外れの荒れた地域だ。そのスラム街は、低俗な酒場、ドラッグ密売、バイオレンスなどで沸き立つ猥雑な地域だ。その混沌とした地域から、文化も、町はずれた地域からも労働に明け暮れた日々の中から生まれた音楽もある。しかし、それだからこそ一層その地域の政治的・経済的・文化的な権力は自分たちが握る。そして、黒人のアイデンティティと人間性・権威を回復したい。これが、私の願望だ」

「そうすれば白人の哀れみや恩恵による平等ではなく、自立的な平等を獲得することができる」

「君も戦う黄色人になれ。そうすれば、我々と一緒に白人と戦う同志になることができる。君たちのアイデンティティも獲得できる」

とも言った。

「ふむっ……」私は答えようがなかった。

彼は言いたいことをまくしたてると、もう言いたいことは話した。もう、用はないと言わんばかりにして、すばやく人込みの中に消え去っていった。

それが、彼との最後のひとときでもあった。

そして、近年、貧困・専制体制等から逃れるため、生きるため、職を求め、民が移動している。アフリカ大陸からの大勢の移民が西欧に、アメリカ大陸へ、豪州、そして、日本へも。時を経て、移民たちは町の中に、富裕層が住む地域から、少し離れた所に貧困層の町並みを形成する。それは、過去から将来への人類という生物の生存の基本原理なのか。

我々人間は、この世に生を享かって成長し、成熟し、そして老化し、死を迎える。その過程において、肉体的に、また精神的に、さまざまな体験をし、苦しみや、哀しみ、または喜びを味わう。

このことは、白人であろうと、黒人、黄色人であろうと、すべて同じである。肌の色はいわば神様が与えたもので、我々はどうすることもできないし、どうしようもない。

我々にできることは、思いやりを持ち、宗教や人種、肌の色のいかんにかかわらず、人間は法の前では、全て平等である、と宣言し、かつ守ることである。ここに言う「我々」とは私たちというより、人類各個人と言い換えた方がよいかもしれない。


幼稚園に通うようになると、その子どもは母親に一つの質問をする。

「ママ、わたしの肌はなぜ黒いの？」

「なぜ、わたしの大好きなトニーの肌の色と違うの？」

母親は答える。

「神様が与えてくれた貴い肌なのよ。大切にしましょ」

そしてその時、母親は知る。娘が悩み、自分と同じ道を歩きつつある事を。

小学校へ通って、しばらくすると、また一つの質問をする。

「わたしの髪はなぜ、ちぢれているの？」

母親は答える。

「わたしの子どもだからよ。わたしが髪を伸ばしてあげましょ」

そして、無駄とわかりながらも、カールで髪を巻き、ちぢれ毛を直そうとする。

そしてついに思春期に入る。

若き乙女や若者の悩みはつきない。

その時、若き乙女はキリストの母で、白人のマリアに祈り続ける。

そして、ある日ある時、決然と、その悩みと訣別する。精神的に自立するのである。

女性は諦感を持って、男性は一つのどうしようもない怒りを持って。

その時に、思春期は終わる。

そして、自己のアイデンティティを求めて、もとの群れ、アフリカン・アメリカンの群れに戻る。

その時期も理由も原因も、彼らにとっては一様ではない。一つの決断であったことだけは確かである。

社会に出ると法の前の平等の裏側に、厳しい現実が待っている。それを跳ね返すには、今まで培われた反抗をテコとした強い意志の持続以外には何もない。アメリカ合衆国には、黒人は千五百万〜二千万人いる。それぞれに、幼児期があり、思春期を通って大人となる。


差別はどの国にもある。宗教上であり、人種であり、皮膚の色であり、性であり、偏見であり、色々な観点で差別が生じる。

アメリカは、差別が存在するという前提にしたがって、法的処置で対応している。

つまり、アメリカ合衆国はかつて人種差別をした国で、白人のアングロ・サクソン人が建設した国なのである。それを認めて、人類は平等との理念から、あらゆる差別をなくそうと法律により差別撤廃をしようと試みているのである。あとは、本人の強い意思と努力次第で成功するか、否かが決まる。

非差別側からの努力は並大抵なものではない。しかし、その努力の姿勢を見ると誰でもサポートする。前向きなテンションの生活である。それは目がギラギラとして、我が強くて、でしゃばりで、日本人の感覚からみれば未熟者と蔑まれるような行動も、この国では受け入れられる。それは、多民族国家のアメリカでは、自分の意見、考えを述べ、能力をアピールすることがもっとも重要な姿勢だからである。

アメリカの国は、広い国土の中で、多様な条件と信条を持つ人間たちが、共存して生活するという共同実験場である。人類が必ず遭遇する、遠い将来のあるべき姿の実験場であることには疑いのないことである。

来るべき千年後の三〇世紀、二千年後の四〇世紀、そこには、家から一歩出ると、もう荒涼とした精神の荒野である。蛇が出るか、猪が出るか、科学が高度に発達した時代での蛇とか猪に相当するものは、それは一体何なのか。それはわからない。しかし、そこに住む人々は、いつも何か得体の知れないものに出くわす可能性があることをキモに命じている。

現在の日本のように、家から一歩出ても、まだ、見渡す限り、同じ人種で、同じ歴史や伝統、信条を持った人間達で囲まれる安住の雰囲気はもうない。

はるか遠い未来の日本の姿は、遅かれ早かれ、アメリカが現在実験している際に発生している諸問題に直面し、さらに、好むと好まざるにかかわらず「多民族・多宗教・多人種の共在」した国家になっている。世界は、アメリカの多民族・多人種・多生活様式状態に収斂するのである。すでに、世界各国で、地域で、多民族の住むところとなっている。南米も、中国も、西欧なども、その中のパリなどの各都市でも。

そこに住む人類のはるか遠い未来の姿は、科学が発達すればするほど、世界的規模の異人達の漂泊がはげしくなり、どこもが仮の定住の場所となる。その場所は、共通の歴史、伝統、言語、宗教、肌色、信条を持つ人々の集団の住みかであるとは限らない。外界に出れば、そこはもうすぐに緊張状態であり、その状況は言うなれば、再び、太古の昔の人類が体験した、得体のしれない魑魅魍魎（ちみもうりょう）が跋扈（ばっこ）する状況に戻ってしまうのである。そこでは、やはり「家族」や町・村落共同体が重要な要素として浮かび上がってくる。

一七八七年のアメリカ合衆国憲法制定から四年後に修正された、アメリカ合衆国憲法修正第二条、「国民が、武器（銃）を保持する権利は侵してはならない」と書かれている。この条項は米国のキリスト教保守派も支持している。この状況が遠い未来の地球各地の状況を暗示しているのだろうか。

人類の明るい未来のあるべき姿として、そのアメリカの実験が成功し、繁栄し、漂泊の民にとっても住みよい場所が存在し続けることを祈らざるを得ない。

自動車の接触

「あれー、私の自動車がない」

ある日曜日の朝、ダニエルズ・ホールの自分の部屋七二三号室で目を覚まし、顔を洗って、さあー、外出しようと、寮の裏の敷地にあるパーキング・エリアに行って気がついたのだった。これが、その後の二週間にわたる物語の始まりとなった。

このイリノイ大学に来て一年半過ぎた秋学期、周りの環境にも慣れ、生活に張りが出てきたところだった。私の自動車は、プリマウス・フューリーI、四ドアで八気筒エンジン搭載である。防衛大からイリノイ大学大学院の学生として来ていた渡里氏が日本に帰るときに、譲り受けたもので、すでに八年目にはいった中古車である。

この事態を全然予想しなかったといったら嘘になる。何もなければ良いが……といった危惧は持っていた。

それは、前日の土曜日のことであった。

その日は、暖かく、晴れていた。いつものように、寮前のイリノイ・レジデンス・ホールの食堂で、昼食を済ませ自分の部屋に戻り一服した。気分も壮快であったので、買い物に出かけることにした。

　この大学キャンパス郊外の北部を東西に走るスプリングフィールド通りにあるスーパー・マーケット、ＩＧＡ（アイ・ジー・エー）に出かけたのである。ＩＧＡで買い物をすませて、急いで戻ろうとパーキング・エリアから車を出し、スプリングフィールド通りに出て右折してアクセルを踏んでスピードを上げたときだった。

「ギギィー。ギィ」

　と車の右後方車輪で音がした。かまわずに、アクセルを踏んで車を進めた。

「ギギギィ。ギギィ」

　と、さらに大きな音を立てた。

　その入り口すぐ横の道路の右側に駐車していた車に、接触してしまったのだった。アメリカでは、車は左側ハンドルの右側通行である。こういう場合、ここで、降りて双方の車をチェックして、相手がいなければ私の連絡先の電話番号のメモを、相手の車のワイパーに挟んでおくべきであった。しかし、実際に私が行った行動は正反対であった。

　まず、車を止めた。

　次に車の中から接触した相手の駐車している車を見た。接触音に比べればたいして傷も付いていないように見えた。前後左右を見渡したが、午後の昼下がりで誰もいなかった。車も通らない。かすり傷程度かもしれない。いや傷も何もついていないかもしれない。こちらの車は、多少傷付いても、おんぼろ車だし、たいしたことにもならないだろう。そう判断した。私は、車を発進させ、そのままダニエルズ・ホールへ戻り、自分のパーキング・スペースへ駐車した。そのまま通常の生活に戻って、翌朝、駐車場へ行ったら車がなくなっていたことを発見したのである。

週明けの月曜日になって、すぐ大学の留学生担当オフィスへ出かけた。その時も、大柄の白人の若い女性でカウンセラーのスーザンが担当してくれた。自動車が消えた事情を話すと、あまり驚きもせず、数カ所に電話してすぐ見付けてくれた。

留学生の車トラブルは良くあるらしい。

「車の接触事故で無申告、および、現場無断退去で、あなたの車が近くのアーバナ警察分署（リンカーン・スクエア・ショッピング・コンプレックスに近接）に保管されています。その警察分署へ行ってください」

私はすぐ理解して、先週土曜日の接触事故の経緯を説明した。

私の話を聞いて、

「車の保険には入っていますか」

と聞いた。

「入っています」

と伝えると安心して、しばらく考えた後、

「弁護士を紹介しましょうか？」と尋ねた。

「たいしたことはないと思うので、いいです」

と断った。

そして、それからの彼女の対応に私は目を見張った。そして、カウンセラーの役割を理解した。

まず、私に代わって、アーバナ警察分署の担当官にクレームした。理由の一つは、私が留学生であり、アメリカの実情に十分適応していない時期の事故であり、充分な配慮を行うべきであったこと。

理由その二は、寮の管理人にも伝えず、無断で私の車を運び去ったこと。

非は私にあるのだから小さくなっていたが、結構長い間電話で強くクレームしていたのには、びっくりしてしまった。

その次にしたことは、寮の管理人に対して、警察が無断で駐車中の私の車を運び去ったことに対する管理不届きのクレームである。これは後に、今度は管理人が私に詳しく実情を聞いて、さらに強く警察に電話でクレームしたのである。

警察は、地方自治体警察、州警察及び郡の公選保安官シェリフ（Sheriff）がいる。余談だがシェリフは、今でも、昔の西部劇映画に出てくる、でっかい星形のバッジを胸に付けていた。

私が起こした自動車事故の担当部署は、アーバナの警察分署である。その警察分署に行くと、これも若い二十代の警官が出てきた。私が来るのを予想していたかのように、慣れた動作で書類を見て、私に尋ねた。

「君は他人の車を傷付けて、そのことを持ち主に知らせないで逃げたんだ」

「交通違反を犯したことを認めるね」

「イエス」

「車を無断で持ち出したのは証拠物件を押さえるためである」

ここで、言葉を和らげて、

「では、調書にサインしてください。また、被害を受けた車の持ち主にも連絡してください。そして、裁判所にも出頭してください」と事務的に言った。

「警察が無断で車を運び去った非は認めるが、それでも警察の処置に不服であれば、裁判所で申し出なさい」

そして、接触された車の持ち主の電話番号と、裁判所への出頭日時の書いた書類を渡された。証拠物件の私の車のある場所とその車の保管料や、レッカー代の支払い請求書も手渡された。

思い返すと、接触事故の時、周りに誰もいないと思っていたが、誰かがその事故を目撃し、私の車の番号を記し警察に知らせたらしい。

まず傷付けられた車の持ち主に電話した。女性が出た。

「ハロー、私はえもりです。あなたの車を傷付けた者です。今からお伺いして、お詫びしたいのですが」

「わかりました。今すぐ、お出で下さい」

その女性が電話で「Please come on in …」と言った言葉を今でも覚えている。というのは、日本では「Please come on」とか、「Please come in」の英会話は知っていたが、「～ on in 」にすると、〝気を付けてお出でください〟と柔らかく、丁寧な言葉に聞こえたからである。

歩いて十五分のところに、その住宅はあった。小綺麗な一軒家であった。呼び鈴を押すと、先ほどの女性とその亭主が出てきた。三十代前後の品の良さそうなアフリカン・アメリカン夫婦であった。居間に通された。

お詫びと車の接触事故のいきさつを話して、

「私に悪意はなく、気が動転してしまったんです」と話した。

「車の保険には入っていますか」

「はい、入っています」

私の入っている車保険の番号と、その連絡先電話番号も伝えた。ここでも私が車保険に入っていることを知って、二人とも、ほっとした仕草をみせた。私が貧乏学生で車保険にも入っていなかったら、補修費をどうしようかと心配していたのだった。どうも、傷付けられた車は、その年に買ったばかりのピカピカの新車だったらしい。そのことは話し合いをしていて判った。

小さな傷でもピリピリするのは、十分理解できることで、私の不徳のいたすところであった。ただスーパー・マーケットＩＧＡの出入り口すぐ横の路上に駐車していたことは、被害者側の多少の非にならないことはない。しかし、反論しないで、丁重に詫びてその家を退去した。若い黒人夫婦は、最後まで、穏やかであった。

それで当事者間の交渉はすべて終わりであった。その後、向こうからの連絡もなく、こちらからも連絡しなかった。すべては、各々が契約しているそれぞれの保険会社間で、それぞれの担当者が話し合って、調整と調停を行って終わった。車の修理代は、保険金ですべて支払われた。いくら支払いされたのかは、聞こえてこなかった。

後でこちらが車事故を受ける立場になってわかるのだが、被害を受けた側は、車の修理、保険請求、その他の雑事や手続きで二、三日から一週間は忙殺される。まさしく当てられ損となる。いずれにしても、保険加入は人身事故以外は、お互いに過大な雑務から開放されるという、大きな威力を発する。

次は簡易裁判所への出頭である。

車接触事故時において、無断退去という悪質な交通違反を犯したと見なされたからである。簡単に言うと、事故を起こして関係者に連絡しないで、逃げたことに対する裁判である。

悪質な交通違反は簡易裁判所で裁判を受ける。アーバナの簡易裁判所は、アーバナ警察分署に隣接していた。

指定日に一人で出頭した。

日本の講堂を小さくしたような大部屋で裁判を受けた。壇上の真ん中に一人の裁判官がおり、右側には書記官がいた。檀下には裁判官の真正面に、被告席がありその後ろに、三十名ほどが座れる椅子が置いてあり、十数名が座っていた。私も自分の順番がくるまでそこで座って待つことになる。

これもここに来て初めて気が付いたのだが、違反者は必ず二人で来ていた。一人は弁護士の資格を持つ代理人で、いろんな手続きをしていた。裁判官とも顔見知りで、違反者が神妙に裁判をうけている間にも、代わって返答していた。弁護士は数名分掛け持ちして処理していた。周りを見ると、一人で来ているのは私だけのようである。

二十分程待って順番がきて、書記官が私の名前を呼んだので、被告席に立った。裁判官は、年配の人で木槌のようなもので、机をトントンと叩き、眼鏡の奥の目を細めて私を見た。

「本件の交通違反の事実を認めるかね」

「イエス」

「警察からの起訴事実に対して、反論があれば述べるように」

と、私の顔を覗き込むようにして、優しく尋ねた。

「ありません」

「では罰金、〇〇ドルを科す」

と、判決し、再び木槌で机をトントンとたたいて簡易裁判を終了した。約五分間での判決である。罰金支払い請求書をもらって、罰金を支払って、裁判所を出た。この段階でようやく今回の車接触事故の処理がすべて終わった。

罰金の金額はいくらであったのか、二十ドル程度だったか、多額でなかったので、今はもう思い出せない。

ネイティブ・アメリカン

今から約四十億年前に、生命はこの地球の海の中で生まれた。その生命体は長い年月を経て地球環境の変化とともに、約三・五億年前に陸に上がった。そして、その生命体から分岐した原人類は今から七百万年〜五百万年前に、最初に東アフリカの森の中で誕生したという。

その時、その人類は、まだ猿とほとんど同じ体型であった。それから更に長い年数の間、豊富な食料を求めて放浪し、安全な森から草原に進出し、約十万年前に、やっとその体型が、現代の人間とほぼ同じ骨格と脳を持つに至った。地球上が氷河期の真最中であった約一・八万年前になると、生きるために狩猟と採取を繰り返していた人類は、新たな食料を求めてヨーロッパ大陸、アジア大陸へと移動していった。遠くシベリアや北極圏にも到達した。

その進化の課程で、人類はネグロイド（アフリカ大陸）、コーカソイド（ヨーロッパ大陸）、モンゴロイド（アジア大陸）に細分化していったのである。したがって、日本人はモンゴロイドに属することになる。

そして、そのモンゴロイドは、氷河期にアジア大陸と北米大陸を分け隔てるベーリング海峡が氷で繋がるようになると、アジア大陸から北米大陸へ、南米大陸へと移動していった。アフリカ大陸から南米大陸の南端に到達するまで数百年しかかからなかったという。（「NHKスペシャル　生命、四十億年はるかな旅　9．ヒトは何処へいくのか」NHKテレビ、一九九五・二・二六）

東アフリカからアジア大陸、ベーリング海峡、北米大陸を通って南米大陸の南端まで、総距離約五万キロメートル（地球の一周は約四万キロメートル）であった。なお、近年、南米チリ中部で、最古のアメリカでの人の遺跡が発見され、オセアニアから西海岸に到達している。（『ホモ・サピエンスの足跡をたどる講演会』関雄二（国立民族学博物館教授）「文化往来」日本経済新聞、二〇二一・一一・三）、また、アフリカ大陸から大西洋を渡って南米（ブラジル）に来たというモンゴロイド遺跡より古い頭部人骨遺跡も発見されている。また、「一二世紀頃、南太平洋諸島の先住民のDNA調査から、ネイティブ・アメリカンとの接触もあった」論説もある。

さらに、ネイティブ・アメリカンは、北海道の縄文人が、丸木舟で、海岸沿いに、千島列島・カムチャッカ半島・アラスカ・北米大陸西岸へ移動してきたとの説もある。その海岸沿いは、ケルプ・ハイウエイ（海藻の高速道路）といわれ、海岸には豊かな海藻が育成し、魚や貝・カニ・ウニなど海産物が豊富に育っており、食材になっていたとの説である。北米大陸太平洋側のオレゴン州に、その根拠となる痕跡の遺跡が存在する。（「～地球創世記　ミステリアス・アメリカ～生物大絶滅と縄文人の謎　第二夜　最初のアメリカ人は海

を渡った縄文人」BS―TBS、二〇一六・一二・一〇）

ちなみに、その太古の時代から、ネイティブ・アメリカンは、渡りガラス（日本のカラスよりも大きい。北海道東北部にも飛来する）を特別な聖なる鳥として敬っている。現在でもトーテンポール（部族・血縁・動物など一族を守る象徴の木の彫刻柱）の中央部に渡りガラスが刻まれている。世界創造期に渡りガラスが白・黄・黒のトウモロコシを採り、白人・黄色人・黒人が生まれたとの遺伝説もある。

不思議なことに、日本にもカラス伝説が存在する。八咫烏（やたがらす）である。八咫烏は、日本神話（古事記、日本書紀）において神武天皇が東征の際、九州から瀬戸内海沿岸部を通り、大阪湾から直接大和国へ行かず、紀伊半島沿岸部を回り、熊野国に上陸し、そこから大和国へ攻め、大和朝廷を創立する際に、その道案内をしたとされるカラスである。三本の足を持ち、その姿絵が伝わっている。現在も、奈良県橿原市の橿原神宮のお守りペンダント等に使われている。

さて、地球全体を眺めてみると、その位置、地域の大きさ、気候などの環境などを含めて、よく似ている南米大陸からは、超古代遺跡などは多く存在しているが、人類の新天地への放浪、そして進化への芽、原人類（人類のみなもと・原のヒト）は出なかったのか、不思議である。アフリカ大陸にその芽が出たのは、偶然だったのだろうか。

それからさらに長い年数が経過して、氷河期が終わり、気候も温暖になっても、一五世紀頃までの長い間、この地球上には太古からの文化を継承しつつ、広大な土地に生活していた人々がいた。彼等は、北米大陸、南米大陸、アフリカ大陸、アジア大陸の一部、オーストラリア大陸など地球の大部分の地域の広大な森と草原に住んでいた。その中で、北米大陸の中央部に住む人種をアメリカ・インディアンと呼ぶようになった。

それは、一五世紀末に、コロンブスがアメリカ大陸を発見した時、アメリカをインドと誤認して、原住民のことをインド人（Indio）と書いたために、そのままインデイアンとして一般的に使用されることとなったからである。しかし、現在では、人権を考慮し、アメリカ大陸の原住民として、アメリカ先住民、ネイティブ・アメリカンと呼ばれるようになっている。

ちなみに、アメリカの地名は、当時の地図作成学者が、本新大陸の発見者で、探検家のアメリゴ・ブエスプッチの名で地図（一五〇七年）に記入したことによる。（『第四の大陸』トビー・レスター著、小林力訳、中央公論新社、二〇一五）

ネイティブ・アメリカンは、太陽を至上神として崇拝し、土地を神から与えられた聖なるものと見なしていた。

天空・太陽・風・鳥・大地、そして、我々の先祖の御魂、我々は、皆、繋がっていると信じていた。

その豊穣な土地は、そこに住む人たちの食料となる動物や植物を生み出す打出の小槌であった。

その動植物等は、大地の神が全てを所有し、大地に属する全ての木々、大草原、川、湖、海、山、及び平原の動物に精霊や神霊が宿っていると考えていた。したがって、大地は人間をも所有し、人間は大地の一部なのである。彼等はその大地の神の許しを得て、その日の糧を得ていたともいえる。その日の糧、数日間の糧（干して保存する）以上を取ることは神への裏切り以外何者でもないと恐れてきた。

そのためかどうか、彼等は将来のために、多量に蓄えるという概念はない。日々、狩猟したり、魚を取ったり木の実を採集するのは、その日その日を生きるためであり、その日が終わる時に、無事に精霊の恵みにより、今日を生き長らえることができたと感謝の祈りをする。いわゆる自然との共存である。多くは、移動しながら生活する場合が多く、物々交換し富を蓄える生活ではなかったから、定住大集落や村、町はできなかった。しかし、数族ごとで定住し、トウモロコシ栽培や菜園（保存も可能に）で、生活するようにもなっていた。その生活秩序は破壊されることなく、一五～一六世紀頃まで続いていた。太古からそうであったし、その後もそうであると彼等は信じていた。

この自然神崇拝は、古代からの人類の共通な宗教観であった。

西洋では、一五世紀中頃から大航海時代が始まった。国々の支援を受けた場合、冒険者が航海先で発見した島々や大陸は、支援した祖国の植民地とすることができた。

一四九二年十月十二日、大西洋を横断し航海して辿り着いたこの大陸を黄金の国ジャパンと最初は思ったが、実際は異なっていた。

その後大勢の白人がアメリカ大陸に移住し、アメリカ合衆国という国家を打ち立てて、大地の大部分を所有するようになった結果、ネイティブ・アメリカンは聖なる豊饒な大地を追われることになる。その後、数百年の間にネイティブ・アメリカンが虐げられ絶滅しそうになって、やっと新来者アメリカ政府がネイティブ・アメリカン保護に乗り出したのである。なお、欧州からの移民数が多くなるにつれ、ネイティブ・アメリカンは、免疫力が乏しいため、移民たちが持ち込んだ感染症（天然痘・麻疹など）を発症し、数多く死亡したと言われている。この現象は南米でもアフリカ大陸奥地でも生じ、原住民が多く死亡したが、その結果、森林や野生動物が蘇ったという研究者もいる。

国内の数百カ所に及ぶ各地に伝統的な文化と生活で居住する広大なネイティブ・アメリカン居住区（保護区）を設置し、自治権も認められるようになっている。そして生活費が補助され日々の生活が保障されるようになった現在、彼等は、必至には、働かなくなり、酒浸りの毎日となる。また、ある者が補助金で土産物店を開いても、少しでも多く売れるようになると、その蓄えがなくなるまで、翌日から二〜三日は店を閉めてしまうのである。彼等は依然として、物を大量に蓄え、富を拡大するという行動を起こさない。つまり、彼等が長年受け継いできた思考体系には、その「大量の蓄え」の概念がないからである。数万年の間信じてきた精霊信仰が血となって体に染み付いてしまっているためでもある。

ある日の午後、授業が終わってダニエルズ・ホールに戻り、そのラウンジでソファーに座ってつかの間の休息をしていると、〝ダダッ、ダッ、ダダ、ダー〟と、大きなマフラー音をたてて、ハーレー・ダビットソン製の大型オートバイが玄関先に立ち止まった。

彼が来たのだと判った。それがダルトンの現れ方なのである。ちなみに、その大型オートバイは、二〇世紀初頭、ダビット兄弟（ウォルターとアーサー）と友人のビル・ハーレーが電動機自転車から開発し、企業を大きくしてきた、当時、アメリカでは勿論、世界の若者の間で大人気があった。アメリカ若者行動の象徴、既成価値観を否定し自然との調和、自由な行動生活で各地を旅行し、反戦活動もするヒッピー族にも人気があった大型オートバイでもあった。

ダルトンは髪は黒いが、目鼻立ちの整った少し赤ら顔の白系アメリカ人で、この大学の大学院生である。以前はこのダニエルズ・ホールの住人であったが、現在、この寮を出て近くのアパートを借りて住んでいる。彼は、ここに知り合いも多いので、ほとんど毎日顔を見せる。

彼は身長約一七〇センチメートル、頭髪はオールバックのヘアスタイルである。黒褐色の皮ジャンパーを着て、同色の下半身にピッタリとフィットしたズボンを身に着けている。

黒のブーツを履いて、サングラスをかけ、ヘルメットを被って大きなオートバイに乗って、マフラーの車音をたてて立ち寄りに来る。キャンパスの中の道路を爆音を発てて一直線に走り去る乗車中の彼の姿や、オートバイから降りてダニエルズ・ホールの玄関先に立った時の彼の姿勢を正した姿は、どこか近寄りがたく、どことなく不気味で、孤高を好んでいるように思えた。

私もダニエルズ・ホールの住人、ラウンジでいつしか彼と話を交わすようになった。彼がヘルメットをはずし、皮手袋を脱ぎ、サングラスを外した時、予想に反して、まなざしは柔和なものであった。最初に握手した時は、手に温かい感触が伝わってきた。

「どこから来たんだい」

「日本からですよ」

「そうか。日本女性は身持ちが良いんだってね。アメリカ女子学生なんか信用できないよ。だれとでも寝るんだから」

と遠くを見詰めながら寂しげに話した。

過去に懲りたことがあったのだろうか。

ある時には、

「白人はどうも身勝手なんだ。気を付けろよ」

と呟いた。私からすれば、ダルトン自身も白人なのに、と思った。また、

「このまま機械文明が進むと、地球の環境は破壊されてしまう」と、真剣な目なざしだっ

た。

「我々は群れないんだ」とも言った。

親しくなったある時、ふと呟いた。

「俺にはネイティブ・アメリカンの血が混じっているんだ」

「移住してきた白人がネイティブ・アメリカン女性に生ませた娘が、俺の数世代前の親なんだ」

彼の話によれば、彼の家系には数世代前にネイティブ・アメリカンの血が混ざってきたのである。そのためか彼はネイティブ・アメリカンの生活信条に関心を持っていた。彼は、自分と同じ年代の白人女性を尻軽女として信用しない。どうも潔癖すぎるのである。その反動かどうか、ガールフレンドはいない。その行動も、考え方も、キリスト教的思考とは異なっていた。どこかまなざしが孤高を求め、一般白人学生達の行動様式から離れた外にあった。また、一方東洋人の生活態度に興味を持っていた。私が日本人であるため、日本人の考え方、日本人女性の生き方を聞きたがった。

「日本は多神教の国なんだ。自然神と仏教などがあって、それが共存して、人々の心の中に無意識の状態で信じられているんだ」と説明した。

「自然神はかしこきものにして共在」の自然神を祭る神道的宗教観と、「仏は解脱にして和と慈悲と諦念」の日本的な仏教の宗教観について説明した。また、同じく、仏教の「草（くさ）木国土悉皆成仏（きこくどしっかいじょうぶつ）（空海が日本に伝えたといわれる）」について紹介した。

「ネイティブ・アメリカンは太陽・自然神を崇拝するんだ」と彼は答えた。
「君たちとはある部分で繋がっているんだね」とも言った。
「そうなんだ。日本人のお尻には、古代人の尻尾が付いているんだ」
「それは、古代人共通の自然神への崇拝という尻尾なんだ」と答えた。

　彼は自分の体の中に流れるほんの数パーセントのネイティブ・アメリカンの生き方に深く関心を持っていたのである。それは日本の古代神が自然神であるとの考え方に共鳴したことでわかった。一万年以上も前の遠い古代の縄文時代から弥生時代を通して、人々に信じられてきた「自然の万物が神」から八百万（やおよろず）の神々の共存の生活信条を説明した。神道の神は、自然神で、「唯一にして絶対」の存在ではない。

　宇宙と太陽、山、森、樹木、岩、川、狼、大地、これらの自然神は、人間と自然の融合の中にある。つまり、自然の恵みの中にある。

　自然を愛し、崇め、巡りゆく春夏秋冬の時の流れ、その中でのわが身の限られた命、自然の神々への祈りと儀式、自然と生活した古代人の心、信仰でもあった。

　太陽の光を受けて、森が、川が、海が、豊穣な食料を生み出していた。特に、深い森の中には、獲物が、植物が、くるみ・どんぐりなどや果物が豊富にあり、その中で、数百年に及ぶ樹木が密かに息づいている姿を見たとき、また、巨大な岩が永遠の時を経て、静かに鎮座している姿を見たとき、古代の原住民達は魂の中から、その巨木に岩に、神聖な神々が宿うと、心を震わせて崇め祈ったものであった。

〝自然に宿る神々と、人間性との霊性の、根源への融合〟

しかしながら、これはまったくネイティブ・アメリカンの信仰観と基層はほぼ同じであったのである。我々日本人の体には、ネイティブ・アメリカンと同じ思考体系を持つ縄文・弥生時代からの住民の血が流れているのであった。

なお、北関東地方に、中世から江戸時代にかけて、大飢饉に遭遇し、一家が貧しい生活の中で、部落の因習に従い、口減らしのために、ある歳になった老人（主に老婆）を山奥へ捨てる、という民間伝承の伝説があった。その伝説を小説化した『楢山節考』（深沢七郎、一九五七年、中央公論社）もある。

現在、〝姨捨（うばすて）〟（地域によって、〝おばすて〟とも言う）は、伝説地の長野県に地名として残っている。（長野県千曲市大字八幡姨捨）また、JR東日本、篠ノ井線には高台に姨捨駅があり、そこからの眺望は四季折々、すばらしい景色を味わうことができる。

また、遠野物語には、岩手県遠野市のデンデラ野に姥捨ての風習が明治初期頃まであったと述べられている。ここでは、約六十歳で捨てられた老人たちが集団で暮らし、地域の農作業を手伝って暮らしたという。

不思議なことに、北米大陸で狩や食物採集をしながら移動し、簡単に解体でき、また、再利用できる小屋での生活をしていたネイティブ・アメリカンにも、同じような伝承伝説が存在していた。いずれも、その老婆たちは、長生きをしすぎたとして、みずから粛々とはげ山の奥へと、死後、禿鷹や野獣の餌になることにも心に留めて、自然の中に消えていく、その運命を受け入れていったのである。「厳しい自然環境の中で、子や孫たちの命と生存を守る、自分の自然の中での生存と、限りある命を自覚する」、そこには、大自然の中での生きることができたことに対する感謝と、自然の中、生きる生物へのわが身の寄与、子孫への慈愛を持った死生観があったのである。

　春学期が終わり、彼が大学院を卒業して、この大学を去ることになった。

「次の金曜日の夕方に、自宅でサヨナラ・パーティーを計画したんだ。招待するよ」と参加してほしいと頼んできた。

「オーケー、サンキュー。楽しみにしているよ」と受けた。

　それからというもの会えば、幾度となく、

「ハイ・エモリィ！　必ず、パーティー来いよ」が挨拶の言葉となった。

　しかし、当日、急に所用ができた。ほとんど、時間が過ぎ去っていた。そして、残念なことに、そのようなパーティーに遅く参加することに慣れていなかった。つい行きそびれてしまった。彼の電話番号は聞いていなかった。彼の好意を裏切ったことになってしまった。私を待っていただろうに。

「あいつもだめな人間だ」と思ったにちがいない。今思えば、大変失礼なことをしたと悔やんでいるが、当時は私も無知で、毎日の繁忙の中での小さな出来事の一つと頭の片隅に追いやり、つい、時の忙しさの流れに身をまかせてしまっていた。これも後にわかったことなのだが、このような学生のパーティーは、服装も自由で、遅れて参加しても、早く退去しても、一瞬の参加も自由な気ままなパーティーなのであった。

そして、再び言葉を交わすこともなく、彼はこのイリノイ大学のキャンパスを去っていった。

ダルトンは青春の何かに挫折して、アメリカの超現代文明の現状に反発し、自分の中にネイティブ・アメリカンの血が流れているのに、関心を持ちはじめたのだった。ある部分、その生き様に共鳴しはじめたのかもしれない。その数パーセントの血に救いを求めていたのかもしれない。理解しあえる同志を求めていたのかもしれない。

その同志たるべく私が、彼を傷つけてしまった。

それ以後、あのオートバイに乗って、キャンパスや町中を颯爽と走りまわる勇姿とその特徴ある爆音は聞かれなくなってしまった。その姿はまさしくネイティブ・アメリカンが裸馬にまたがり、大平原を一直線に疾走する姿そのものだったのに。

彼、ダルトンとの数カ月の付き合いは終わった。

一瞬の突風のように私の前に現れ、そのひとときを共有し、共感と、一方、ほろ苦い思いを受けて去っていった。

一九世紀から、北米大陸の東海岸へ、西欧から大西洋を航海して、移民が流入し、多くなるにつれ、各地の町は多民族のモザイク状コミュニテイで満たされることになった。

その当時の町はある区域では、イギリス系、通りを挟んで、ドイツ系、さらに別の区域ではユダヤ系、ポーランド系、中東系、アフリカ系等で住み分けして生活していた。（一九世紀のニューヨーク州ニューヨークから少し離れたブルックリンの町など）

米国南部州では奴隷解放後、町の中心街は白人系、町の南部区域はアフリカン・アメリカン系が、多く住むようになった。

日本人も江戸幕府から明治政府に変わる政治体制激変の時期、明治元年（慶応四年）に、百五十人がハワイ王国へ、労働者不足のサトウキビ農場で働くために集団移民した。（ハワイ王国と江戸幕府との交渉で実現）また、メキシコへ移民（榎本武揚、メキシコ南部へ移民奨励（一八九七年、殖民三十五名メキシコに移民）、そして、一九四五年（世界第二次大戦）での敗戦までに、アメリカ合衆国カリフォルニア州等へ、南米ブラジル等へ、アジアでは中国の当時の満洲等へ、国策として、移民していった。

そして、現在、多種多様な白人系アメリカ人でも、家系は複雑で、多岐にわたるようになっている。また、多様な家族形態、事実婚・同棲等で生活し、子供も産む。そして、祖先には、イギリス・ロシア・スペイン・アフリカなど（時にはアジア系や、アフリカ系も）のルーツの遺伝子（ＤＮＡ）をも入った人間で構成された、アメリカ国民になっている。肌色は黒いが顔は白人系など、黒色は目立つが、その他の色肌・体格が混合し、多様な人格・能力を持った人・人、それがアメリカの人民であった。人類という生物の、史上初めての大変革時代に突入している。世界各地に自由に行き来でき、仮の住まいも可能で、時間と空間が短くなり、多様な移動、交際、文化交流の時代へ、そして、多様な遺伝子（ＤＮＡ）を保持する人々で溢れかえるようになる。将来は、さらに進化して、数十万年後には、多様な遺伝子と機能を持ち、多様な能力・形状の次世代の新人類が出現するかもしれない。

人類の進化状況を振り返っても、猿人（滅亡）から、氷河期に、巨大なマンモスと戦って食糧にもしていたネアンデルタール人（滅亡）、そして、現代にいたる現生人類ホモ・サピエンス人と滅亡と進化を重ねてきているのである。

それは、まさしく、人類という生物が、本能的に、多様になることにより、遥かに遠い未来、数億年後か、数十億年後の地球上の環境大激変に対して、自己防護の第一歩に踏み出しているのだろうか。

将来の「不確実性には、多様性で対応する」、それは、人類が本能的に持っている才能なのかもしれない。多様な遺伝子を組み合わせる過程で、その組み合わせの力が、一瞬の

「炎」となって燃え上がり、さらに巨大な大火に激変するように、その中で突然の進化で新しい遺伝子をも持った、我々が属する現生人類、ホモ・サピエンスが滅亡した後のポスト・ヒューマンが誕生することになる。

日本のはるか遠い将来も、多様な文化、宗教を持つ国、そして、ＡＩ技術革新と進化により人知を超えた新生物（新生人類、ポスト・ヒューマン）・半生物・ロボット等との共生の社会、新生日本国を生み出すことになるだろう。

トランプ

六月末、夏学期が始まる頃になると、大学キャンパス内も学生で賑やかになってくる。アメリカ合衆国には国立の大学がない。各州の州立大学、市立大学、コミュニティ・カレッジや私立大学など数多く存在するが、大学の教育制度は各州や各大学にほとんどまかされている。一年間の学期制もそうである。イリノイ大学では春学期、夏学期、秋学期の三学期制である。春学期は一月から五月末まで、二週間の休みの後、六月中から八月中の二カ月間が夏学期である。その後の九月初めから十二月中までが秋学期である。大学によっては四学期制を採用するところもある。

夏学期は、日本にも似たようなシステムがあるが少し違っていて、働いている人々や病気で遅れた人々、早く卒業したい人々のための学期でもある。一定の単位を取得すれば学士号、修士号（論文不必要）、博士号（論文必要）が早く取得できるシステムになっているからである。別の大学で取得した単位の認定制度も充実していた。たとえば、夏学期を利用すれば、修士号も最短一年で取得できる。

また、夏学期の特徴は、他大学や教育職の人々がトランスファー（編入）してくることである。

その六月末、学生寮のダニエルズ・ホールに一人のアメリカ人女学生が入居してきた。

長身で痩身の顔に少しそばかすがあるが美形で、清楚な感じのチャーミングでお嬢さん育ちの白人女性である。名前はマーガレットといい、東イリノイ大学で音楽を専攻しており、夏学期のみの編入生として、このイリノイ大学の音楽学部大学院にトランスファーしてきたのである。

このダニエルズ・ホールに長山君も住んでいた。彼は東京の一流私立大学の工学部を出たが、自分の好きな音楽の作曲を学びたいと考えて、このイリノイ大学の音楽学部の大学院に入学してきたのである。顎鬚と口髭を生やし、長身で、薄い色メガネが良く似合って、風貌がどこか日本人ばなれしていた。ときどき、ギリシャ人に間違われるという。日本では、工学部でコンピュータ・サイエンスを専攻したため、コンピュータ利用の作曲、そして、電子音楽の研究、音楽の科学分析研究、人工知能への開発に興味を持っていた。

ダニエルズ・ホールの玄関から少し入ると右手にラウンジがある。さらに奥へ進むと七階建ての建物に廊下で繋がる。私の部屋はその建物の七階にある。その七二三号室へ行くには、必ずその一階のラウンジを横目で見て通る。

ラウンジのテーブルに座って、毎日せっせと書類に記入している姿を見たのが、彼、長山君に出会った最初であった。書類はアメリカの各大学の音楽学部から取り寄せた奨学金の申し込み願書であった。自分の情報処理技術を利用して作曲した分厚い楽譜のコピーと書類を毎日封筒に入れて出していた。

「奨学金を出してくれる大学へ移動するつもりなんだ」と言った。

十通提出ぐらいでは、初心者である。彼は毎日毎日、まめに数十通も書き上げて、志望大学の音楽系大学院へ提出していたのである。

音楽学部の学生はこの学生寮にはこの長山君とマーガレットの二人以外ほとんど居ない。当然授業課題のやりとりやノートの貸し借りで、長山君とマーガレットは親しくなった。

そして、金曜日の夜はダニエルズ・ホールの一階のラウンジでよくトランプ・ゲームをするようになった。長山君はトランプ・ゲームが好きなのである。トランプ・ゲームは、四人で行うナポレオンや、たまに、ブラック・ジャック、七並べであった。

長山君がメンバー集めをした。

近くにいたマーガレットを誘った。

「マーガレット、トランプ遊びをしよう」

「オーケー、いいわよ」と、喜んで参加を表明した。

「他のメンバーは平井君と江守君だ、皆日本人だ」

「オーケー」

「こんにちは。よろしく」

私と平井君は挨拶した。平井君は本学のビジネス学部大学院へ入学しようと、大学付属の英語集中コースで頑張っている学生だった。

勝負になると、マーガレットはキャー、キャッと叫んでプレイした。カードと長くて細い白い指が宙を舞った。

長山君とマーガレット、それに私と、平井君が常連メンバーとなった。週末に一、二度プレイしたが、男性三人が日本人で、その中でトランプ・ゲームをするのを、アメリカのお嬢さんはいずれ尻込みするのではないかと私は思っていたが、長山君から誘われて、いつも平気で参加していた。

この妙齢の美人の白人女性に東洋人男性が三名の組み合わせによるトランプ遊びは、さすがに良く目立って、ラウンジ近くを通る他のアメリカ人学生や留学生からいつもじろじろと見られていた。同室のクロフォードも私を見つけると、手で小さく合図しニヤリとかすかに微笑み、ラウンジ横を通り過ぎるだけである。異質な組み合わせなのか、誰も寄ってこない。

そして数週間が経ち、いつしか、長山君とマーガレットは、二人だけでダニエルズ・ホールの横の青々とした芝生に座り、日光浴を兼ねて、長時間何ごとか話をしている姿がしばしば見られるようになった。いわゆる、ペアが誕生したのである。その頃はもう、我々にトランプ・ゲームの誘いはかからなくなっていた。

ある日曜日の午後、ラウンジで会った平井君が私に言った。

「久しぶりにトランプ・ゲームをしよう」

「メンバーはいるのかい」

「モアジとジョンがいる」

チュニジアからの男子留学生モアジ、アメリカ人のジョンが近くのテーブルに座っていて私を眺めて、手で合図をした。

「オーケー、いいよ」

「じゃ、借りてくる」

と、平井君は、言い、長山君の部屋へトランプを借りにいった。

ドアをトントンと叩いて、カギがかかっていなかったので、何気なくパアッと開けた。

その時、一瞬、誰か白い裸身の女性がサアッと洗面所ボックスに隠れるのが目に入った。マーガレットのような気がした。長山君はベッドの中で頭からスッポリとブランケットをかけて眠っていた。いや、眠っているふりをしているように思えた。

「いやぁ、すまない」

と小さくつぶやいて、急いでドアを閉めた。彼は見てはいけないようなものを見た気がした。しばらくして、当惑の顔色を浮かべながらトランプを借りないまま戻ってきた。

「トランプは借りられなかったのかい」

「うーん、だめだった。……」と空ろな声で言い、手振りで、解散を指示した。

その後は、二人とも演習課題で忙しくなっていったのか。もう我々と会う機会も少なくなっていった。徹夜もしているらしい。

そして、短い約二カ月間の夏学期が終わった。彼女は東イリノイ大学の秋学期へ戻って行った。

ある時、長山君に会った。

「その後、マーガレットは元気かい」

「うん、元気だよ。この間、シカゴに行ってきたよ。マーガレットの家庭に招かれてね」

時々、シカゴや東イリノイ大学へ行き、彼女と会っていたのだった。

長山君はその年の暮れに、秋学期が終わると東部のハーバート大学音楽部大学院へトランスファー（移動）していった。

ハーバート大学から奨学金が出たからである。

「ハーバート大学からの奨学金授与の手紙をマーガレットに見せたら、とても信じられないと言って、驚いたり、また、喜んでくれたよ」

そう言って去っていった。

アメリカ人でもハーバート大学音楽部大学院から奨学金を獲得するのは大変難しいのだ。

逆に考えると、現在、日本でも各分野でのＡＩ（人工知能）の先進技術開発＆応用に国産学官で推進されているが、すでに数十年前の当時のアメリカの大学が、音楽の分野でＡＩ適用の音楽制作の研究開発について、名もなき一人の外国人の大学院留学生の提案に興味を持って奨学金を出すというその未来の戦略技術開発への意思と姿勢に感服している。

アメリカ建国以来、大学は多様な能力を持つ人材を、国籍・人種・宗教・階層に限らず、世界中から求め、採用する。支援スタッフも充実している。世界中の若者は、慣れ親しんだ環境から抜け出し、気持ちを一新して自己再実現に向けてアメリカの大学を渡り進む。

欧米では、ＡＩの研究推進の過程で、当然、大学や企業の多くの研究者も、人間の脳の研究に力を入れている。この分野では、現在、日本ははるかに出遅れていた。そして、二〇一七年十一月十一日、人工知能（ＡＩ）を音楽分野で活用研究する音楽家や研究者たちによる「日本ＡＩ音楽学会」の設立総会が、川崎市の洗足学園学園音楽大学で開かれている。（「読売新聞」、二〇一七・一一・一二）

人間の脳の機能、記憶、意識、思考とは、心とは、魂とは、感情とは、神経細胞内の電子レベルでの働き等、桁外れの膨大な電子データを保存し分析解析する研究である。遥か遠い将来には、「人間とは何者か」という哲学的思考をベースに、五感を持ち、思考し、心や魂を持つ人造人間ロボットの出現となる。

長山君はハーバード大学へトランスファーし、その後の二人の消息は切れた。長身で細身の顎鬚と口髭を生やしたどこか日本人ばなれした芸術家的風貌の彼が、いつも夕刻にせっせ、せっせとラウンジで、奨学金申込願書を飽きることもなく、数十通も書いていた姿が目に焼きついている。

投げ出さず、あきらめず、ただ純真に集中して事にあたる。それが、若さというものなのだ。

そして、そこから新たな展開が始まる。

そして、月日が経ち、二〇一六年十一月四日、日経新聞に、「未知との遭遇、人工知能ＡＩ：人類の飛躍か試練か」の記事が掲載された。

二〇四五年、人工知能（ＡＩ）が人知を超える「シンギュラリティ（特異点：米グーグル在籍のレイ・カーツワイル氏が提言）を迎えると論じている。ＡＩがヒット曲を作り、小説を書き、人間の脳の機能を超える特異点、シンギュラリティ、人知を超す歴史的分岐点となる。人類が核兵器を発明し、使用した時と同じように、ＡＩも兵器に適用され、核の二の舞になるのかと論じている。

一方、人間が持つ精神・心の機能、「喜・怒・哀・楽・悲」の気持ち・思考・慈愛など多様な精神・心は、持てるのか、不明でもある。

週末

　金曜日の夕方は、一週間の授業スケジュールが全て終わり、大学生全てが浮き浮きした気持ちを抱く時間である。

　ある金曜日の夕方、いつもの通り、午後五時三十分頃、ダニエルズ・ホールを出て、道の向かいのイリノイ・レジデンス・ホールに向かう。その一階の大食堂に入り本日のメニューを見る。本日の主食はステーキとスパゲッティの二種類である。ステーキを選ぶ。飲み物は、ジュース、コーラ、ミルク及びコーヒー等の中からジュースとコーヒーを選ぶ。さらに、スープにサラダとポテトチップ、パンを少々選ぶ。米国人学生は、パンにピーナツ・バターを塗って食べるのが一般的であった。副食、飲み物はいずれもお替わり自由である。主食は牛肉、豚肉、鶏肉などの肉料理やスパゲッティ、タコス、たまに魚（イリノイ州は内陸地なので、川魚、なまず（キャットフィッシュ）の揚げ物等の中から毎夕食二種類が出る。主食も一回だけお替わりができる。夕食時間は午後五時三十分から八時までである。私はいつも夕食開始五時三十分きっかりに出かけることにしている。少し並ぶが席が空いているし、その頃には空腹になるからである。一日中大学構内に散らばっていた日本人留学生たちも自然に集まることとなる。一つのテーブルに、時によって三人、多くて四～五人が夕食を取りながら一日の出来事を、日本語ででかい声を出してペチャクチャしゃべるのである。つたない英語で苦労しているから、なおさらである。時には、米国や他の外国からの留学生も加わるが、その時は英語にチェンジして会話と食事をするということになる。

夕食を食べていると、

「ああ、いやになってしまう」と、ブツブツ、プリプリ怒りながら久仁子さんが現れた。

「いったい、どうしたんだい」と尋ねた。

イリノイ・レジデンス・ホールは、イリノイ大学の学部学生用の寄宿舎つまり寮である。三棟からなり、八階建ての高層棟と四階建ての中層棟、一層の低層棟で構成されている。この低層棟が今いる食堂である。食堂は四百人は収容できる大食堂である。ちょうど西グリーン通りを挟んで、我々が住んでいるダニエルズ・ホールの目の前にある。ダニエルズ・ホールには食堂がないため、目の前の大学生の寮の食堂を利用することになっているのである。イリノイ大学では、大学一、二年生までは全寮制である。イリノイ・レジデンス・ホールのような寄宿舎が大学敷地内に多数散らばって建っている。食堂を中心にして、左右に女子学生用住居、男子学生用住居に分離配置され廊下でそれぞれ連結されている。規則はあるが、出入りは黙認されて、自由である。

久仁子さんは東京の名が知られた私立大学の学生で、産経新聞の一年間の留学のスカラーシップに選ばれて、米国留学し、前半の半年間を別の大学で過ごし、後半の半年間をこのイリノイ大学で過ごすべく移動して来たのだった。身長約百五十六センチメートルの、小柄で顔色が日焼けで少し黒く、目鼻立ちの整った、はきはきしゃべる活発な女性である。いつの間にか、月に数度、我々の夕食に参加するようになった。

気が納まらないのか、プリプリしながら話し始めた。


大学生用の寮は二人部屋である。また、共同シャワーとトイレ室があり、ダニエルズ・ホールの大学院生の個室、二人用のシャワーとトイレ・スペースの設備とは差が付けられている。久仁子さんの同室の相棒はもちろんアメリカ人女学生である。

大学生活にも慣れてくると、単調な一週間の繰り返しとなる。平日は皆勉強する。そのため週末の金曜日の夜が一番の楽しみとなる。酒を飲んでバカ騒ぎをする者、映画に行く者、テレビを見る者、そして、デートに明け暮れる者である。

デートして親しくなると、金曜日の夜はすぐ過ぎてしまう。若い男女にとって、もっと親しくなりたがるのは自然である。自分の部屋に招きたくとも、相棒が同居している。したがって、相棒が邪魔だということなのである。

同室のアメリカ人女子学生から、デートのために一晩部屋を空けてくれと、さっき頼まれたばっかりだったのである。

「これで二度目なのよ」と久仁子さんは言った。

一度目は数週間前のことで、その時は二、三日前に、

「こんどの金曜日は一晩部屋を空けてねと、頼まれたから、まだ自分の一泊の宿を探すの

オーチャード・プレース & ダウン　アパート居住地域

に十分余裕があったので良かったのだけど、今回は先程頼まれたばかりなので、自分の寝るところを今から探さなければならない」

とプリプリ怒りながら、そのいきさつを説明した。

金曜日の夕方の今頃になって、今度は、追い出された彼女が急に、金曜日の夜に泊めてくれと女友達に頼んでも、誰も相手にしてくれない。どうにもならない時などは、三人で一夜を過ごすこととなる。〝自分は自分のベッドで、同室の友達は、ボーイフレンドと一緒にその友達のベッドで〟このような状態もアメリカ人学生同士では、ままあるとのことなのだ。

「寝るところは、どこかきっと見つかるよ。だれか別の知り合いはいないのかい」

となだめたり、慰めにもならない言葉を述べて夕食を終えた。彼女は深いため息をついた後、

「さあ、今からまた私の寝るところを探します」と力強く言って、別れた。

その夜、彼女が一晩の宿をどこに求めることができたかはわからない。不思議と、その後は、久仁子さんが我々の夕食席に姿を現さなくなったので、この話題の顛末は、わからなかった。

本大学でも、西欧で広がっていた若者の自由な交際に、また、トランス・ジェンダー(身体と心の性が一致しない)にも寛容であった。そのために、大学の保健室には、その悩みのカウンセラーもおり、薬剤等も配布していた。

彼女、久仁子さんとは、イリノイ・レジデンス・ホールの食堂で夕食時に五、六度会っただけである。その後私は家族を迎えて、オーチャード・ダウンの大学関係者たちの家族アパートに移った。彼女は一年間の留学に、楽しさも苦さも含めて、いろいろな思い出を持って、日本に帰ったことであろう。

しかしながら、その時は彼女もわからなかっただろうが、長い年月が経って振り返ってみると、この留学生活も、まさに「私の青春の一つだった」と気がつくであろう。

青春とは、振り返れば気が付くもの。楽しみや、苦しくも、ほろ苦い思い出も、心ときめく出会いや、親しかった友だちも、全て懐かしい思い出に浄化されるもの。

フィラース

シビル・エンジニアリング学部は大学キャンパスの北端にある。それでも、私の住んでいるダニエルズ・ホールから歩いて十分以内の距離である。この学部は、全米でも三位以内に入る名門学部である。

学部の学生は、イリノイ州出身者がほとんどであるが、大学院の学生は世界各国から数多く来ている。中南米各国、アジア各国、中近東各国、アフリカ、オーストラリアなどから来ているが、さすが欧州は少ない。

つまり、学部学生は九〇パーセント以上がアメリカ人であるが、大学院の授業では、本国アメリカ人の学生が半数以下となってしまうのである。

前にも述べたように、この大学は春学期、夏学期、秋学期の年間三学期制である。ただし、夏学期は、日本の夏休み期間に実施され、一般学生は夏休みを取得する。したがって正規には二学期制ともいえる。その学期ごとに学生が入学し、卒業し、または退学する。我々の同窓生の名簿リストは各人には配布されないので、我々の同期生が誰々であるかもわからない。事務局に尋ねると教えてくれる程度である。それも卒業年度ごとに卒業生の名前がリスト化されているのにすぎない。当時から、アメリカではすでに個人情報の保護がなされていた。

我々の同期生は個人的な繋がりによる範囲を超えることはできないのであった。

「Hi! Emori, How are you doing?」

フィラースが話しかけてきた。

「I,m fine thank you, Firas!, and you?」

と、私は答える。ここは、ダニエルズ・ホールのラウンジ横の廊下ですれ違ったときであった。

彼と出会うと、一日に何回出会っても、いつもこのように、同じ会話の挨拶で始まる。フィラースはたいていそのように、私に会うと笑みを顔に浮かべて挨拶する。いつからそういう関係になったか忘れてしまった。ダニエルズ・ホールで会ったのが最初であったのか、同じ授業クラスで同席したのか、記憶にない。

フィラースはヨルダン人である。アラブ人でもある。背は百六十八センチメートル程度で大柄ではない。顎鬚を生やした好青年である。いつも私に会うとにこやかに話しかけてくる。敬虔なイスラム教徒でもある。イスラムの教えにしたがって、一日何回かある方向に向かってお祈りをする。

ある時、ある授業で二～三人で行うレポート作成のグループ課題が与えられた。私は、彼と組んだ。建築の構造力学の問題であった。彼もダニエルズ・ホールの住人である。ダニエルズ・ホールには住居スペースのほかに、各階に自習室がある。そこで一緒に課題のレポート作成作業をすることになった。私はどちらかというと口でその課題の問題の解き方を言うほうである。つまり、私は口だけ出す方になってしまった。彼の方は私とディスカッションしながら、コンパクトに要領良く纏めてレポート用紙に書き込んでいく。彼は問題を口で復唱し、私と議論して、手を動かして解析法と結果を書き記していく。全くの完璧な勉強方法である。テストの結果も良かった。短時間で、効率良く成果をあげるのを見ていると、その単純な動作だけで彼の能力の優秀さが理解できる。

課題は解いてまとめるのに、三〜五時間程度かかるようなものが出される。これも成績に絡むのである。ということは、ほとんどの大学院生が貰っている奨学金の、次年度の継続査定に影響する。また、次年度から、新しく奨学金を貰おうとする学生にとっては、課題といえどもおろそかにはできない。このため、学生はよく夜遅くまで勉強する。学生にとっては、切実な問題なのである。

彼の母国は遠く離れている。当時、母国は長い間、近隣の国々を巻き込んだ泥沼の内戦中であった。一日、一日、生き延びるだけで精いっぱいの生活だった。母国をどうして脱出してきたのか私は知らない。ただ、当分帰国するつもりもないようである。彼は母国を愛する流民、漂泊の民である。母国の動乱に深い悲しみと、自分のなすべき行動をいつも考えていた。

母国で育った長い期間、そこは戦場であった。砲弾が飛び交い、自分の家族・親族や友達が負傷し、また、死ぬのを見るのが日常の出来事であった。

勉強に最適な環境ではなかったはずである。しかし、公平にみても、平和な日本で勉強の環境が良好であった私と、なんら能力的に遜色はない。

二人で課題をやっている時、お祈りの時間がくると、私に気恥ずかしそうに、了承を求めてくる。

「イスラム教のお祈りの時間がきたので、チョット失礼、エモリィ」

と言って、真顔になり、少し離れて立って、まず、ある方向に向かって礼拝し、そして床の上にひざまずいて、その方向、メッカの方向に向かって、イスラム教のお祈りを唱え始めるのである。そのお祈りは、口でなにやら呪文のようなことを呟き、ひざまずいたまま、両手を頭より上にあげて腰を屈めて数回礼拝した。再び立上がって、また同じ動作を繰り返した。真剣であった。私がそばに居ようが関係なかった。五分程でお祈りが終わると、

「失礼した、エモリィ。さあ続けよう」

と言っていつものフィラースにもどって議論を続行した。お祈りの説明はなかった。

我々日本人の若者は、無神論者や形だけの仏教派が多いが、さすが、毎日数回も拝む人はほとんどいないと言ってよい。そのような事情を考えると、イスラム教の若い信者達が、その法典に従って、毎日規律よく礼拝することは驚きでもある。

フィラースとは、お互いに宗教の話はしたことがなかった。この点についても、イスラム教徒は自分の宗教を他人に押し付けはしない。また、彼らの仲間の輪に誘われることも

なかった。あくまでも同窓の学友としての付き合いであった。

イスラム宗教の教えは、アッラー（アラー）がこの世の全てを創造したのであり、「アッラーの前では、身分・階級の差も、民族・国境の別もなく、人間はすべて平等の教友として、かたく結ばれる。アッラーの教えに絶対に帰依すれば救われ、天国に行ける」アッラーの神は、「全知全能、初めもなく終わりもなく、その力は無辺際に及び、至全至善のものであるとされる」。（「イスラム教」山岡福太郎、『世界大百科事典』編集兼発行人、下中邦彦、平凡社、一九八一）

この信仰は、アラビアからアフリカ、アジアへ広まって、世界三大宗教の一つとして、武力による征服や、通商、植民により大発展をとげた。

この宗教的予言者がムハンマド（旧呼び名・マホメット）である。イスラム教は中東アラビア地方に発生したユダヤ教、キリスト教を源流として発展総括した宗教といわれる。ユダヤ教、キリスト教のアダム、ノア、アブラハム、モーゼ、イエスの五人を偉大な予言者たちと規定し、その最後の統括者、予言者としてムハンマドが現れ、「至大にして絶対の神、アッラー」の教えを正しく人々に伝えているのだという。

このため、イスラム教には、神の偶像がない。ムハンマドは予言者で、人間である。アッラーの教えは、コーランの中に示されており、信徒の生活全てを規定している。身を清浄にして、毎日五回、早朝、午時、午後、日没、夜、礼拝をする。（宗派により、ま

た、旅行中などでは、三回に纏めて礼拝する場合もある）

「アッラーは偉大なり。アッラーの他に神なし。ムハンマドはアッラーの使徒なり。ムハンマドは平安なり。アッラーの前では、平等なり。イスラムは、アッラーからの人間への贈り物」

また、

「アッラーは至大にして私の唯一絶対の神であり、また、アッラーの使徒であるムハンマドの予言に従います」

とも唱えていたのかもしれない。イスラム教では、信仰は、アッラー（神）への畏怖（おそれながら、かしこまる存在）でもあった。

イスラム教徒はこの礼拝により、神と語らい、心を純化するのである。

しかし、興味深いことに、このイスラム教にも、

「身分・階級の差も、民族・国境の別もなく、人間はすべて平等である」と述べていることである。

どの宗教も「人間は平等である」と述べているのに、現実はそうなっていないところが不思議でもある。そこには、「人間は平等である」の前のシャッポに、キリスト教を信じれば、イスラム教を信じれば、仏教を信じれば、自然神を信じればとの言葉が付くからで

あろう。

イスラム教信者の学生たちは、我々日本人学生たちよりも信心深い。また、ある種の肉、豚肉は食べないという食事の戒律があり、自炊している学生が多い。

その後、フィラース以外に、いろいろな各国の留学生と付き合うようになったが、環境や肌、色、人種、宗教に関係なく、それぞれの学生が個性と優秀性を持っていた。人間は、まさしく確率の生物であることを、如実に証明していた。

人間の能力の有無とは、まさしく生物種全体の根源的なもので、遺伝的、環境的なものとは遠くかけ離れた「種」の生命体の存続にかかわる神秘的な力のようなものであるように思えたのであった。

そうすると、ある国が安定しているか、繁栄するのは、その国のシステムがしっかりしているか、どうかによる。ある可能性を持った人間、才能を持った人間は、取り巻く環境に無関係で世界のどこにでも、ある一定の確率でもって存在する。その能力を生かすも殺すのも、そういった人たちを活用するシステムがあるかどうか、また、そういったシステムを生み出す人々がいるかどうかということになる。もちろん、米国はそのシステム創出に秀でているともいえる。

ところで、中東アラビアでムハンマド（西暦五七〇年頃～六三二年）が信仰活動していた頃、遠く離れたアジアの東方の、小さな島国で、同じように信仰活動していた人がいた。

日本の厩戸皇子である。死後、長い年代を経て、聖徳太子と呼ばれるようになったとも（七五一年編纂、懐風藻に〝聖徳太子〟の名が記述されている）、また、実在に疑問を示す研究者もいるといわれるが、大多数はその存在を認めている。しかし、その時代から、聖徳太子関連の史跡、史料、文献等は数が膨大である。法隆寺・四天王寺、天寿国繍帳、太子の妻、橘大郎女、太子の仏教の師、高句麗僧、恵慈など。

偶然の一致かどうか、日本の厩戸皇子（聖徳太子）の生存期間は、敏達三年～推古三十年である。つまり、西暦五七四年～六二二年となり、ムハンマド（西暦五七〇年頃～六三二年）とほぼ同時代に活躍した人であった。

彼は、推古天皇を摂政し、深く仏教に帰依して、あの有名な十七カ条憲法を作成したが、その第一条で、「以和為貴　無忤為宗～和をもって尊おとしとなす。さからうことなきを宗とせよ～」と言った。

「仏は解脱にして、慈悲と諦念」の仏教的信仰思想に「和」を加えて、「仏は解脱にして、和と慈悲と諦念」の聖徳太子の日本的な仏教信仰思想によって包み込まれ、我々が気付くか否かにかかわらず、連綿と現在にいたるまで、伝えられてきて、日本人の性格にまでなってしまっているのである。

なお、厩戸の皇子がなぜ、仏教にのめり込んだのか。若い純心な心の中に、高句麗の僧の存在が大きいと感じている。当時の高句麗は、隋との争いが激しくなり、王のブレーンであった仏教僧、恵慈が厩戸の皇子の一種の家庭教師として日本に派遣されてきたことが大きい。そこには高句麗の厳しい状況と日本との提携を模索していたのであった。

恵慈の仏教の教えは、正に、新鮮で民の苦しみや悩みを救う教えであったのである。あまりにのめりこんだため、〝天照大御神を崇める〟天皇継承者から外されることになる（一つの説）。その後、厩戸皇子は、政治の地から離れ斑鳩の地で暮らし、さらに仏教の教えに没頭する。

その後の高句麗は五度以上も、隋から攻め込まれたが、持ちこたえ、その戦乱で、隋の農民たち働き手が徴兵で、戦死または傷を負って帰還しても、各家族が貧困に追い込まれるため、反乱を起こし、隋が滅びることになる。その後の唐王朝がさらに数度、攻め込み、最後に、新羅と同盟して、北と南から高句麗に攻め込んで、ついに、滅びることになる。

そして、長い年月を経て、皇室に対して、再び同じような状況が再現される。世界第二次世界大戦で負けた日本に、将来の日本の現人神信仰が、再び、同じ戦争を起こさないように、昭和天皇時代だった時の皇太子、平成天皇（現上皇）の若き皇子時代のことである。マッカーサー元帥の依頼で、表向き英語を教える家庭教師だったのが、バイニング女史である。真意は、西欧や米国のキリスト教信仰、民主主義、平和、自由、平等、人民が大統領を選ぶことなどの国家理念をも教えることにあった。

さて、その当時、太子の日本的な仏教信仰思想は、息子の山背大兄皇子（やましろのおおえのおうじ）に引き継がれ、実践されていった。彼がその後に、蘇我一族との皇位継承争いに巻き込まれた時、その信仰思想を、家族と自らの身を投げ捨てて実践したと「日本書紀」が記している。その事件は聖徳太子の死後、二十数年が経った時のことであった。

「仏は解脱にして、和と慈悲と諦念」によって、包み込まれた日本的な仏教信仰思想は、聖徳太子の信仰思想と、山背大兄皇子一族が死をかけて、その信仰思想を実践したことにより、はじめて完遂され、その後の多くの日本の民衆の心に深く訴えたのである。

つまり、山背大兄皇子が「戦えば民に大きな犠牲が出る。それには忍びない」と言って、抵抗を拒み一族共々、子弟、妃と共に首をくくって、自死したことによって太子の信仰思想を実践した後、はじめて、ここに、故厩戸皇子は、聖徳太子（約一〇〇年後に編纂した日本書紀に記述）となり、日本における、不世出の聖人となったのである。それは、現国宝「玉虫厨子」（法隆寺、大宝蔵院所蔵、奈良県）の一面に描かれた「捨身飼虎」（餓えた虎の親子、「ここでは、権力に飢えた蘇我一族を暗示しているのか」、を救うため、自ら、わが身を捧げるという〝自己犠牲の尊さを示す〟故事。なお、厩戸皇子（聖徳太子）、山背大兄王（家系図には、蘇我氏初代蘇我稲目の子孫となっている）の信仰思想そのものだったのである。

なお、中央アジア大陸、敦煌から西へのシルクロードの莫高窟、第一七窟には、「玉虫厨子」に描かれた構図・色彩が全く同一の「捨身飼虎」の壁画がある。この意味することは重大である。写真・コピー機もなかった時代、その構図を描くことができるのは、シルクロード、莫高窟を描いた人が日本へ来て描いたのか、または、「玉虫厨子」そのものを、敦煌から奈良へ、持ち込んだ人々がいたのだろうか。法隆寺の仏の壁画と全く同じ構図・色彩・線画等、同じで、飛鳥・奈良時代は、シルクロード地方との交流があったのである。（シルクロード、敦煌編・その二・第四二八窟・六世紀、同美の源流・壁画への道、第十七窟：ＮＨＫ．ＢＳ３・二〇一九・二〇年再放送）

このことは、キリスト教の発展をみればよく理解できる。

キリスト教においては、後継者の弟子にも恵まれたが、しかし、イエスがその信仰、「神は唯一にして、慈愛と恵み」という信仰思想を掲げ布教活動していた最中に、ユダの密告により、ローマ軍によって民衆を惑わす異端宗教として、十字架にはりつけられて、処刑された時、自らが、従容と身を捨てて、その処刑を受け入れたのである。その「平等にして、慈愛と恵み」の信仰思想の実践を、自らの死によって行ったのと対比されるべきものであった。

そう考えると、聖徳太子の信仰思想と山背大兄皇子の信仰実践行動は表裏一体をなしており、山背らの集団自死の行動が、後世の民衆から、太子が崇拝されるようになった大きな要因の一つでもあった。数多くの一般の民衆は、意識をするとしないにかかわらず連綿として、山背大兄皇子一族の自死によって実践完遂された聖徳太子信仰を支えたのであった。その「完全なる慈悲と完全なる諦念（悟り）」の行為に。

それは、晩年の太子が政争に苦悩した後に到達した究極の信仰思想であったのである。深遠な新しい信仰を布教しようとする時、その信仰が広く民衆の支持を得るようになるためには、後継者の弟子に恵まれるか、または、必ず、その信仰思想の実践のための供犠(くぎ)が必要だったのである。本人の自死か、または、その信仰に殉じる人々の生贄(いけにえ)が必要だったのである。

そして、その後、奈良・平安時代にかけて数多くの聖徳太子伝説が世に出てくることになる。と同時に、太子の仏教思想を崇め、仏教を基点に、天皇自ら信奉する宮廷・貴族仏教、そして、東大寺、大仏造立、国分寺など、国家鎮護の仏教へと許容され、神道との共存へ、神仏習合思想も発案されていく。

さらに、鎌倉時代には、奈良・平安時代にかけて、自ら戒律を守り経典を読み、心身で修行し会得する自力本願成仏を願う聖者の格式と、貴族の、権威のある仏教・仏師(いずれの宗派も苦しみ悩む衆生を救うため、各宗派の仏教思想を広めていた)から、主に、一般庶民の百姓・町人・職人や、山の民、女人、虐げられた民などへ最大限の救済に視点を移し、阿弥陀仏の本願力に、すなわち、絶対他力にたより、「南無阿弥陀仏」のみを唱えれば、阿弥陀仏の「無限の包容力」で救われるとした革新的な教え、〝絶対他力の本願による成仏の教え〟を布教する親鸞が出現した。それは、長年の戦乱・自然災害や人的災害・悲惨な事件の中で逃げ惑う人々の苦しむ状況を、心身で考え、悩み、混沌とした炎となって燃え盛る、その中から生まれた新しい万人救済への信仰であった。

親鸞は、九歳で得度出家し（一一八一年（治承五年）、比叡山、天台宗青蓮院で慈円のもとで得度を受けたといわれている）、二十数年間比叡山で修行していたが、膨大な仏教経典を前にして、広大で裾野も広い仏教の教えに、自分の目標を絞りきれず迷っていたときに、師と仰ぐ法然と太子が、民衆救済のために法華経の「阿弥陀仏」を重要視したことに啓発を受けて、自分の無力と、その法華経の「阿弥陀仏の大慈悲」に出会うのである。つまり、「自力念仏による往生、すなわち、〝念仏を唱えて、阿弥陀仏への信心で、民も女人も、自ら救済される往生〟」を唱えて、仏教を新しい視点で構築し直した偉大な改革者、浄土宗の法然（法然もまた、聖徳太子を崇めていた）を、親鸞は、生涯の師とし、また、聖徳太子をも我が生涯の師と崇め、布教活動をしていくのである。

なお、その思想が創出された平安後期から鎌倉前期の日本の世相は、貴族社会から武家社会への移動期であり、律令制度崩壊、飢饉、京の都での武家の争い・大火、多くの民の死体が京の鴨川、道端に放置されてきた時代（方丈記）、仏教の末法思想、でもあった。

革新的な仏道をかかげて布教したため、権威ある宗派からの上訴もあり、また、山・谷・野原を駆け巡り、厳しい修行を行って、心・体を鍛えて、仏道を会得する山伏からの非難もあり、後鳥羽上皇から、〝民を惑わせている〟として、法然（四国へ、一年後許されて京都へ帰還）と親鸞は、京の都を追放（流罪）される（北陸・越後へ）ことになる。

その後、関東へ行き、布教し、関東武家（半農）の信者を得る。晩年、六十歳過ぎに、京都に戻り、九十歳で亡くなった。

若い頃、磯長の聖徳太子廟で、ある期間こもって修行し、太子の夢告を得たといわれた。また、一二〇一年にも比叡山を出て京都頂法寺六角堂にこもり、聖徳太子の示現を得て、法然の元を訪れている。

後に関東に移り、そこで一二二四年、「教行信証」の草稿を書き、親鸞の死後、その弟子たちが、その年を浄土真宗の開宗の年とするようになる。（花山勝友「わが家の宗教浄土真宗」大法輪閣、一九八三）

なお、親鸞は、聖徳太子を日本に仏教を広めた人物として深く敬慕し、後の弟子たちの継承もあり、太子を讃える多くの和賛や、上宮太子御記（覚如他写筆）、太子の生涯の事跡を絵画化した聖徳太子絵伝、幼児期の聖徳太子立像十数体などを東・西本願寺他、日本各地（京都・三重・茨城・栃木等）の浄土真宗派の寺に数多く残している。（特別展、法然と親鸞ゆかりの名宝、東京国立博物館他二〇一一・一〇）

この太子幼児期の像は、釈迦が生まれたとき、手を上げて、「天上天下唯我独尊」（天の上にも天の下にも、ただ、我々人間だけが果たせる尊い使命がある）と述べた伝説によっている。

なお、親鸞の浄土真宗では、この「尊い使命」を「阿弥陀仏信仰の布教」を指している。（正信偈）

仏の教えは、法然、親鸞によって、広く一般民衆に浸透していったのであった。なお、厩戸皇子（聖徳太子）は、出家せず、在宅で仏教を広めて、妻帯し、子供もいるということで、親鸞自らも妻帯し、子供も授かっている。

同時代、生涯を放浪（遊行）した聖、一遍上人も「南無阿弥陀仏と唱えれば救われる」（踊り念仏）と、九州から東北を旅し村々の民に説いている。

また、法然、親鸞のみではなく、平安～鎌倉時代を通して、天台宗の最澄、真言宗の空海、時宗の一遍（遊行のひじり：踊り念仏）などが、太子が建立したといわれる四天王寺（日本書紀による）に篭り、祈願している。

さらに、建武の新政期、後醍醐天皇も四天王寺に参詣・参篭している。当時、後醍醐天皇は足利尊氏他、武家と戦い、高野山の空海と四天王寺の聖徳太子の霊力を持って勝利を勝ち取ることができるようにと祈念をしている。

後醍醐天皇は、「四天王寺縁起」（聖徳太子直筆のサインあり）を自筆で筆写し、奉納している。（国宝：「後醍醐天皇宸翰（しんかん）本縁起」）

さらに付け加えると、親鸞の浄土宗の真髄の「悪人正機説」に、〝善人なおもって往生を遂ぐ、いわんや悪人をや〟（歎異抄、弟子、唯円が親鸞聖人との対話を記した）と、悪人（ここでは、煩悩・欲望を持つ民）こそ、阿弥陀仏の救いの主対象であると述べている。

不思議なことに、キリスト教の教会で、集まった信者の前で、司祭が述べる祈りの言葉の中に、「来たれ、罪人よ、主の愛、ひとしく、なんじを捨てず」がある。

また、「聖歌五七六番：聖霊来たれり」（単立キリスト教会　マラナサ・グレイス・フェローシップ）の中に、次の歌詞が記述されている。

「いとも深き愛と恵み、いざ迷える罪人らに、語り告げて神の子とせん、聖霊来たれり」

この点について、どこからかキリスト教の知を得たのか、偶然なのか、親鸞の「歎異抄」の中の教えと、キリストの教えは同根なのであった。

なお、歴史上、忘れてはいけないことは、民への救済信仰はすでに、平安時代中期に空也上人が出現していたことであった。

人々に、特に、貧困・病に苦しむ世俗の民々に、「南無阿弥陀仏」を唱え続ければ（口称念仏：浄土教）、浄土へ行けると称えて、日本各地を歩き続けていたのであった。

そして、現在、第二次世界大戦敗戦後の日本国憲法で採用された象徴天皇制の基底の中に、その太子の精神・信仰思想は息づいている。まさしく、象徴性とは、国民に接する現在の天皇の行為が、「荒ぶる万能の現人神」ではなく、どこか、「無限の包容と、完全なる慈悲、大慈悲」の信仰思想の基に、五穀の豊穣を神々に感謝し、国家繁栄と国民の安寧を祈願する宮中祭祀の王として、慈悲の心で、国民統合の象徴として、国民に接していると感じている。また、国民の、日本人の性格の中にも、「和」の精神、表情、心、行動に、深く沁みこんでいる。

一方、この絶対他力、阿弥陀仏の大慈悲、〝南無阿弥陀仏〟への信仰は、近代の日本国体主義、国粋主義者の「荒ぶる万能の現人神」に結びついたと論ずる研究者もいる。（『親鸞と日本主義』、中島岳志、新潮社、二〇一七・八）

仏教が生まれたインドでは、仏教徒が占める割合は減少ぎみで、国民の一パーセント以下である。（インド政府、二〇一一年国勢調査、宗教統計：ヒンドゥー教徒七九・八パーセント、イスラム教徒一四・二パーセント、キリスト教徒二・三パーセント、仏教徒〇・七パーセント、他：日本外務省ＨＰ・インド基礎データ）

このシビル・エンジニアリング学部には、イラン、エジプト、イスラエル、トルコ、ギリシャ、ヨルダンなどから、また、インド、パキスタン、中国、韓国などからも留学生がきている。彼等の属する国々のいくつかは、国家として互いに争ったり、または、宗教的対立による泥沼の内戦中であった。しかし、彼等は祖国ではお互いに戦争していても、我々の前ではそのことで決して口論はしない。

そして、近隣諸国は過去にお互いに仲が良くない関係であった。ギリシャとトルコ、イスラエルと周辺諸国、イスラム国家間、パキスタンとインド、日本と韓国など、いずれも各国の盛衰による文化や領土拡大縮小の闘争の歴史的事実による。ここでは、学問・教育研究の世界である。各留学生とも一般に政治的な話はしたがらない。暗黙の禁句であると感じている。

しかし、彼らは、自分の国の文化・実績にひじょうに誇りを持っている。現在は機械文明に遅れをとっているにすぎないと感じているにすぎない。このことは、人類史による影響力を振り返ればすぐ実感できる。ピラミッドに象徴されるエジプト文明、ギリシャ文明、トルコ文明、イスラム文明、もちろん、ユダヤの文化宗教の人類史への影響力は多大である。インド、中国、韓国もそうである。たとえば、エジプト人留学生と話しても、その雰囲気は自若泰然、その不可思議な眼差しで見つめて、会話するので、表面的な付き合いとなった。「日本は現代機械文明による成り上がり国に過ぎないが無視できない国である」と自覚している。近代以降を別にして、近隣国以外は、日本文化については知識がない。

和と慈悲の精神が、彼等の平和共存にとっても、将来ひじょうに重要なファクターとなろうが、日本とは、民族性や地政学上も、また文化、風俗、習慣の違いもあり、実際に理解され、実践されるようになるには、長い期間が必要となろう。

フィラースは大学院卒業後、シカゴのエンジニアリング会社に就職した。後年、私が日本に戻って会社に復職し、原子力施設の建物設計と建設分野のチーフ・プロジェクト・エンジニアとして働くことになった。しばらくしてアメリカに出張して、シカゴに立ち寄り、業務でそのエンジニアリング会社を訪問したときに、偶然彼と再会した。

「元気かい。フィラース」

「元気で働いているよ。エモリ！　最近、弟もアメリカに来て大学で学んでいるんだ。今、ビック・プロジェクトに参加しているんだが、将来は、チーフ・プロジェクト・エンジニアになって、プロジェクトの全体の統率者になりたいんだ」

彼はそのアメリカでは名の知られていたエンジニアリング会社に勤めていたが、ひじょうに懐かしがってくれた。チーフ・プロジェクト・エンジニアになるべく抱負を語ってくれた。アメリカでは、チーフ・プロジェクト・エンジニアは、そのプロジェクト遂行に強い権限を持っていた。スーツを着用していたので、どことなく礼儀正しく見えていたが、笑顔を浮かべての、物静かな話しぶりは学生時代と変わっていなかった。

しかし、それから数年後、彼の消息は途絶えた。

そして、現在、世界各地で、争い・迫害・貧困が発生している。中東では地球上の火薬庫の一つ、いつ、世界を巻き込んで大爆発するのか。イラン・サウジ・トルコ・エジプト、シーア派とスンニ派、独立を掲げるクルド人、そして、テロを繰り返すＩＳＩＬ（イスラム国）、そして、武力を伴った政争、多くの難民が、家族共々、平穏な生活を求めて（アフリカ大陸の民は貧困から脱却するために）、ヨーロッパへ、アメリカ大陸へ、アジアへ、多くの身内の死、犠牲者に嘆きながら、必死で、世界各地へ逃げ、漂流している。

留学交感

　昼過ぎに髪の毛をボサボサにして、髭もそらず、起きたばっかりの顔付きで、のそのそと玄関近くのラウンジにやって来たのが増井君である。まるで穴蔵から出てきた熊のような風貌であった。

　学生寮ダニエルズ・ホールにも風変わりな日本人学生がいると、その時は思ったものだった。増井君は私より一年程前に、単身大阪からこのダニエルズ・ホールに来た。彼は大学院の学生ではなく、一年間の語学研修・英語集中コースを受けにきた、まだ二十歳前後の若者であった。

「生まれて初めて一人で、このイリノイ大学までやって来たんですよ。大阪から飛行機を乗り継いて、このアメリカ中西部の田舎町まで。まったく夢中で、途中どのようにして来たかは、あまり覚えていません」

　と、頭をかきながら言った。

「私と同じですね」

「いやあ、英会話が全然できないから、それを勉強するために来たので、途中の飛行機乗り換えや、大学到着時の手続きでは赤恥だらけだったんですよ。まったく日本で習った英語が通じないし、相手の言うこともわからないし、本当に困りましたよ」

と続けた。

「ともかく、大学でのいろいろな手続きをどうにかやって、このダニエルズ・ホールの自分に割り当てられた部屋についた時は、もう疲労困憊でヘトヘトだった」

とボソボソと言った。

「私もそうだったんですよ」

と、うなずきながら、自分も苦労したことを思い出していた。

ところが、彼は運悪く、ここで最初から一人部屋を割り当てられてしまった。そして一時的に、アメリカ人や外国人との意志伝達がうまくできないというトラウマ恐怖症になってしまったのである。

それから、数日間、彼はどうしてよいかわからず、一歩も部屋を出なかったのである。ちなみに、小さな洗面所、トイレ・シャワーは室内にある。

「毎日の食事はどうしたんですか」

と、私は聞いた。

「日本から持って来た少量のスナック類で飢えをしのいでいたんですが、それもすぐなくなって、水ばかり飲んでいたんですよ」

と、答えた。彼はついにどうにもならなくなって、一歩、また、一歩と自分の巣から外界へ足を踏み出したのである。まず、最初は真夜中に寮内を動き回った。そこには、ベンディング・マシンが設置されているのがわかったので、コインで手に入るスナック類とソフト・ドリンクで空腹を満たし、さらに数日を室内で寝て過ごした。そして、ついに我慢できなくなって、食べ物を手に入れようと、やっと寮外へ出た。寮前の西グリーン通りに出て、西に下って、右往左往しながらやっとファースト・フードのマクドナル店を見付けたのであった。

「なさけなかったですよ。歩いて八分の所にマクドナルド店があったんだから」

と、苦笑した。数日間も我慢したことが笑い話になってしまう。しかし、さらに現実は容赦をしない。ここでもハンバーガーとドリンクを頼む際にひと苦労した。身振り手振りで、どうにか食物を手に入れ食らいついて、久し振りに、お腹も一杯になった。

「いやあ、美味しかったなあ。あの時のハンバーガーは」

「不思議なことに、腹が満たされると、気力も沸いてくるんですね」

と当時を振り返って、つぶやいた。

気も大きくなって、ダニエルズ・ホールのラウンジに戻ってきた。そこで数人の留学生が談笑している聞き慣れた日本語が耳に入ってきたので、ほっとして、気が落ち着いたのだった。

「やあ、助かった。地獄に仏とは、このことを言うんだと思いましたよ」

と言った。それから日本人留学生の仲間に入り、皆にいろいろと聞いて、ここでの生活に慣れてきたのであった。いわゆる日本人の群れに入ったのである。これを豪傑というべきか、それとも、おっちょこちょいというべきかと、その時は思った。

彼はいつも昼近くに起きてきて、眠そうな顔をして、目をこすり、ラウンジに現れ、ぼそぼそと話をした。しかし、夜になると見違えるほど元気になった。日本における下宿している大学生の生態と同じ夜行族であった。ほとんど授業には出ていないようにみえた。しかし、彼は我々の遊び仲間でもあった。シカゴまで日帰りで、車に乗って日本食を食べに行ったり、日本から来訪された短期滞在の交換教授宅へ伺って食事にあずかったり、また、大学のゴルフ・コースでゴルフをする時などは、いつのまにか何時も彼が我々の仲間の中にいた。

しかも、世の中はよくしたものである。彼には料理の才能があったのである。我々が寮の食事や地元の料理に飽きると、週末に仲間のアパートに集まり、日本料理を作るのが習慣となった。そこでは彼は我々のリーダーであった。別人のように生き生きとなった。少ない材料で日本料理を作るのである。日本料理の材料は、ここではあまり手に入らない。味が似ていて、手に入る材料で作るのである。それでも結構うまいのにはびっくりしてしまった。

「いやあ、美味しいねえ。ごはんもおいしく炊けている」

皆が彼の料理手腕を褒めた。私には、彼が料理の天才に見えてしまったほどである。

彼は我々との付き合いに楽しさを見出したのか、ふたたび英語集中コースに登録して、さらに一年延長した。しかし、あいかわらず、授業には出席していなかった。そして、二年ほどこのイリノイ大学に滞在していたが、アメリカにいながら、アメリカ人とも付き合わないので語学も上達しなかった。そして費用も尽きたのか、あるいはアメリカ生活ももう十分堪能したと思ったのだろうか、ある日、突然、

「もう、日本に帰ることにしたよ」

と、言い残して、日本へ戻っていった。生活態度と風貌は最後まで変わらなかった。

平井君も語学研修、英語集中コースの受講のためにこの大学に来て、このダニエルズ・ホールに居をかまえた。髪をオールバックにした中肉中背の古武士の容貌であった。したがって、夏には時々日本から持ってきた涼しげな着物と短パン（作務衣）を身につけて、上質のゾウリを履いて寮内外を歩く。

関西の私立大学を出て、一時期企業に勤めていたが、もう少し経営学を深めたいと考えて、その気持ちを実行するために、この大学の大学院で経営学を学ぶ志を立てた。そして、アメリカで直接英語能力を向上させるため、留学してきたのである。しかし理工学科専攻と違って、文科系は大学院に入学するのに、ある一定レベル以上の、それも日本人にとっては少々高レベルの英語力が要求される。自分の意見をはっきり述べ、他人の意見を批評できる語学力である。つまり、英語によるディスカッション能力である。この点が彼の悩みの種であった。

本イリノイ大学の語学研修、英語集中コースに一年間通って勉強したが所定のレベルまで上達しなかった。ついに二年目は、受講登録のみ行い、授業にも出ないで、自分の部屋

で独学で勉強しはじめたのである。わざわざアメリカにまで来て、皆とも交わらず自室にこもって英語の語学勉強をするのも妙なものであるが、本人は真剣であった。

そして、ついに最後の時がきた。二度目の大学院入学願書を提出したが、本イリノイ大学の経営学部は門戸を開かないで「ＮＯ」と返事してきたのである。その時の彼の放心状態は目もあてられなかった。

「日本で、会社の上司や同僚から餞別をたくさんもらったし、自分もかならず目的を遂げてくると強がったからなあ。皆に会わす顔がないよ」

とぽつんとつぶやいた。

ダニエルズ・ホールの自分の部屋に数日籠ったり、またラウンジで、一人ポツンと座って、考え込んでいる彼の姿を見ても、我々は慰める術を知らず、ついに考えて、一つのアドバイスをした。

「直接、経営学部へ行って、自分の勉強したい分野の尊敬する先生のところへ押しかけたらどうか」

「うーん、それもそうだ。やってみるか」

彼は気を取り直し、そのアドバイスに従い、先生に会いに行った。でも、結果は変わらなかった。

この場合、選択すべき道は二つしかない。一つは再び語学研修の英語集中コースを受講するために学生登録することである。そうすればこの寮に住み続けることが許された。しかし、彼には、ここで同じコースをもう一度受講する気は、「同じコースを三度も」ということになってしまって、もう、その気はなかった。二つ目は、他の大学への入学を果たすことである。そうしないと、学生の身分でなくなってしまうためF１ビザの滞在延長ができないのである。しかし、直接出向いていったシカゴにある別の大学の経営学大学院への入学の感触も良くなかった。

もう逃げ場はなかった。残された道は、「日本へ」しかなかった。

数日して、彼はふっきれたのか、すっきりとした顔をしてラウンジに現れた。

「昨日、日本に電話したら、母から、〝帰っておいで〟と言われたよ」

と言った。母のその一言、〝帰っておいで〟で、全てが吹っ切れたのだった。

数日後、あわただしく、この寮を去っていった。

いつものように、明るくて、陽気で、強気な彼に戻っていた。

来た時と同じように大きな旅行ボストン・バッグ一つを持って、あっけない別れであった。

「まだ、若いんだ。人生なんか、いつでも、どこででも、やり直しがきくんだ」

と言い残して去っていった。

多分、その言葉は、母の言葉に違いなかった。

留学しても夢破れることは、誰にも起こりえることであった。

平井君を思い出すとき、いつも、私の好きな童謡「旅愁」の詞とメロディーを思い浮かべる。

「旅愁」はアメリカ民謡で歌のタイトルは"Dreaming of Home and Mother"（原曲、ジョン・P・オードウェイ、一八二四―一八八〇年、作詞者不詳）である。一九〇七年（明治四十年）、それに、犬童球渓が訳詞をつけて発表した。一番、二番の最初の二行の状況を特に感傷的に想う。


「旅愁」

一　更け行く秋の夜　旅の空の
　　侘しき思いに　一人なやむ
　　恋しや故郷　なつかし父母
　　夢路に辿るは　故郷の家路
　　……

二　窓打つ嵐に　夢もやぶれ
　　遥けき彼方に　心まよう
　　恋しや故郷　なつかし父母
　　思いに浮ぶは　森の梢

……

『愛唱名歌集』、野ばら社、一九七〇・二版七刷

この詞は英語原詞の直訳ではない。原詩は、遠く過ぎ去った子ども時代を、母や、家族、風景を夢の中で懐かしく思いだす詞である。犬童球渓は、それを、旅・挫折からの幼き頃の故郷への想いの詞にした。犬童球渓は、どのような状況や、多分、自分が挫折した時に、心の中に浮かんだ、その時の想いで、当然、私にも起こりえた状況、「窓打つ嵐に　夢もやぶれ　遥けき彼方に　心まよう……」と訳詞したのだろう。その情感を想い、興味は尽きない。そして、私の大好きな童謡の一つとなり、テレビやラジオ、レコード音楽などから、その歌が聞こえてくると、昔に戻って当時を思い出す。また、多くの歌手が歌う「美しく、懐かしい、日本の歌、名曲選・言葉・旋律」のＣＤやＤＶＤの中に採用されている。

人生には、夢があり、山あり、谷あり、挫折がある。そして、成功も、時には、多くの人々や各種の団体・企業などからの支援もある。

人生とは、信念を持ち、その挫折からの復活に向けての絶え間ない努力の行為でもあったのである。

マーシーとベティ

久しぶりにテレビを見ようと、ダニエルズ・ホール一階のテレビ室に近づくと、ちょうど、人気番組が終わって、皆がぞろぞろと出てくるところであった。東洋系の留学生は、半年を過ぎると、大抵自室に小型テレビを買って見る場合が多くなり、あまりここには顔をださない。

テレビ室はラウンジの横にある。室内には椅子席が二十名分ほどあり、前方の高台に大型テレビがセットされていた。このテレビ室のど真ん中に一人でデーンと座っていたのが、いつものマーシーであった。みんな出て行ってしまったので、心細くなったのか、入って来た私を見て、テレビを見る同類が一人来てくれたわと、喜色満面でベラベラと話し掛けてきたが、どうもまだその時は早口で喋られるとチンプンカンプン、適当なあいづちを打って、少し奥の隅の席につき、テレビを見たのであった。

なお、この人気番組は、NHKでも放映された「大草原の小さな家」であることがわかった。アメリカでは、当時、NBCの人気番組の一つ（一九七四―八二）で、一九世紀後半の米国西部開拓時代、ミネソタ州に移住したインガルス一家（両親と娘三人）が、青々とした大草原・森・冬の雪景色等の大自然の中での、小さな事件に遭遇し解決する、日々の生活を描いた作品であった。私も、帰国後、その一部を見て、当時を思い出したのであった。（プロデューサー・ディレクター・脚本家：マイケル・ランドン、ウィリアム・F・クラクストン）、原作は、『大きな森の小さな家（Little House in the Big Woods）』（ローラ・インガルス・ワイルダー著）である。

さて、ダニエルズ・ホールにも慣れてくると、いろいろな人や事柄が目や耳に入ってくる。そのような話題の中に、ダニエルズ・ホールの名物女性もいた。このマーシーともう一人のベティである。

マーシーは、聞くところによると、ユダヤ系アメリカ人で少しカギ鼻のイスラエルの故メイアー首相を二十代に若返らせたような風貌である。身長は約百六十センチメートル、おしゃべりで、陽気で、おしゃれであった。食事や買い物などは、すべて一人で行動するのも、もうこの大学院生用の学生寮に四年以上も住んでいる主となっているからかもしれない。専攻はアメリカ文学らしい。こういう文学の分野は日本でもアメリカも博士号を取るのがなかなか難しい。したがって、マイペースで研究しているためか、長期滞在になっているのである。もちろん彼女に言い寄るような男性はいない。おしゃれではあるが、少し太りぎみであった。

彼女の夕方の日課はほぼ決まっている。まず夕刻の七時過ぎには、マーシーはマクドナルドのハンバーガーとソフト・ドリンクとポテトチップを手に持って、また小さな座布団を小脇に抱えてテレビ室に入ってくる。もちろん、研究書や本も数冊持ってくる。いつものように室のど真ん中の定席にデーンとすわる。この定席は彼女の他、誰も座らないのが暗黙のしきたりとなっている。

そうしてハンバーガーとポテトチップを食べながらテレビを観賞するのである。面白くもない番組の時は、本を読みながら見る。テレビのストーリーに満足できなくなると、途中でもおかまいなくペラペラとしゃべり、周りの我々に同意を求めてくるのである。また、テレビの中のストーリーで美しい女性のフィアンセとして、不精な男でも出てこようものなら、考えられないと身振り手振りで大声を上げたものである。もちろん、悲しい場面では我々に隠すでもなく、ハンカチで目頭を押さえる純情さも持ち合わせている。

そうして夜の十一時ごろになると、服装を整えて立ち上がり、ようやく自室に戻るというのが、彼女の日課である。夏が近づくと、おしゃれをしてショート・パンツにブラジャーだけでテレビ室に現れるが、それほど目のやり場に困ることはない。

今頃彼女はどうしているだろうか、多分どこか田舎の大学の先生にでもなって、テレビを友として暮らしているのだろうか。

ベティはマーシーとすべてが正反対の女性である。もっともこの学生寮に長く住んでいる事情は同じである。身長約百六十五センチメートル、色が透き通る程に白く、チャーミングでボインで、短いスカートをはいていた。外姿がマリリン・モンローに似た感じの魅力的な女性である。そのためか彼女に言い寄るこの寮のアメリカ人の男性は数多かったと聞いている。その結果、数多くの恋をしたが、すべてが途中でうまくいかなくなったとのことである。このことはアメリカではすぐ判る。アメリカ人は恋に落ちると、ペアとして行動しはじめる。周りに誰がいようと関係なく行動が大胆になる。人前でキスをしたり、とにかくベタベタする。この時、周囲は二人を暗黙のうちに認めるのである。ところが、ある期間ペアで行動していたのが、急に別々に行動したり、よそよそしくなり、男性のほうがあわただしく寮から出ていってしまうのである。彼女はあいかわらず寮での生活が続く。そして、しばらくして彼女の行動が荒れてくるのが判ってくる。私の友人が真夜中、夜遅く寮の廊下を歩いているとその彼女とすれ違った。その時、彼女はスケスケのネグリジェ以外何も付けていない真裸だったのである。毎夜、午前零時頃の真夜中になると、スケスケのネグリジェ姿の生身の彼女が寮の廊下を徘徊することになる。そういったことが重なると、誰も近づかなくなる。しかし、月日が経ち、また、新学期になると、新入の大学院生が大勢この寮に入ってくる。こんどは誰が捕まるのだろうかというのが古参学生の興味となる。

それでも二年後、私がこのダニエルズ・ホールを出て家族アパートに移る時は、新しい恋人が見付かっていた。片足が少し不自由で素朴で純良な感じのアメリカ人学生であった。いつものように、食堂やラウンジでペアで濃密に行動するのが見受けられた。

末長く続くことを祈ったのは言うまでもない。

リサーチ・アシスタントシップ

六月、アーバナ・シャンペインのこのイリノイ大学キャンパスは、毎日が晴天で汗ばむ季節となった。あと一週間で二度目の夏休みを迎えようとしていた。

午前中の授業が終わって、いつものように、寮のダニエルズ・ホールに戻って、いつものようにメール・ボックスを開けた。メール・ボックスは各個人に割り当てられている。鍵はなく、私の暗証番号、右V－1、左H－2に従ってネジを回して開ける。メール・ボックス内には、シビル・エンジニアリング学部からの封書が届いていた。

期するものがあり、急いで開封する。

最初に"We are happy to offer…～"との文章が目に飛び込んできた。一九七六年六月七日付けであった。あとは飛ばし読みして、奨学金のオファーであることがすぐわかった。その年の一月に奨学金の申し込みをしていたが、その審査結果の通知であった。

内心「ほっと」すると同時に喜びが全身に沸いてきた。

Dear Mr. Emori:

We are happy to offer you an appointment as a half-time research assistant in civil engineering, in the area of structures, beginning August ～

～ ,payable at a rate of $440 per month. In addition, you will be exempt from payment of tuition and fees ～ while holding a half-time appointment ～

このような文章の書き出しで始まる手紙をイリノイ大学シビル・エンジニアリング学部の副学部長リーブマンから受けとったのである。"be exempt"とは「免除される」という意味である。奨学金付きの研究助手（Research Assistantship）に採用するとの通知であった。

ハーフ・タイム・リサーチ・アシスタントシップとは、一日の半分は研究プロジェクトの研究業務を手伝う代わりに、大学院の授業料免除と月四百四十ドルの奨学金が給付されるのである。当時は一ドル二百五十～三百円時代で、月十数万円にもなり夫婦と子供二人が質素に暮らすことができたのである。さらに、当研究プロジェクトが私が研究してドクター論文に纏めようとしている分野と同じであったのである。つまり、私が担当することになる研究手伝い業務の成果を纏めれば、それがそのまま、私のドクター論文となるのである。通常は自分の研究したい分野とリサーチ・アシスタントの業務内容が必ずしも一致するとは限らない。その場合は博士論文を完成させるのに、やはり倍近い期間が必要となる。

なお、会社には、博士号取得のため、さらに二年間の休職期間延長の願い書を提出したが、これも、かつての上司たちの上申により、会社上層部を説得して許可をしていただいた。これまで、休職中、年に一～二回、その上司に大学院での学習状況やアメリカの新技術開発状況などを報告していた。条件は、必ず復職することであった。また、アメリカ合衆国の建設分野の新技術開発の動向調査報告書を提出することにより、少し補助もしていただけるようになった。そのときはわからなかったが、当時、日本政府は、将来の重点新産業技術開発戦略分野として、産業界・官界・学界と連携して、「宇宙・情報・環境、そして、新エネルギー等の開発分野」に大きな資金を投入しようとしていた。

休職中の会社も、建設と新技術開発、新分野拡大、国際化の分野に、大きく力を入れようとしていた。まさに、偶然ながら、私は、その分野で活動してくれるのではないかということであった。

夏学期から、そのソーゼン及びシュノブリック両教授の共同研究プロジェクトに参加することになった。共同研究プロジェクトは、「地震動が鉄筋コンクリート造建物に及ぼす影響研究」である。

ソーゼン教授は鉄筋コンクリート構造学の分野で、また、シュノブリック教授は構造解析の分野で世界的な権威であった。この研究プロジェクトはアメリカ国立科学財団（ＮＳＦ：NATIONAL SCIENCE FOUNDATION, Research Grant ENV 74-22962）から資金援助されているものである。この研究プロジェクトには五～七名以上の博士課程の大学院生が参加しており、ほぼ毎年、アメリカ及び世界の学会で成果を発表していた。その数名の中に日本人がおり、その人が優秀で、博士号を取得した後、本研究プロジェクトから離れることになったので、また、日本人の学生を参加させようとしたらしい。まさに、我が人生の中で、偶然の一瞬。博士号を取得し、本研究プロジェクトから去る日本人学生（私と同じく、日本の大手建設会社所属）、まさにその時期に、その研究を引き継いでくれる新学生が、私が、応募してきたのであった。当時は何も判らなかったが、振り返り、記憶を辿れば、まさに、その偶然に気が付いたのであった。研究プロジェクトの実験・解析内容・資料等も十分に説明を受けて、引き継ぐことができ、感謝いっぱいであった。

日本人は、まじめで、コツコツと研究し、成果をあげるのも早いので、教授からみればひじょうに助かるし、たまたま、そこに学生にしては年とった私が応募してきたので、専門知識や経験もあるだろうと採用したのである。偶然にしては話ができすぎていて、私自身が驚くばかりだった。当時イリノイ大学にも各分野でドクターを目指した留学生はたくさんいた。その中で数多くの人たちは、志半ばで他州の別の大学へ移動したり、または、日本に戻っていったのである。彼等は皆熱心であったし、優秀であったのだが、去っていった。それは、自分の研究したい分野に政府や州から研究費用が出ないことだけによる。

つまり、アメリカではドクターになるには、教授がアメリカ国立科学財団等の研究諸団体へ提案し採用された研究プロジェクトに参加するのが一番手っ取り早いのである。逆に、研究プロジェクトがないといくら優秀な学生がいても、教授は、学生の生活を支えることができず、なかなか博士課程の学生を採用できない。なお、アメリカ国立科学財団では、資金援助している研究プロジェクトの進行状況及び成果をチェックするために、一〜二年に一回程度で三〜五名の専門家を指名して査定させる。各専門家はアメリカ国内の大学などの研究機関や企業の中から指名され、その際、一つの研究グループに偏在しないように、また利害関係がないように配慮される。その専門家への説明資料を作成するために、数週間も前から両教授が緊張して取り纏めている様子が、しだいに我々にも判かってくる。アメリカでは突然研究費用が半減したり、中止になったりすることが当たり前のことだからである。例えば、月着陸への研究・技術開発ビッグ・プロジェクトが、成功すると、数年後、その費用が極端に削減され、地道な研究技術開発プロジェクトへと変更され、多くの研究・技術開発にかかわった人々が、新天地、職場を求めて転身していったのである。

各専門家は当日、米国各地から飛行機を乗り継いでやってくる。各人はその時初めて一堂に会して、数時間の説明を聞く。だいたい半日数時間を費やして、まず、ソーゼン、シュノブリック両教授が、研究プロジェクトの成果と今後の研究スケジュールを資料で説明する。次に、各専門家が質疑するという方法である。その後、直ちに専門家たちのみによる会議を開いて、その研究プロジェクトが継続して良いか、中止すべきか、または費用削減か、各専門家が判断する。非公開である。この場合多数決なのか、全会一致で決めるのかは判らなかった。それはそのまま各専門家がコメントと意見を述べ、署名してアメリカ科学財団等の補助団体に報告されることになる。そして、判定会議が終わると直ちに、再び全米各地に散って行く。ここでは、日本流に、前夜や、当日の判定会議後に「遠路はるばるごくろうさまでした」と査定員の専門家達を接待するような習慣はない。

第三章　北米大陸横断・縦断旅行

北米大陸横断旅行

一八四八年に、北米大陸西部地域に砂金が出て、ヨーロッパから移民してきた多くの人々が、聖書を持ち、家族が、一団を形成し、幌馬車に乗り、夢を抱いて、東部から米国大陸の大地を、山脈を、河を、越え、砂漠地帯を横断し、あるときは、バッファローの群れに出くわし、ネイティブ・アメリカンが居住し、移動して狩をしていた大草原を、時には、戦いながら、いろいろな苦難を乗り越えて、未知の西部へ向かっていった。

そして、一九六二年に、ハリウッドで、米国の一八三〇―八〇年代の五十年間の西部開拓史物語の映画が製作され、数多くの映画賞を受賞した。それは、西部開拓史（How the West was Won監督、ヘンリー・ハサウェイ他三名、脚本、ジェームズ・R・ウェッブ）である。

その映画には、一九世紀のヨーロッパから、新天地、北米大陸東部へ移民し、まだ見ぬ未知の西の大地へ夢を抱いて向かっていく状況が描かれている。そこには、新たな生活を築き上げるため、移民してきた民（白人）の側からの目線で、北米大陸の大草原を、大河の激流下りを、荒地を、前半は幌馬車隊で西部へ横断する際の、苦難に満ちた状況や人間模様、挫折と様々の犠牲と祈り、愛を、成功が、そして、後半は、東部から西部への鉄道敷設状況と、次々と開発されていく地域模様が描かれている。

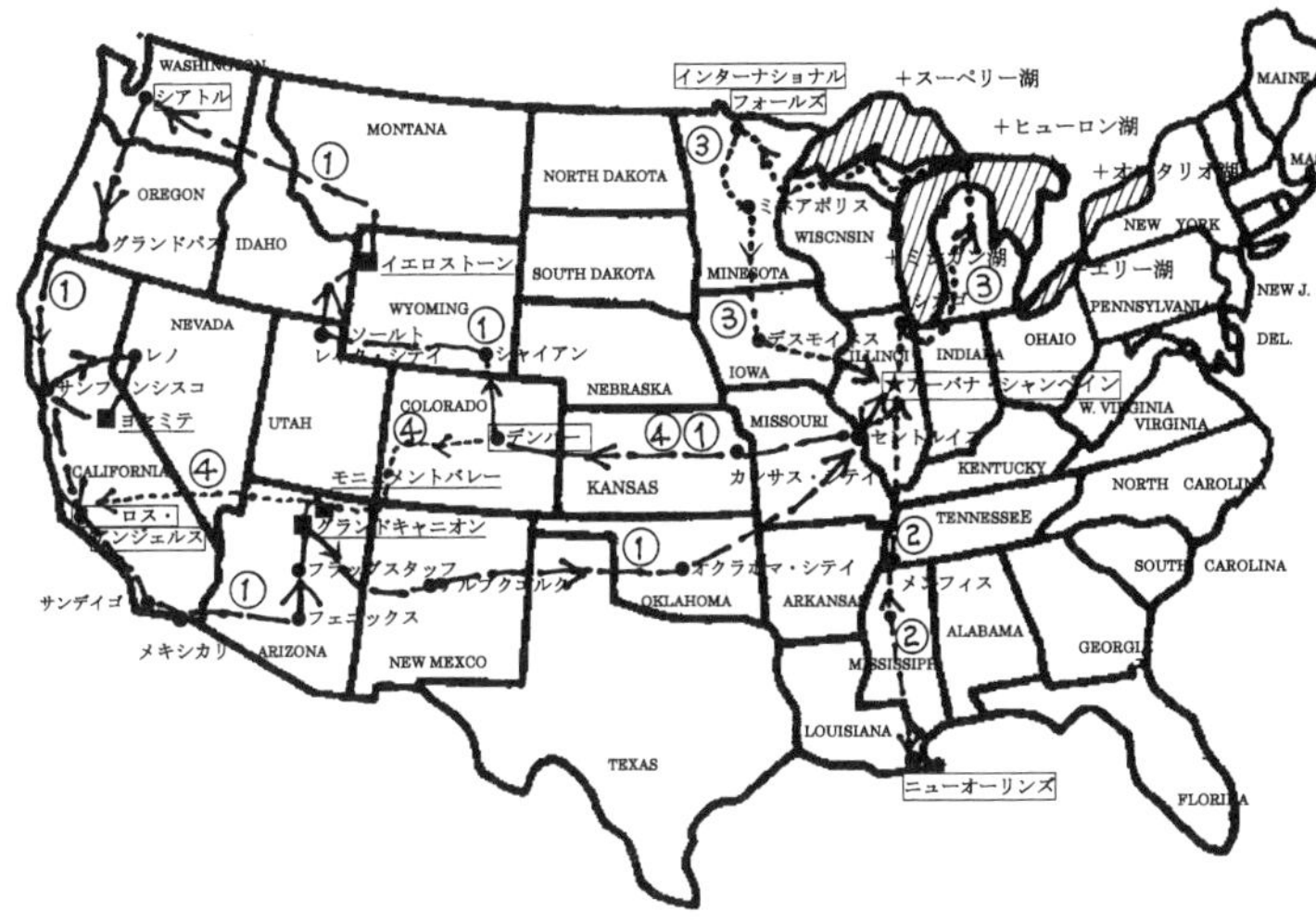

北米大陸 横断・縦断 旅行（車走行ルート）
①1975年5/19-6/5　西へ　②　同年12/28-31　南、ニューオーリンズへ
②1976年5/28-6/2　北へ　④　1978年8/12-21　家族と西へ

未来への夢と希望、挫折、友人や家族の死、その中で、聖書を懐に、苦難を乗り超えて未開地を開拓していった。

讃美歌　四〇五番、「神とともにいまして」の一部に示された言葉。（聖書キリスト教会、東京教会）

「荒れ野を行くときも　嵐吹く時も　行く手を示して　絶えず導きませ
　また会う日まで　また会う日まで　神の守り　汝（な）が身を離れざれ」

日本人も、かつては政府の政策として、一般の民が明治初期に北海道開拓民として、北海道へ、また、広く海外へ、ハワイ、北米大陸へ、ブラジル、ペルーなどの南米大陸へ、そして戦前は満州へと、夢を持って移民していった。

さて、一九七五年一月にイリノイ大学アーバナ・シャンペイン校の大学院に入学して、最初の春学期の授業に出席し、夢中で学園生活をあわただしく過ごし、その春学期が五月中旬に終了した。夏学期が始まるまで、約一カ月間の休暇がある。「その休暇期間をどう過ごそうか、ダニエルズ・ホールの学生寮にじっとしていてもしょうがないしなあー」と、誰が言い出した。そこは、西グリーン・ストリート道向かいのイリノイ・レジデンス・ホール一階の食堂での食事中であった。今まですでに帰国した日本人留学生たちが行ってきた米国大陸車旅行の話を聞いていたので、早速、アメリカ西部開拓時代に思いを馳せて、七月初旬に始まる夏学期までの休暇期間のうち、十七日間を、ダニエルズ・ホール居住の、希望者日本人留学生四人で、西部への北米大陸横断旅行を実施すべく話し合った。

各自が持つ中古車の中で、四人の乗車が可能で十分なスペースが確保のできる大きさと、一番信頼のおける中古車一台を選び、大学の町アーバナ・シャンペインから西へ、北米大陸を横断し、カリフォルニアまでの往復旅行を計画したのである。メンバー四名は、私と、企業派遣留学生一名、英語語学留学生二名である。アメリカ自動車連盟（AAA・American Automobile Association）に加入し、希望する旅行ルートを明示すれば、アメリカ全土地図と、短冊型の詳細な旅行道路マップが手に入る。当時はまだ、スマホも、車のナビゲーター装置もなかった。各高速道路のインターチェンジ出入り口近くの宿泊モーテル、キャンプ地、景勝地への道路・宿泊地など、懇切丁寧に記述されており、車旅行を行うのにひじょうに便利な短冊型マップであった。宿泊する宿も予約しないで、夕暮れになると、明るいうちに高速道路を降りた地点で、あるいは、景勝地や町の見学地付近で、その短冊型旅行マップでモーテルを探して宿泊した。車社会のアメリカでは、ガソリンの費用（四名で分担）も、田舎で宿泊する宿泊料（一室二名・台所付）も、食料もひじょうに安かった。

出発する前に、費用を安くする目的で自炊用の電気炊飯器、フライパン等を持ち込み、また、コメ、缶詰、ラーメン、その他の食料を買い込み、全員車事故損傷保険に入った。

「さあ、北米大陸の大自然が育んだ大地を、気の赴くままに走り抜け、風狩に行こう！」

と呟いたが、誰も理解してくれなかった。

見知らぬ土地の風景・風土。そこに、風が流れる。その風に誘われて、まだ歩いていない未知の場所を、大草原、大砂漠、山脈、山道、大渓谷も、町々も、大河も、海岸・湖の道を、車で走り、現地で散策する。

風狩。そこには、アメリカの夢が眠っている。

風の趣くまま、見知らぬ土地を歩く。そこ、風景・風土には、静かに息づいている新しい発見がある。それを風狩と名付けよう。

「ひとときの風を求めて、風狩」。風景・風土、そこは、よろずの神々も、人々も住まう場所。

そうだ、北米大陸横断へ、風狩に出かけよう。羽根が生えたように、新鮮な未知の風景・風土を求めて、飛んでいこう。

昔、日本の雲水は、風に吹かれる雲のように、また、流れゆく水のように、各地を行脚し修行する僧もいた。

徳川家康は江戸幕府を開き、さかんに鷹狩りをした。今、その「鷹狩り」の家康の思いが理解できる。

江戸時代のその後の将軍達も鷹狩りに出かけ、野原を、山野を駆け巡り、その土地の神々・風景・風土・人々の営みを心に刻んだように、我々も、好奇心を持って、風狩に出かけよう。近くの、遠くの、まだ見ぬ大地へ。

それは、我々に悠久の時が作り上げた大地の自然の姿や、人々の営み、感動を、驚きを与えてくれるのだ。

一九七五年五月十九日、朝七時、大学のダニエルズ・ホール宿舎を出発（北米大陸横断旅行のルート①、二三七ページ参照）、高速道路インターステイト五十七号線（小地図なので未記入、以下同じ）を南下し、エフィングハムで、高速道路インターステイト七十号線へ、ミズリー州セントルイスで高速道から降りて、セントルイスの州議事堂の建物やミシシッピー川を望む巨大なアーチ建造物（ゲート・ウェイ・アーチ、高さ、百八十九メートル）、このアーチは、セントルイスの町が、西部開拓時代、移民者、開拓者が、その家族が、東部地域から荒野の西部へ向かう玄関口であったことを記念して建設された。当時、脇に流れるミシシッピー川は米大陸を縦断する人や物品の輸送路であった。荒野のままの西部へ、まだ知らぬ新天地へ、身の回り、馬や馬車、荷物の再確認整理をして、心を新たにして実行の決意の町であった。その内部回廊でアーチの頂上まで上り、前後の見晴らし窓から全景を眺めたり、当地を見学した。また、セント・ルイス市からミシシッピー川を、少し北上するとハンニバルという小さな田舎町がある。マークトウェインが四歳～十八歳まで暮らしたところであった。「トムソーヤの冒険、一八七六年」はその時代・経験を基に書いていている。

再び、高速道路インターステイト七十号線に乗り、西へ、澄んだ青空に小さな雲々が漂

セントルイス・ゲイトウェイ・アーチ、高さ、189メートル
(ミシシッピー川畔、ミズリー州)

い、道路両側には、トウモロコシ畑、その奥には小さな青々とした森林が続く、カンザス州カンザス・シティを通って、ジャンクション・シティ（小地図なので未記入）で一泊した。翌日はコロラド州デンバーで見学し一泊（5・20）した。五月二十一日は、西にロッキー山脈を、東に大平原を眺めながら、高速道路インターステイト二十五号線を通って北上し、ワイオミング州シャイアンで降りて、当地を見学した。

　ワイオミング州のシャイアンの町、近くに、当時テレビで連続放映された西部劇、「ララミー牧場」の舞台となったララミー町もある。シャイアンの町外れ辺りを散策すると、昔の西部開拓者時代の西部劇に出てくるオールド・タウンの素朴な町並みが見受けられ、その当時も、車を降りて町外れで夕暮れに立ち止まれば、その穏やかな町並みに、建物に、その面影がよみがえってきた。日本の古き町並みに心揺さぶられるように、若き頃、映画やテレビで見たカウボーイ西部劇時代の記憶・風景であった。

　当時の西部への情景「勇ましく進め、風が吹き、灰色の雲が溜め込める空を仰ぎ、体が弱っても、決して引き返さない……夢を抱き、その夢に託する男……」。

　パンフレットによると、シャイアンの名には、肥沃なイエローストーン地域に住んでいたシャイアン族約一千名が、当時のアメリカ政府から、新しい居留地への強制移住を強いられ、その反抗の戦いに敗れ、新地域へ移住し、そして、食料不足などにより、生存者が約三百名に減少したという苦難の歴史も刻まれている。

シャイアンから、高速道路インターステイト八十号線を通って西へ、ユタ州ソルト・レイク・シティで、市内に入り、車内から見学した。近郊のソルト・レイク湖に近いオグデンで一泊（5・21）した。

ソルト・レイク・シティは、一八三〇年頃、ジョセフ・スミス・ジュニアがキリスト教の新しい教義で設立した末日聖徒イエス・キリスト教会（モルモン教）の教徒たちが開拓し、建設した町として知られている。その教義は、東部では邪教の一つとして、強い反発をかい、イリノイ州へ、そして、ミズリー州へ、そこでも入植定住できず、フロンティアの開拓者として、西部へ、ようやく、このソルト・レイク湖に到着し、ここを、末日聖徒イエス・キリスト教会、および教徒の拠点として定住し、現在も教義活動している。ソルト・レイク・シティは西に大きなロッキー山脈の山並みが迫り、静かな落着いた地であった（パンフレットより）。

五月二十二日、高速道路インターステイト十五号線を通ってソルト・レイク・シティ通過後、北方へ、その後、州道からワイオミング州（一部面積、アイダホ州・モンタナ州含む）イエローストーン国立公園（世界で初めての国立公園、一八七二年）に向かい、そこで下車し、アメリカ・バイソン、赤鹿（エルク）、赤キツネ、コヨーテ、オーカミ、黒クマなど、多様な動物（約六十種類）も生息して、生存競争を繰り返している広大で自然が残された大地の自然公園内を散策した。イエローストーン国立公園の一部が、吹雪で通行止めで、有名な、一定時間ごとに熱湯水と水蒸気を約二十メートル近く、高く吹き上げる間欠泉（オールドフエイスフル間欠泉）は見ることができなかった。

モンタナ州リビングストーン（地図に未記入、以下同じ）で一泊、五月二十三日は高速道路インターステイト九十号線を通って、太平洋側のワシントン州のスポーケンを通ってシアトルで一泊（当地を見学）した。

スポーケン、シアトルは、緑多く、みずみずしく、白人が多く、美しい風景を持つ、落ち着いた町であった。

五月二十四日は、シアトルから南へ進む。澄み渡る空気、左側には青々とした草原・山々、解放感も、人々の暮らしもその中に、家々が点々と息づいている。オレゴン州を高速道路インターステイト五号線で南下して、グランドパスで一泊、翌日、そこから太平洋岸沿いにカリフォルニア州を高速道路州道一九九、一〇一号線で南下する。道路沿いの木々の間から見える太平洋の海も空も、どこまでも広く、澄んで青く、引き寄せる白波は、太陽の光を浴びて、きらきらと輝いていた。日本から眺めた太平洋の景観とは、訪れた時の季節・新地の風景と、対岸から眺めて、同じでないようにも感じた景観だった。太平洋（the Pacific ocean）のPacificとは、〝平和を好む、穏やかな、泰平な〟を意味している。心を澄ませてくれる豊かな時間が、のどかに過ぎる時間と景観だった。

「太平洋」の命名は、一六世紀に、「地球は丸い球体である（地球球体説）」との真実が、一般的になる状況の中で、その証明に、ポルトガルの探検家マゼランが、スペイン国から、航海による世界一周を試みて、南米南端のマゼラン海峡（後に命名）を通り抜け、広大な海に出て、アジア大陸への大海横断の中で、その大海が見せる素晴らしい景観を見て、名付けたという。（なお、三年間で世界一周を達成したが、マゼランは世界一周半ばで死去）

ウキアで宿泊（5・25）（北米大陸横断旅行ルート①、二三七ページ参照）

翌日は、ウキアからストックトンへ、ストックトンで、共に旅行中の語学留学生の知り合いの理髪研修生、女子二名のアパートを訪問、近くで食事会をし、付近を散策し、ストックトンで二泊した。（5・26—27）

その五月二十七日は、サンフランシスコを見学後、再びストックトンに戻った。

五月末のサンフランシスコ、そこは坂の町、岡の町、路面ケーブル電車が岡の町へ行きかう。そのケーブル電車は、ゆっくりと走り、坂を上る。我々は、坂上で、周りを見渡し、少し散策する。海辺から顔肌にかすめる風は心地よいものだった。サンフランシスコは、移民の町、ゴールドラッシュで、多くの欧州からの移民が、東部から西部へ、カリフォルニア州へやって来て、この年中温暖で住みやすいこの町を大きくしていったのだった。また、規範からの自由・平和・愛・音楽・オートバイ・旅行の、ヒッピー族の活動地域であった。

海辺の波止場に戻り、イタリア系移民が造ったフイッシャーマンズ・ワーフで、人気のシーフード、茹でたてのカニや、大きいアメリカ・ザリガニを食べた。

翌朝、ストックトン近郊で、ゴルフのパブリック・コースがあったので、簡単な手続き

サンフランシスコ　坂の町と海（カリフォルニア州）

で、用具を借り、四人で半日のゴルフができた。その後、東のネバダ州タホ湖、そして、レノに向かった。

レノでは、カジノで、トランプ賭けで少し散財した。そこで一泊（5・28）した。

翌日は、レノから南下し、カリフォルニア州のヨセミテ国立公園へ行き見学し一泊（5・29）。

ヨセミテ国立公園も広大な自然保護地で、シェラバネダ山脈麓中央部に位置している。数億年以前からの地動変動と雨・川による浸蝕により、大岩壁やヨセミテ渓谷が作りだされた。景観も神秘的で、麓の湖周辺には、草木が生え、鹿（ミュール・ジカ）が生息している。

翌日、サンフランシスコを通り、高速道路州道一〇一号線をロス・アンジェルスに向けて南下し、小さな町、ソルバングで一泊した。（5・30）

翌朝、ロス・アンジェルスへ。

ロス・アンジェルスでは、リトル・東京で寿司を食べ、帰りの食料を買い込み、南下し、サンディエゴに向かい、サンディエゴからメキシコの国境の町、テイファナ（地図に未記入）にも立ち入り散策した。テイファナは小さな道端の出店や商店街、住宅の町だったが、接するサンディエゴは、周りは田園風景だった。戻って、サンディエゴで宿泊（5・31、一泊）。翌日メキシコ国境沿いの高速道路インターステイト八号線を走り、同じく、メキシコとの国境の町、カリ・キシコ（メキシ・カリ）見学、ユマで宿泊（6・1）。翌日は、カリフォルニア州からアリゾナ州に向けて、透き通った青い空に白い雲が漂う、背の高いサボテンと赤茶けた大地、ところどころ、緑の草原を脇に見ながら走る。アリゾナ州フェニックスへ、高速道路インターステイト十七号線を北上して、フラッグスタッフから州道を北へ走り、雄大な大渓谷、グランド・キャニオン国立公園の南縁に到達した。そこには、見晴らし場所、売店、休憩所、案内所がある。（二三七ページ参照）

グランド・キャニオン（アリゾナ州北部）、雄大で、大規模な景観、神聖にも感じる景観、パンフレットによると、この幅六～二十九キロメートル、深さ約千六百メートルのグランド・キャニオン大渓谷は、上流で降った雨が、渓流となり、コロラド川に流れ、長い時の流れが、台地を浸食して約五百万年前に作り上げられた大渓谷、約二十億年分の地層が、崖肌に刻み込まれている。逆に思いを巡らせると、約二十億年前の地球の姿を垣間見ることができる、我々が、心身とも、約二十億年を過去にタイム・スリップすることができる場所でもあった。そこを訪れた人々は、神秘的な景観のパワーを受ける。ネイティブ・アメリカンにとっては神聖な場所、近くに、ナバホ族の居留地がある。

平安朝の僧。真言宗の開祖、空海の言葉を思い出す。

「山川は長くして萬世也、人は短くして百年也」（空海『性霊集』）

大自然の悠久の営み、そして、その中での短い人の命。その人生を心豊かに精気を持って、永遠の真理を求めよう。

サンディエゴ（カリフォルニア州）からメキシコ国境沿いを東へ

近郊のフラッグスタッフに戻り宿泊（6・2）。翌日から三日間かけて、高速道路インターステイト四十号線で、ニューメキシコ州のアルブクエルクへ、そこから数十キロ・メートル離れた小さな町へ。そこは、赤い砂の大地、その砂で造った赤レンガの家々（アドビ建築と言われる）、古くから暮らしていたネイティブ・アメリカン（プエプロ族）の人々と一八世紀頃から移住してきた主にスペイン人達が住む大地。赤い乾いた大地の中で、太陽や大地の生き物を敬うネイティブ・アメリカンや、教会を設立しキリストを敬う移住者たちがおだやかに、静かに暮らす神秘的な大地を遠くから眺めて、アルブクエルクへ戻った。テキサス州を通り、オクラホマ州のオクラホマ・シティで四十四号線に乗り換えて、そしてミズリー州のセントルイスを車で走りぬけ、六月五日夜八時、イリノイ州のアーバナ・シャンペインへ帰着した。

数日して、旅の余韻に浸る間もなく、六月九日に夏学期の授業に科目登録して、六月十一日からの授業に出席し、通常の学園生活に戻った。

なお、この旅行の事前調査で、カリフォルニア州を含むメキシコ国境の各州、およびフロリダ州はヒスパニック系が多いとは知っていたが、約三十年後の米国大統領選挙時点では、その有権者登録者数は一五％を超えていた。カリフォルニア州の人口の約四〇％をヒスパニック系が占めている。（二〇一六年の米国大統領選、読売新聞、二〇一六・五・九）

グランド・キャニオン（アリゾナ州北部）

北米大陸全土に縦横に高速道路が完備され、当時の開拓者たちの苦難に満ちた経験は味わえなかったが、日本の山水風景・風土とは異なった、ありのままの自然、悠久の時、自然の雄大さが育む原始の風景、造形美、絶景を味わう体験ができた。

合計走行距離、約八千マイル（約一万三千キロメートル）、私は、アメリカに来て半年程度だったので、一度も運転しなかった。費用は、一人、約四百ドル、途中、我々の中古自動車のタイヤのパンク二回、マフラー故障一回、交通違反一回（制限速度オーバー、罰金三十五ドル）の経験をしたが、四人がいれば、誰かが智恵を出し、対処も迅速に対応できた。そして、大きな損傷事故にも合わず、内心ホッとしたことも事実であった。

これで、ある程度、米国のどこへでも行ける自信が付いた。経験は、行動を大胆にしてくれる。初めて米国に到達した頃の、右往左往し、夢中でイリノイ大学にたどり着いた頃が、苦笑しながら思い出され、感慨深い思いもした。

アメリカ合衆国、アメリカの大陸は広大である。また、その構成人種は複雑であるし、そこから派生する問題も複雑である。しかし、我々を受け入れて、教育に、研究に指導するが、見返りを要求しない制度一つをとっても、その精神はみずみずしく、いまだ、その柔軟性を失っていないし、いたるところで、その進取の精神を盛り込んだ制度に出会う。

アメリカに来て、建国初期のこの広大な土地へ、自らを信じ、成功を夢見て、幌馬車一台で乗り込んでいった人々、あの広大な草原を、高原を、砂漠を、我々は、車で旅行してみて、はじめて、当時のパイオニア精神の奥深さに気が付く。西部のどんな小さな町にも、その面影が残されており、大切に受け継がれていることに気が付く。このパイオニア精神こそ、我々にとってもひじょうに重要なものだと感じ入った。

日本の国は、小さな島国だけど、地図を開いてみれば、広大な太平洋の未知の海が、島々がある。そこにもアメリカ大陸とは異なった、大自然の神秘がある。その状況こそが、太古から、移住してきた人々も含め、日本民族の心情を養い、熟成していったのであろう。その大らかな・穏やかな・柔和な協調性のある性格を育んできたのであった。

国も民も、特に、若者は、内にこもらず、フロンティア・パイオニア精神を持って、もっと、地方に目を向け、行動すべきなのではないかとも思った。

風を想い、天を、地を想う
ただ心のびやかに
ただ、のびやかに
己の人生を歩み続ける

北米大陸縦断旅行

入学した一九七五年の秋学期（八月二五日～十二月十九日）が終わろうとしていた。

イリノイ・レジデンス・ホール一階の大食堂での食事中に、クリスマス休暇と翌年の一月中旬に始まる春学期までの休暇を、ダニエルズ・ホールのドミトリー（学生寮）で過ごしていても、体が鈍るので、どう過そうかと話しているうちに、再び旅行の話題になった。その年の夏休暇に実施したイリノイ大学アーバナ・シャンペインからカリフォルニア州への北米大陸横断旅行の経験や話題を楽しく話しているうちに、気軽に「南にでも行こうか」と希望者を募ったところ、日本人留学生三人が参加したいと言ってきた。そこで、参加予定者の車の中から、北米大陸横断旅行の場合と同じく、一番新しい車一台を選び、クリスマス休暇から新年にかけての大学の休み期間のうち、十二月二十八日から三十一日の四日間をかけて、北米大陸の南部へ、ルイジアナ州ニューオリンズへの車旅行を計画し、実施した（北米大陸縦断南下旅行のルート②、二三七ページ参照）。

私と企業派遣大学院留学生、農林省派遣大学院留学生、日本の大学で博士課程終了後の留学生の四名であった。

前節でも述べたように、アメリカ自動車連盟（ＡＡＡ）に申し込めば、関連地図と、宿泊施設や観光地と観光情報・ガソリンスタンド位置・各電話番号などが記入された短冊式の詳しい道路地図が手に入る。なお、今回改訂の際、当時を思い出し、その時見学訪問地で得たパンフレット（当地の歴史・観光情報）、当地見学の際の写真なども参考に追加した。

十二月二十八日、午前七時、イリノイ大学の大学院生用の寮、ダニエルズ・ホールから高速道路インターステイト五十七号線（北米大陸横断・縦断旅行ルート地図には未記入、以下同じ）に入り、ミズリー州南部で、高速道路インターステイト五十七号線から、同五十五号線に乗り換えて再び南下した。途中、テネシー州で最大の都市、メンフィスで、高速道路を下りた。

メンフィスは、エルビス・プレスリーが育った町である。生地はミシシッピー州テユーペロ町。メンフィスは、ブルース、ロック・ミュージック発祥の地といわれる。プレスリーが育った時代は、アフリカン・アメリカン（黒人）も多く、母と貧しく暮らしていたことを知った。北米大陸中部の町、高層建物も多く建っているが、静かで、しっとりとした街並み、路面電車も走っている。当地を車で動き回った。その地域の風景、風土、街を歩く人々も多くなく、プレスリーの活動地域だった付近等を体感し、郊外に、モーテル宿舎を見つけて、一泊した（12・28）。

翌朝、再び高速道路インターステイト五十五号線に乗り、青い空、漂う白い雲、青と茶褐色の平原の風景の中、ミシシッピー州をさらに南へ、ルイジアナ州の町、ニューオリン

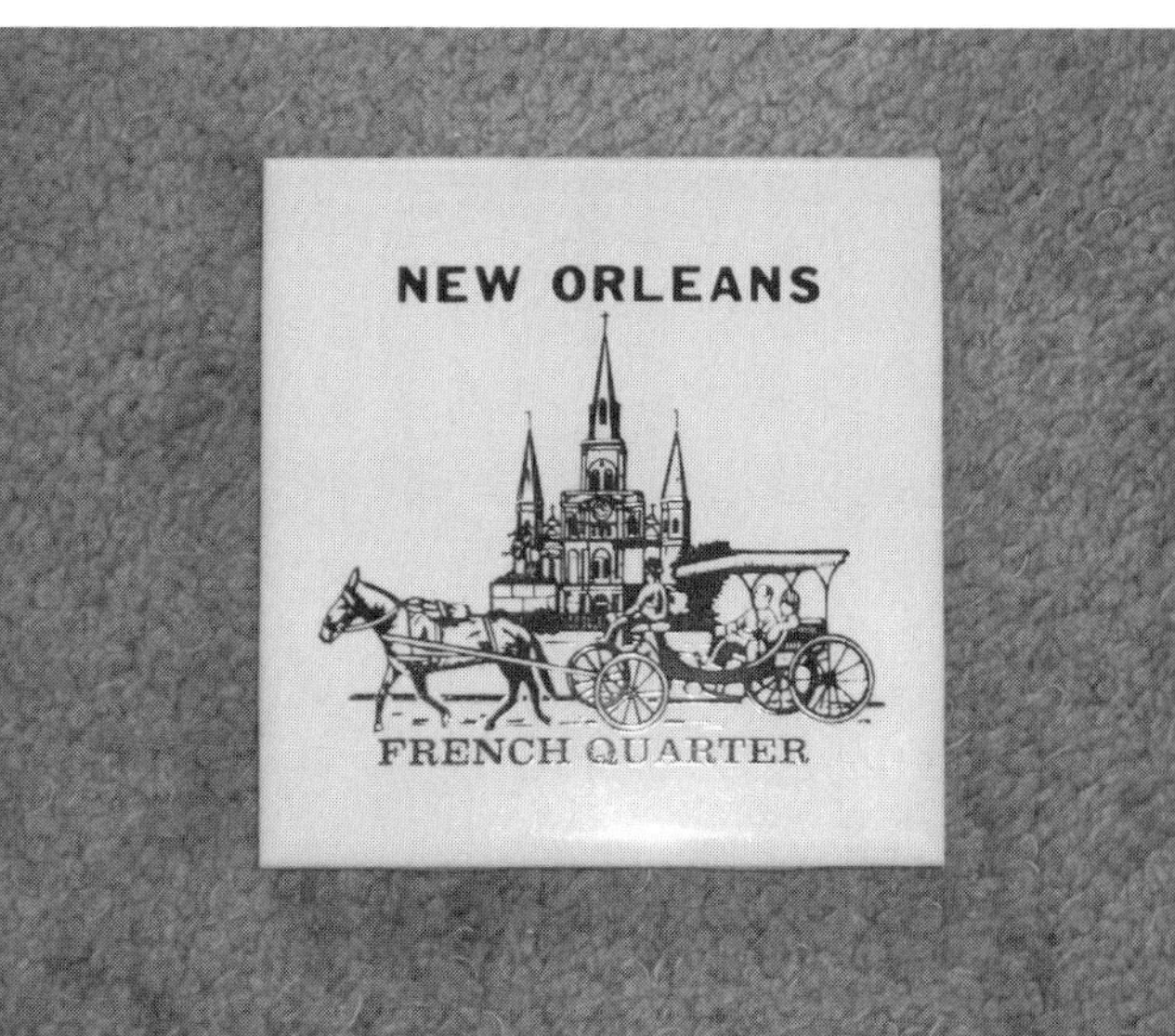

ニューオーリンズ訪問の際の記念品タイル（壁飾）
ルイジアナ州

ズに向けて車を走らせた（二三七ページ参照、地図のルート②）。

ミシシッピー州では、黒人奴隷が綿花栽培の労働に明け暮れた暮しの中で生まれた歌、ギター一本で奏でるデルタ・ブルースが生まれている。

ミシシッピー川は、カナダに接するミネソタ州から、アイオア州、イリノイ州、ミズリー州、ミシシッピー州、ルイジアナ州など、長さ、三千八百キロメートル、十の州、州境を流れ、南北に北米大陸を縦断して、メキシコ湾に流れているので、アメリカ合衆国の母なる川と言われている。昔は船で、大陸南北に縦断して、人や物を運んでいたという。

そのミシシッピー川を遠くに見て、ルイジアナ州のニューオリンズの町に入った。途中、まわりには、沼・湿地や湖が多く存在していた。ここは、一八世紀に、約五十年間、フランス領であった。フランスとスペインの文化が混ざり合ったところでもあった。近年は、南米から、キューバからの移民が多いという。

かつては奴隷貿易の拠点、アフリカの故郷を偲ぶ歌、ソウル・ミュージック、カントリー・ミュージック、ミシシッピー川沿いの町々に移民してきたフランス系移民のケイジアン・ミュージック、黒人が教会での礼拝歌ゴスペルが歌われている。そしてウェスタン・ミュージックなどの中から、新しいミュージック、ジャズが誕生したといわれている。ルイ・アームストロングを生んだ町でもある。どこか少し昔の時代のアメリカ南部の異国情緒を示す旧市街地のフレンチ・クォーター（フランス風ストリート）、ガーデン・ディストリクト付近を散策した。街路に沿って、当時のフランス風の三階建ての建物は、各階廊下型ベランダが歩行道にはね出しており、一階天井は、二階のベランダ床がアーケードになっていた。バーボン・ストリートでは、ところどころの喫茶店でジャズ音楽が聞こえてきたが、街の雰囲気のみを楽しみ、店には入らなかった。海外や国内各地から訪れる人々も多く、街の広場や街々で、トランペット音や軽音楽のメロデイが聞こえてきていた。人々は音楽の音色の中で活動していた。世界各地の風習・文化を持つ移民たちが、生活の中で、交わり生み出した音楽でもある。

夕方に、宿を見つけて一泊した（12・29）。

なお、ルイジアナ州の西部には、平らな大地が続く。そこには、水田が広がり、米作もおこなわれていた。ごはんを炒めてボイルド・ザリガニやフライド・豚肉の料理も一般的であった。バイオリン・アコーディオン・フイドルなどの楽器で奏でるケイジアン音楽、クレオール音楽、デザイコ音楽が生活の一部になっており、昼間の労働から心を温める音楽となって家族の生活の中に響いている。フランス、イギリス、アフリカからの人々、文化の融合、地域の風土、労働とその後の安らぎの中から生まれたものであった。

帰りは、来た南部への高速道路を、逆に北部へ走り続けて、アーバナ・シャンペインへ、途中一泊した（12・30）。

十二月三十一日午後八時、無事にダニエルズ・ホールに帰還した。今回は、車のトラブルはなかった。

参加した四名は、私を除いて、北米大陸の車旅行は初めてで、それぞれ、年齢も、個性も、日本での所属もばらばらであったが、話題も豊富で、和気あいあいで楽しい旅行になった。

そしてさらに、翌年、留学二年目の前半の夏休み（春学期終了、五月十五日から夏学期開始、六月九日までの期間）には、五月二十八日から六月二日の六日間を、ダニエルズ・ホールに居住する日本人の自費留学生一名と二人で、北部地域への車旅行を計画し、実施した。（北米大陸縦断北上旅行のルート③、二三七ページ参照）。

五月二十八日、午前七時、ダニエルズ・ホールを出発した。イリノイ州を高速道路インターステイト五十七号線で北上し、シカゴへ、シカゴの町を見学し、そこで宿泊した（5・28）。

この米中西部のシカゴ市も、百数十カ国から移民してきた住民となった屈指の移民都市、英語以外に五種類以上の外国語を話す都市でもある。世界各国で革命や政変が起きると、虐げられそうな人々や、夢を持つ人々も、母国を離れ、米国に移民として、移住してくることになる。当時は、アメリカ合衆国は、寛容な国家であった。

翌日は、シカゴの町を出て、ミシガン州のミシガン湖周辺を走り、ツール・ブリッジを渡り、高速道路州道二号線を少し走って宿泊した（5・29）。翌日は、高速道路州道四十一号線を走り、スーペリ湖側へ、スーペリオ湖周辺を回り、その間、湖内半島先端のコッパー・ハーバーを見学、その後、ウィスコンシン州のスーペリオ湖周辺を回り宿泊（5・

30）。翌日には、ミネソタ州のダルスから北上（州道五十三号線）し、カナダ国境の町、ミネソタ州インターナショナル・フォールズを見学、近郊で宿泊（5・31）。アメリカ北部地方の湖沿岸周辺は、青い空と白い雲、水と樹林の穏やかで静かな自然の風景、そこを走り抜けた。

帰路はダルスに戻り、高速道路インターステイト三十五号線で、同州のミネアポリス（宿泊（6・1））へ、翌日、アイオア州のデスモイネスを通って、東へ進路を変えて、高速道路インターステイト八十・七十四号線を進み、六月二日午後八時、無事アーバナ・シャンペインへ戻ってきた（地図のルート③）。

車の運転は、交代して行った。車の故障もなく、交通違反や事故もなく、事前に宿泊地を決めず、宿も予約せず、行き当たりばったりで行う米国の車旅行にも、慣れてきた。夕暮れになる前に、余裕を持って、高速道路を下りれば、必ずモーテル宿舎が存在するし、見学地でも同じで、その中の一つに行けば、満室により断られたことはなかった。宿泊料金も安かった。また、高速道路の近くには、キャンピング・カーの宿泊施設（敷地にトイレ・シャワー・水道・料理施設等の設置）も数多くあり、老年夫婦二人でキャンピング・カーで旅行している姿も数多く見られた。

これで、イリノイ州のアーバナ・シャンペインから西へ北米大陸横断旅行と、南へ、北へと北米大陸縦断旅行を行ったことになる。つまり、入学した年の夏休暇の北米大陸横断の車旅行で、ワシントン州シアトル市へ、そこから、太平洋岸に沿って、カリフォルニア州を南下し、メキシコ国境へ、そこから、再び、北米大陸を横断して、イリノイ州アーバナ・シャンペイン市へ戻ってきた。

そして、入学した年の冬と翌年の夏休暇に、アーバナ・シャンペイン市を中心として、それぞれ、南のニューオリンズへ、北のカナダ国境へと、北米大陸縦断の車旅行をしたことになる。

しかし、残りの北米大陸東部への旅行、ニューヨークなどへの旅行は実施できなかった。いずれ、将来、訪れるであろうとの思いでもあった。実際、その後、会社に復職して、業務で東部のペンシルベニア州、ニューヨーク、フィラデルフィアなどへも訪れることになった。

実感は、いつでも、一人で、レンタカーを借りで、北米大陸、どこへでも車で行ける自信が付いたことであった。

現在では、日本でも、レンタカーやキャンピングカーで、家族たちや友人たちと日本各地を巡る人々も多くなっている。経済・生活の進化は、各国の人々が、個人の娯楽・知を求めて、世界中で拡大している。

ミシガン湖の湖岸から

北米大陸横断家族旅行

家族が合流した年の留学三年目、一九七八年六月十二日から八週間にわたる夏学期の授業が八月三日に終了した。夏学期で卒業に必要な単位数を満たし、ディプロマ（学士・修士）を授与される学生たちの卒業日は八月七日となった。式はない。

日本から義母が渡航してきたので、今までの過去二年間、各学期間の休暇中に、友人たちと三回にわたる、車による北米大陸横断・縦断旅行の経験を基にして、この夏休み期間中の八月十二日から二十一日まで、すでに合流していた家族四名と、義母の計五名で、北米大陸横断家族旅行計画が持ち上がった。二人の子供は、姉が小学一年生、弟が幼稚園児である。

北米大陸の西部開拓時代、東部から、幌馬車に乗り、一団を組み、西部へ向かっていったが、その中には、小さな子供連れの幌馬車もあった。ある幌馬車隊は、モンタナ州へ、ワイオミング州へ向かって、定住地を求め、幸せを求めて移動していった。

これらの状況に思いを巡らせて、西部カリフォルニア州ロス・アンジェルスへの高速道路ルートのみ決めて、途中の宿泊地、宿も決めず、日々の成り行きにまかせて実行した。もちろん、以前友人三名と実施した時と同じようにアメリカ自動車連盟作成の「旅行道路マップ」を作成してもらって行なった。

日常使用している車は年数も経った古い車なので、一台のレンタカーを借りて、無謀にも、運転は私一人で行い、再び、北米大陸を西部への横断家族旅行（北米大陸横断旅行のルート④、二三七ページ参照）を実施することにした。すでに、西部への北米大陸横断旅行は、経験していたので、何の心配もしていなかったが、車は、最終訪問先のロス・アンジェルスで引き渡し可能の新しいレンタカーをシャンペインで契約した。

八月十二日、アーバナのアパートをレンタカーで出発。高速道路インターステイト五十七号線を南下し、エフィンガムで、七十号線に乗り換えて西へ。ミズリー州、カンザス州、コロラド州、アリゾナ州、ネバタ州を横断し、最終地のカリフォルニア州ロス・アンジェルスに向けての旅行である。以前の北米大陸横断旅行で経験したように、いずれも夕暮れになる前に、早めに高速道路を降り、モーテルを探し、五名なので二部屋で宿泊した。

初日は、ミズリー州のセントルイスで高速道を降り、以前、日本人留学生たちと訪れた時と同じく、近くを流れるミシシッピー川辺に建つ巨大なアーチ（ゲート・ウェイ・アーチ、高さ百八十九メートル）を見学、アーチ内部はところどころに窓がある見学者用の歩廊になっており、その頂上まで上って窓からセントルイス町全体を眺めた。セントルイスで宿泊（8・12）。翌日は、カンサス州のジャクソンシティ（小地図なので不記載、以下同じ）で宿泊（8・13）、コロラド州デンバーまでは以前と同じルート（地図の①と④ルート）で車を走らせた。デンバーで見学し宿泊（8・14）、翌日再び高速道路インターステイト七十号線を走り、西へ。ロッキー山脈に向かう途中では、急に天候が変わり、遠

コロラド州デンバーから西へ、前途にロッキー山脈

くで風が渦巻き大地から砂塵を吹き上げていたが、まもなくどんどん近づくすさまじい大砂嵐に遭遇、回りがまったく見えなくなった。その中に突っ込んで車を走らせた。二～三メートル先は何も見えなく、ストップすれば後続車から追突されるので、ヘッド・ランプとテール・ランプを点滅させながら車をのろのろと走らせた。それも、十数分程度で大砂塵は去っていった。

グランド・ジャンクションで宿泊（8・15）。翌日、再び高速道路インターステイト七十号線を走り、少し進み、クレセント・ジャンクション（ルート④、町の名は地図には不記載、以下同じ）から高速道路州道一六三号線を南下して、モニュメント・バレー近くの一本道を進む。走行する他の車は遠くに数台見えるだけ、この世に我らが車一台だけとの情感が湧き出る。車を止めて家族五名、外に出る。まっすぐに遠くまで続く一本道。両側は、荒涼とした大地、赤茶けた大地にところどころに、枯れかかったブッシュが生えている。遠くにモニュメントの岩山がかすかに見えるが、家族の女性たちが心細く感じていたようだったので、そこには寄らず、一本道をまっすぐ車を進めた。

遠くに、かすかに赤茶けた大地に、同じく赤茶けた岩山・岩壁が高くそびえている。約五千万年間の時の流れの中で、雨や風、川の流れなどに侵食されて、テーブル状の台地が地上に残り、高さ三百メートルに及ぶ赤茶けた台地、岩山・岩壁が形成されたという。鉄分を含んだ土が長い土が岩となり地殻変動により地上に出現し、日本の景観とは、正に異

コロラド州からモニュメントバレー（ユタ州とアリゾナ州）へ向かう途中の風景

なる景観をもたらしたのだった。

この地はネイティブ・アメリカン、ナバホ族の自治区でもある。自然が長い年月を経て造った雄大で、荘厳な景観を表していた。ナバホ族は、太陽、大地、自然との調和の中で命を長らえていると信じ、静寂の中、かすかに聞こえる風のささやきにより、我が魂が再生し、神に近づけると考えていた。

この景観、大地は、昔の西部劇の舞台となった。ジョン・ウェイン主演の映画「駅馬車」（一九三八年）には、この神秘的で雄大なモニュメント・バレーの景観を背景にして、大地を走り抜ける駅馬車や騎兵隊が描かれている。その風土・風景を眺めて、モニュメント・バレー地を通り過ぎた所（カイエンタ：地図には不記載）で、早めにモーテルを見つけて、宿泊（8・16）した。

そして、翌日、数時間で到達できるグランド・キャニオンへ。ここの景観も、悠久な時間と、太陽、雲、雨、風、そして、川の流れが台地を削り、この大渓谷、グランド・キャニオンを造った。

そのグランド・キャニオンを見学、私は一年前に友人たちと見学していたので、二度目、家族は皆、初めて眺めた雄大で神秘的な景観に感動していた。

その後、高速道路インターステイト四十号線を降り、ウィリアムズで宿泊（8・17）、翌日、再び高速道路インターステイト四十号線に乗り、西へ。キングマンで高速道路州道九十三号線へ、アリゾナ州からネバタ州へ、フーバー・ダム、ミード湖（地図には未記

自然形成の岩盤橋（Natural Bridge）、ユタ州
自然アーチ国立公園があり、約10数ヶ所のNatural Bridge（ARCH）がある。
NATURAL BRIDGES NATIONAL MONUMENT, UTAH

入）を車の中から眺めて通過、ラスベガス（地図には未記入）へ。

フーバー・ダムは一九二九年の大恐慌の時、第三十二代、アメリカ大統領ルーズベルトがこの巨大なダム建設などの公共事業（ニュー・デール政策）に予算費用を注ぎ込み、不況を脱したと言われているところである。（別に、その後の世界大戦でアメリカは不況を脱したとの説もある。）

ラスベカスでは、市内の交差点で、赤信号でストップなので車を止めていると、初老の白人が寄ってきて、我々一家の子どもたちを見て、早く町を去るようにと身振りともども話しかけてきた。小学生と幼稚園児の子どもを持つ一家には、カジノなどの歓楽街であるラスベガスは不適切とのアドバイスと感じたので、そのままラスベガスを出た。再び高速道路インターステイト十五号線に乗り、カリフォルニア州バルストウで宿泊（8・18）、翌日にロス・アンジェルスへ。

ロス・アンジェルスでは、八月十九・二十日と二日間かけて、半日は、子供のために、ディズニーランドで遊ぶ。その後、ホテルへの帰り道で、ハリウッド高級住宅街、ビバリーヒルズ街を散策した。

一九二〇年代、イタリア・ユダヤ・ウクライナ地方からそれぞれ数百万人の人々がニューヨークへ移民してきた。その中からエンターテイメントの事業を企画したユダヤ人たちがいたが、アメリカ東部では、偏見もあり、新事業などの設立も困難であったため、アメリカ西部カリフォルニア州へ移動し、ハリウッドでエンターテイメント事業を成功さ

遠くに、ミード湖・フーバーダム
ネバダ州とアリゾナ州境

せた。今は懐かしいパラマウント映画などである。世界中の人々がそれを楽しんだ。ハリウッドはエンターテイメントの聖地となった町である。

また、遊園地ディズニーランドなど各地で各名所を見学した。そして、翌朝の八月二十一日、レンタカーはロス・アンジェルスの空港で返却した。そこで、義母が日本へ帰るのを見送り、我々家族四名は、午後一時発の、ロス・アンジェルスから飛行機を利用し、シカゴ経由でアーバナ・シャンペインに戻ってきた。八月二十三日から二十五日までの秋学期の授業登録期間に余裕を持って間に合い、取得予定の授業科目を登録し、二十八日から秋授業が始まった。

ガソリン代や食事代はひじょうに安価であった。

車の運転は私一人で行ったが、北米大陸横断旅行は二度目なので、交通違反や故障も事故もなく、体は疲れたが、各地を見学して、無事大陸を横断できた。

アメリカ合衆国の北米大陸の雄大な各地の景色の中、昔の開拓者たちが幌馬車に乗って進んでいった同じ西部への道程を、今度は一台の車で、家族ともども、日本では考えられない長期間の家族旅を、その当時の苦難を味わうことなく、容易にたどることができたが、家族にとっては、北米大陸のありのままの自然、風土、山々、渓谷、赤茶けた台地、草原、都市、町、村々の風景はひじょうに新鮮で、心に響いた様子だった。

しかし、振り返ると、あまりにも無防備な家族旅行だったかもしれないと思うようになっている。小さな子ども二人、成人男性で運転手は私一人、ほかに女性二人、何事もなく、楽しい経験をして、神秘的な風景も心に刻むことができて、車による長距離の北米大陸横断旅行を成し遂げることができたことに、今は、その土地、風景・風土の精霊たちの守護があったことに気が付き、精霊たちに感謝の気持ちが一杯である。

北米大陸の風景・風土、そして、想い

イリノイ州の中部、アーバナ・シャンペイン双子都市に存在するイリノイ大学、そのイリノイ・レジデンス・ホールの食堂で、食事をしながら、各季節ごとの大学休暇時期に、任意に集合した日本人留学生たち二〜四名と、時には、我が家族たち五名と一台の車で実施した北米大陸横断・縦断旅行。日本とは異なった大陸の風景・風土を目の前にして、深く心に訴えるものがあった。

我々が旅行で訪れた各地は、すでに名が知られた景観、または無名の素朴な大地、また、西部開拓時代を思い出させる小さな村々の町並み、その自然の広大な風景と、その中で人間が営んできた風景に感動し、我が魂を揺り動かす。それは、広大無辺なる宇宙の中で、この地球が、大地が、生きとし生きるものの存在が、神秘性をも帯びて、息づいていることを示している。

グランド・キャニオンやモニュメント・バレーの景観が示す、陽の光、風、雲の流れ、乾いた赤褐色の渓谷、一瞬一瞬の「時」の流れに見せる風景の移ろい。ありのままの自然、水が造った独特の造形、崖岩肌、不思議な造形。「人間を寄せ付けない、神聖な神が息づく大地」、ネイティブ・アメリカンたちはそう崇めた。

大いなる自然、そこには神々が存在する。これは、原始人が、古代日本の人々が、ネイティブ・アメリカンが、自然の神秘性の中に神々を感じて、その神々を崇めたことと同じ心情だったのである。

そして、旅行中の天空の透き通った青空、ワシントン州からカリフォルニア州の沿岸から眺めた海のきらきら輝き白波を伴う群青の色（日本も含め世界各地で眺められる）、その色彩に心ときめき、感動するのは、遥か遠い昔、人類の祖先が、海の生き物が、青色のなかで一生を送り、地上に這い上がった、人類の祖先、魚類たちの遺伝子を微かに維持しているのだろうか。

日本画家の今は亡き平山郁夫画伯は、ヒマラヤ山脈を望む各地方や、中央アジア大陸の中国・インド・ヒラマヤ・ガンダーラなど約百回にわたり訪れて数多くの絵画を残している。多くの人々、多様な民族、宗教・価値観を持つ人々の長い人生の旅路、シルクロードの道、絹の道、夕暮れの砂漠、月、ラクダの隊商の風景を数多く、幻想的に描いた。又、仏教伝来の道、玄奘が歩いた道を旅行し、「ナーランダの月」を描いた。そして、語る。

（「極上美の饗宴　シリーズ平山郁夫の挑戦（1）（2）」ＮＨＫ－ＢＳプレミアム、二〇一三・四・五、四・一三）

風景そのものに魂がある。人々の祈りで磨かれている。
大地には歩いた人々の魂が宿り、語りかける。
命がけで旅した人々の魂、人々の魂を吸い取った風景その魂を吸い取った風景を描いた。

なお、平山郁夫画伯は、日本の山河・風景（熊野路、浜名湖湖畔、富士山、法隆寺など、「第一巻、日本の山河」、講談社、一九九一・一一・二五）も数多く描いている。

また、平山郁夫は、シルクロードの敦煌、莫高窟、二百二十窟を訪れて、衝撃を受けている。そこの釈迦三尊像の阿弥陀仏像の衣装の色・形が法隆寺の阿弥陀仏像と同じだったことである。（「シルクロード　壁画の道をゆく」ＮＨＫ―ＢＳプレミアム、二〇一九・八・二三）

シルクロードは地図の上には存在しない道、貿易・文化・仏教伝来の道、広島での中学生時代、被爆したその「阿鼻叫喚（あびきょうかん）」の情景を心に刻んで、平山画家にとっては、シルクロードは運命の道、悠久の時の流れを、景観を、描き続けた。日本の奈良、飛鳥がその終着点、魂を鎮める絵、祈りの絵を数多く描いた。

一方、その中央アジア地域の美しい風景の影には、紀元前からの、多様な文化交流、多様な宗教を信ずる遊牧民、多民族が主権を争った地域、その時代ごとに帝国を起こし繁栄し、滅びて行った、現在の平穏な後継遊牧民が生活する地域でもあった。放牧により得られるヒツジ、ヤギ、ウマなどの肉、ミルク、毛皮を、交易により得られる穀物、果物で生活し移動する民でもあった。

なお、余談だが、二〇一六年十月に、奈良文化財研究所が、奈良市の平城宮跡で、発掘調査を行い、「破斯(はし)…」という名前を記した木簡を発掘している。ペルシャ人の役人の名と言われている。奈良時代の平城京は、国際色豊かな都で、シルクロードを通って、西アジア・中央アジア・中国・朝鮮半島（百済）から人々が訪れ、文化・仏教等を伝えていた。

北米大陸横断・縦断旅行した大地、そこは、日本の風景・風土と、どこか異なる我が未知の大地、ネイティブ・アメリカンが暮し自由に移動した大地、一七・一八世紀に新しく移住してきた白人たちが開拓し開発した大地、そして現在のアメリカは、様々な人種、宗教、伝統・文化が、音楽や食事が、複雑に混ざり合った国家の大地。苦悩・怒り・喜び・哀しみ、生と死、そして平安がまざりあった大地。

そして、訪れた各地の、荒々しくも美しい大自然の風景・風土に触れて、感動し、そこから湧き出る巨大エネルギーの精気によって、我が身も心も解放され、その自然の風景・風土の霊力と一体化し、心も清められ、我が魂を再生させてくれる。そして、全身で静かに想念し、安全に旅行し続けることができたことに、訪れた先々の風景・風土の精霊達に感謝する。

耳を澄ませば、自然の息吹、その中の生物・人々のなりわい、静澄な景観。時間が静かに流れる、ゆったりと。

実際の風景や風土を眺めて得る感動、一方、故平山画伯の描いた絵から、得る直観・洞察力から感ずる情念、視覚的な形・色彩・線から得る感動、それは、「形象の力」も改めて感じた旅であった。

天を仰ぎ、宇宙に触れる。宇宙と語り、太陽の輝きに触れる。太陽と語り、雲、風に触れる。雲、風と語り、遥か山々、渓谷に触れる。山々、渓谷と語り、森に、木々に触れる。森、木々と語り、川に触れる。川と語り、砂漠・草原・遥かな向こうに延びる道、大地に触れる。砂漠・草原・道・大地と語り、動物・虫に触れる。動物・虫と語り、その中での農村・町並み、人々の営みに触れる。農村・町並み、人々の営みと語り、我が心に触れる。我が心と語り、我が魂に触れる。我が魂と語り、そして、その一瞬の想いの中で、我が五感を研ぎ澄ませ、広大無辺なる宇宙の、太陽の輝きの、地上の自然の、森羅万象の精気を全身に吸い込み、我が魂を振り揺らし、湧き出る「ひらめき」と共に、その行方を掴まん。

第四章　大学と研究生活

アーミッシュ

アーバナ・シャンペインから車で、高速道路インターステイト五十七号線を約三十分程南下すると、アラコーラの町に到着する。（二八ページ参照）

このアラコーラの西方、八キロメートルの所にアーミッシュの村、アーサー（人口約六千人で、その七割がアーミッシュ人）がある。このアーミッシュ村に隣接して、ロコモ・ガーデンという遊園地がある。この遊園地には、開拓時代の丸太造りの家々や、花壇、築山が造られている。そこは、家族ともども、休日に半日のドライブで行ける行楽地として手ごろなために、その遊園地へ行って、はじめてアーミッシュのことを知るのである。

アーミッシュは、近代的な技術を利用しないで、自給自足の質素な生活を信条とする宗教心に富んだ共同体で、その人々は規律と団結が強い。州の観光局のパンフレットによると、ヨーロッパのスイスに誕生したプロテスタント系の一つの派が、厳格な聖書解釈と独自の生活様式のため迫害されて、ドイツに移住し、一八世紀にアメリカに渡ってきたグループといわれている。平和主義、保守主義、反現代技術文明を維持し、そのために世間と接触をさけるコミュニティを形成している。

当時も多分現在も、アーミッシュ村は、ペンシルベニア州のランカスター郡やオハイオ州、イリノイ州に点在する。男性は黒、女性は濃紺の衣装に白のエプロンが正装である。

現代の快適な生活様式から離れて、農村で、農耕と牧畜で、家族とともにある自給自足の生活で、質素だが、清潔に暮らしている。規律は厳しい。ここには約百五十軒の家や売店がある。

基本的には、文明の利器である電気は使わないのである。したがって、テレビを見ないし、ラジオを聞かない。自宅には電話がなく、夜はランプで明るさを求める。しかし、タクシー自動車を持たないかわりに、軽快な一頭立ての四輪馬車が使われる。しかし、タクシーに乗ることは許されているらしい。

動力は馬や牛を使う。電気を使わないので、油圧や空気圧を使う。

農業には約半数の人々が従事し、残りは大工になったり、家具、木工品を造り、また、野菜・フルーツ、牛乳や蜂蜜の加工品等を売る小売り業になる。外部から訪れる見学者も多く、その生産物を記念として購入してくれるので、コミュニティの重要な収入源となっている。

アーミッシュは、技術文明にたっぷりと浸かった世間から隔絶した共同体を形成している。

昔から写真をタブーとしており、特定の個人が強調されたりすることを禁じている。

破門になるのは若い人が多いが、再び教会にて悔い改めれば戻れる。

十代の終わりに教会にて洗礼を受け、共同体の一員になる。

その生活様式が観光の対象になっており、アラコーラ近くのロコモ・ガーデン見学からの帰途に、アーミッシュ村に、我々家族四人も訪れると、実際に村の人々は黒と白の衣装で歩き、または馬車で行き交っていた。また、自家製の乳製品や無公害の焼きたてのパン、ハチミツのジャム、野菜を安く販売していたので、ジャムや蜂蜜等、数点を買い入れた。休日には、各地から訪れる人々も多く、みやげ物の売り上げも大きな収入源となっている。

公立学校には行かず、コミュニティが運営するアーミッシュ・スクールに行く。学校では読み書き、算数や地理など、生活していくのに最低限必要な基礎的な知識を習う。八年で学校を終えて（中学二年に相当）働きに出る。

上級の学校には行かない。上級の学校に行くことを認めれば、若者たちは他文化を知り、テクノロジー文明化社会にどっぷりとつかり、一生この村に戻らなくなってしまうからで、その結果、アーミッシュの共同体が消滅することを恐れているのである。

将来とも、アーミッシュ共同体は生き残ってほしい。周りの環境に少しは影響されながら変化し、存続していくのではないか。

アメリカ合衆国は、独得な宗教・生活様式・教育システムを持つコミュニティの存在や、ある程度の自治制度も認めている。例えば、ネイティブ・アメリカンも、ネイティブ・アメリカン自治区で、独自の自治制度により生活している。

さて、アーミッシュ共同体、これは完全に将来へのテクノロジー科学文明への挑戦でもある。過去二世紀あまり、宗教信条に従って、その生活様式を守ってきたことは大きな潜在力となる。継続は力なのである。しかし、さらに世界的な技術革新と大変革が進む中で、大転換を決断しなければならないような事態が起こるのか、まさに人類に突きつけられた大実験でもある。そして、国家がその自治を容認していることが、日本とは大きく異なっており、日本はひじょうに均質な国家なのであった。

日本においても、現在、新興宗教が盛んである。どうも少々おかしいものから、教義がしっかりしているものまで含めると、数多くある。その中から、百年、二百年経過したのちも継続して存在し、信者もいれば、その宗教は磨かれて本物となっていく。

キリスト教にしても、イスラム教にしても、誕生した当時は、既存の宗教界や一般民衆からは異端視されていたものであった。日本の鎌倉期の新宗派仏教の発生の初期も、同じように異端視され迫害されたものである。浄土宗の法然、浄土真宗の新鸞や、法華経の日蓮も、異端派宗教として都から追放された。しかし、その後、後継者と信者たちに恵まれて継続して発展し、創始者の宗教思想を理解して、その宗教の教義に肉付けし、理論化して磨きあげしてきて、民衆に認知されて、今日にいたるまで、確固とした宗派活動の継続に結びついたのであった。

日々変わる世の中、ヨーロッパの一六～一八世紀の生活スタイルで、イリノイ州大草原の中で、信仰に従って静かに暮らす人々、古い世界を覗き見たような古い村、アーサー村に大きな興味が生ずるのであった。

しかし、よく考えてみると、日本にもよく似たところがある。比叡山延暦寺での修行僧の日常生活環境、曹洞宗永平寺での修行僧の日常生活環境などに似ているところがあるが、異なるところは、アーミッシュ村では、男女とも、子供も含んだ家族生活集団であることである。

ヘレン

ヘレンはユダヤ人女性である。正確にはユダヤ系の女性であると言ったほうがよい。
身長約百五十八センチメートル、小柄で細身のキュートで、髪はボーイッシュに刈り込み、目鼻立ちの整った可憐というか、可愛い女子学生であった。ユダヤ人はカギ鼻に特徴があるといわれるが、彼女にはその特徴は微塵もなく、アングロ・サクソン系でもない風貌をしていた。服装もきらびやかなものでなく、質素で清楚な装いだった。ブレイクといい、ヘレンといい「質素でも清潔」、これは確かに「一つの文化」である。ふりかえって、イスラム教や自然神を崇拝する日本の神道宗教などが、けがれを清めるという清浄儀式を重要視しているが、信者の服装にも、信仰の中にもある共通する文化である。太古以来、清潔や清めの儀式は、不浄を清め、目に見えない異常な出来事、暗闇の不可解なものを鎮める浄化儀式であった。

彼女と最初に出会ったのは、学生寮のダニエルズ・ホールに入居したその日であった。偶然、ホール内のラウンジ横の廊下ですれ違ったのである。言葉は交わさなかったが目と目が一瞬出会った。ただ、特徴のある女性だったので、すぐに頭に入ってしまった。

そして、その日の午後、七階の自室のベッド・メイキングをして、不足分の毛布を買いに出掛けた。ダニエルズ・ホールの前の西グリーン通りを東上して、歩いて約二十分の所にあるリンカーン・スクエア・ショッピング・コンプレックス内のKマートに、散歩がてらに出掛けたのである。

そこで、毛布と日用品を買い、帰途の途中の路上で、再びバス待ちの彼女に出会った。またしても目と目が一瞬出会った。そこで自然と挨拶の声が出た。

「ハーイ」

彼女も、

「ハーイ」と短く返答した。

彼女も大きな買い物袋を抱えているところをみると、私と同じく、この日にこのイリノイ大学の大学院生のダニエルズ・ホール寮に到着したばかりのようだとわかった。

私は、歩いて戻った。

その後、ここの生活にも慣れてくると、金曜日の夜などに、時々七三〇号室の私とブレイクの相部屋で簡単なパーティーを行うようになった。いずれもブレイクが段取っていた。七三〇号室は相部屋なので、二つのベッドがあるが、その二つのベッドを片押しすればソファーになって、比較的広くなるので選ばれたのである。パーティーといっても慎ましく、金曜日の夜に、丸テーブルと椅子を持ち込んで、十二、三人程度がソファーや椅子に座って、ビールとおつまみ程度を用意して、友人の誕生日などを祝ってわいわいと騒ぐのであった。こちらのパーティーは友達が友達を誘い合って来るために、十数人程が集まっても、その中で三〜四人は知らない人が来る。当時のパーティーの写真が数枚手元にあるが、未だに名前も思い出せない人がいる。挨拶以外に話したこともない学生たちが写っているのである。この寮の前の西グリーン通りの向こう側にあるイリノイ・レジデンス・ホールに住んでいる学部学生の男女ペア学生も、時には参加していた。

不思議なことにヘレンも、よくこのパーティーに参加していたが、私とはお互いに挨拶や二言、三言、言葉を交わす程度であった。私は、ブレイクの誘いであろうと思っていた。

彼女がユダヤ系アメリカンだと言ったのは、たしかブレイクだったと思う。彼女のしぐさが、どことなく一般のヤンキー女子学生の生活態度とは一線を画していたように感じられた。パーティーでは、彼女はもちろんアルコールを口にしない。パーティーの雰囲気を楽しんでいた。

ユダヤ人は国が消滅してから、数千年間、全世界に散らばっていった。定住民からみれば、地球上の国々を遍歴と漂泊を繰り返す異人たちであった。それでも各地に埋没することなく、団結し生存し続けられたのは、なぜであろうか。

ユダヤ教は一神教で、ヤーウェを「唯一にして絶対の神」として信仰していた。また、モーゼの十戒（かい）・旧約聖書・その注釈書タルムードが律法となっている。そして、ユダヤ人は神に選ばれた民だという選民思想を掲げていた。

さらに、メシア思想である。世の終わりにユダヤ人のなかからメシア（救世主）があらわれ、神の国が地上に実現されるというのである。(「ユダヤ教」山岡福太郎『世界大百科事典』)

このユダヤ教の「唯一にして絶対神」の教えは、その後の世界的宗教のキリスト教やイスラム教の成立にも多大な影響を与えることになった。つまり、キリスト教もイスラム教も旧約聖書のユダヤ教を基盤としていたし、発展的分派ともいえるのである。しかし、キリスト教ではイエスをメシアとみるが、ユダヤ教ではイエスをメシアとは認めていない。

「ヤーウェ神は唯一にして絶対」を信仰する、彼等ユダヤ人は、紀元前の大昔から幾度も国を滅ぼされ、その度に、移住や遍歴の暮らしを繰り返してきていた。

彼らこそ、パレスチナを原住地として、過去数千年の間、世界各地を漂泊してきた異人たちであり、太古からの人類、異人たちの遍歴、漂泊の原形であった。

その土地の言葉と彼ら独自のヘブライ語、ユダヤ語のバイリンガル、トリリンガルの言葉を話す異人たちであった。

エジプトなどの中近東から、九世紀に中央ヨーロッパへ、ドイツ、フランス、イタリア、スペイン、さらにある者はロシア、ポーランドへ、一八、一九世紀にはヨーロッパからアメリカへと、地球上のあらゆるところへ、絶えず遍歴・移住・迫害の旅を繰り返した。

しかし、ほんの千数百万人といわれる小さな一民族から、なぜ、今までに、人類のために幾多の人材を生み出してきたか、それは謎である。

一例をあげると、古くはイエス・キリストから、幾人もの名前を数多く挙げられるが、特に一九世紀頃から人材が溢れ出た。詩人ハイネ、哲学者スピノサ、革命家マルクス、物理学者アインシュタイン、音楽家メンデルスゾーン、精神科医学者フロイトなど、その他あらゆる分野で、多数の人材を輩出した。いずれの人材も当時の世の中の道理を一変し、人類の進歩に多大の寄与をしたのであった。

その理由は何だろうか。

彼らユダヤ人は、農業につかず、定住農民とはならず、情報の集まる都市に生活し、商人や職人になり、教育熱心であったからだとの説もある。しかし、それだけとは言い切れない。私はむしろ、他民族との混血や異文化の接触と吸収の効果や、逆境の中での生きざまにもあるのだと思う。

彼らは自分たちが住む国を一時的な仮の宿地とみなす一方、時にはその土地の人々と混血し、子孫を生み出してきた。世界各地のいたるところに、ユダヤ系何々人は存在する。しかし、彼等は決して、その土地や、国家に同化し埋没することはなかったし、彼らのアイデンティティである「ヤーウェ神は唯一にして絶対」のユダヤ教信仰のみは捨てなかったのである。そして、同じ信仰を掲げる同志として助け合っていたのである。

彼らの生き方こそ、人類の将来の姿、いや、今後ますます国際化される荒波の中での、日本民族のあるべき姿を、我々に示唆してくれているのかもしれない。

つまり、我々も二千年近い歴史の中で培われてきた伝統とアイデンティティを維持し決して失わないことである。我々は太古以来育んできた「自然神はかしこきものにして共在」の八百万（やおよろず）の自然神を信ずる神道的宗教観と「仏は解脱にして和と慈悲と諦念」の日本的な仏教的宗教観の精神を保持することである。その宗教観を深く心に刻んで、世の中の国際化の中に打って出るのである。

文化、経済、科学が発展した豊かな国に世界から多くの異人たちが集まってくるのは、水が高いところから低いところへ流れるように、自然の法則である。

数千年の後、もう日本国は多民族国家になっている。必ずや遠い将来は、世界の暮らしやすい土地、国々は、すべて多民族が共在する場所となるのである。その状況を受け入れたくない場合は、再び鎖国することが必然となる。しかし、これは、もう現実的でなく、ほぼ不可能といってよい。

そして、さらに歴史は繰り返すのか。人類の新しい文化創造の可能性を秘めて、二〇一一年頃から、中東（シリアなど）やアフリカ中央部（ソマリア、南スーダン、コンゴ民主共和国など）、アジア（アフガニスタン）などの紛争地から、膨大な数の難民が欧州に流入し、難民流入は続いている。その数、千五百万人を超えた（二〇一五年）、（国連難民高等弁務官事務所のデータ、「オリパラ大陸」読売新聞、二〇一六・四・一四）。約五百万年前に誕生した人類が、約一・八万年前にアフリカから欧州へ、地球各地へ、時を経て、ユダヤ人も欧州、地球各地へ、移動していった。

日本から家族を迎え入れてダニエルズ・ホールから家族アパートのあるオーチャード・ダウンに移って、一年後の春、気候は温暖で、晴天の日曜日であった。

午後、妻泰子・娘麻子・息子新と私の四人家族は、車でアーバナ・シャンペインからアラートン・パークに出かけた。アラートン・パークはアーバナ・シャンペインから南西に約四十キロメートル離れたモンテセロの郊外にある。千五百エーカーの面積を持つ超広大な山水園である。ここは、一九四六年にアラートン氏がイリノイ大学に寄贈したので寄贈者の名前が付けられていた。

そこは、車で約三十分の所で、広々とした庭園のようで、草原のようでもあり、小さな丘や小川、池があり、樹木が生い茂り、ところどころに芝生と草花が咲く空間を配置してある緑豊かな美しい所であった。大学のコンファレンス・センターがあり、外部は野外のアート・ミュージアムとしても使用されている。また、野生動物の聖地ともなっている。

そこでまた、偶然、ヘレンと出会ったのである。家族と一緒に庭園を散策している小路で、向こうから見慣れた女性が近づいてきてすれ違ったのである。

久しぶりに会った。再び目と目が一瞬出会ったが、なぜか、今度も声をかける切っ掛けを失って、挨拶もしなかった。向こうからも声をかけてこなかった。彼女は、ボーイ・フレンドと一緒であった。その彼氏は、そういえばダニエルズ・ホールに住んでいた頃、そこでよく見掛けた学生であったが、パーティーには一度も来たことがなかったし、話を交わしたこともなかった。背も高くなく、百六十五センチメートルぐらい、中肉中背の、髪の毛もそのブロンド色も薄い、メガネをかけた学者風の好青年であった。

どうもユダヤ系のように思えた。

その時、昔、ブレイクが言っていたことを思い出した。

「ユダヤ系アメリカンは、ユダヤ教を信じて、団結が強いんだ。我々アングロ・サクソン系とはめったに結婚しないよ」

樹木に囲まれた広い庭園や草原の中の池や小丘のところどころで、遠くを歩いている彼女たちを見かけたり、または、視界から消え去ったりして散策していたが、時には芝生の上に座って、人目も気にせず二人が抱き合って、語らっている場面にも遭遇した。もう周囲の人は気にならないようであった。それ程、彼らは二人の世界に没入していた。

ジョンとレスリー

イリノイ大学に来て、二年後の春に日本から妻泰子と子ども二人、麻子、新の家族を迎えて、私はダニエルズ・ホールを去り、オーチャード・プレースの大学所有の家族アパートに引っ越した。引っ越しが終わって数時間の後、ドアをトントンと叩く音がした。ドアを開けると、若いカップルが立っていた。

「ハロー・ナイス・トゥ・ミート・ユー」と手を差し伸べてきた。

ジョンとレスリーである。ここはアパートの玄関先、家族を新しい住居に迎えて、子どもたちが新しい部屋の造作の物珍しさもあって、わいわい騒いでいたところへ、隣の住人が挨拶に来たのである。

オーチャード・プレース・アパートメントの二階、住居番号一八三四Cが、我々家族が一緒に暮らす住居である。本アパートは二階建ての木造で、夫婦のみの住居（一ベッドルーム＋リビング＋ダイニング）と子ども持ちの家族住居（二ベッドルーム＋リビング＋ダイニング）とが、階段を挟んで一ユニットとなっている。アパート一棟には階段が二つあり、したがって、一、二階ともそれぞれ二ユニットで構成されている。

大学当局は結婚している学生住居用として、大学内外に数種類のタイプのアパートを所有している。家具付き二ベッドルームにリビングと台所で賃貸料が当時で一カ月あたり、

オーチャード・ヒルでのポット・ラック・ランチ・パーティー
ジョン＆レスリーと泰子＆新

百四十一ドルである。水道、電気料金込みである。また、全館暖房であるため、冬の屋内は快適である。ただし、夏の冷房用クーラーはなく、各家庭が備えなければならない。また、ガス設備はなく使用しない。料理やお湯を沸かすことや、その他すべて電気でまかなう。

ジョンとレスリーは、ともに、本イリノイ大学の大学院（教育学専攻）と、学部（コミュニケーション学）の学生であり、アーカンサス州で結婚してこの大学にやってきた。まだ新婚〝ほやほや〟であった。

ジョンは顔が四角張ったドイツ系の風貌で大柄であった。大学生の頃、ドイツに留学した経験があり、その時滞在地でドイツの人々に大変親切にされたということで、そのお礼のお返しに、アメリカに留学してきた我々を、親切に対応しようと志したのであった。アメリカの若々しい若者夫婦という感じであった。

レスリーは細身の長身で、清楚な感じのひじょうに美しい人であった。

数日後、近くのオーチャード・ヒルで歓迎のポット・ラック・ランチ・パーティーを開いてくれた。

オーチャード・ヒルは広大な芝生の広場で、名前が示す通り、その広大な広場の中に小さな丘があった。芝生の緑が美しく、ところどころに樹木が生えており、その木陰での焼肉パーティーであった。家族ははじめてなので、ひじょうに喜び、楽しいひとときを過ごした。

一八三四C号の住居は二階にあって、床が木造で絨毯（じゅうたん）を敷いても、子どもが走り回ると、その音が下の住居に響くことがわかった。下に住む住人からクレームがきたからである。入居して数週間してまもなくである。子どもは、麻子が日本でいえば小学二年生、新が幼稚園生の年頃である。おとなしくするように注意しても、なかなか守れなかった。子どもを叱ったり、我々も下の住人を気にしてナーバスになり、そのためこのオーチャード・プレースから引っ越すことにした。

ジョンとレスリーとは、たった数カ月間の短い付き合いであった。

我々が数百メートル離れたところにある、同じく大学所有のオーチャード・ダウンのアパートの二階、二〇六〇C号室に移動した。

このアパートも二階建てだが、ブロックとコンクリートで造られており、床も鉄筋コンクリート造、床の仕上げはビニール・タイルであった。絨毯を敷いて、これなら大丈夫と子どもともども飛び跳ねたが、音も響かなかったので、家族全員でほっと胸を撫でおろしたものだった。真下の一階の住人は、一人で住んでおり、欧州から来た年配の交換教授か研究者風に見えた。

その後、レスリーは時々来て、妻と付き合いがあったが、私とジョンはそれぞれの研究で忙しく、会うことも、ゆっくりと話したこともなかった。一年後、ジョンが先に修士号を取得して、就職のため、慌ただしくイリノイ大学を去っていった。アメリカでは、こういうケースはよくあることであるが、常時求人募集があり、それに応募して面接し、良い条件で採用が決定すると、〝すぐ来てくれ〟との強い要望が出ることがあるのだった。

レスリーは半年ほど遅れて大学を卒業し、卒業式の後に、我々のアパートにサヨナラの挨拶に来た。その時も、私は研究室にいて会うことができなかったが、その時の家族と写した写真が今でも手元にある。

我々家族にとっても、ほんの一瞬の付き合いであった。アルバムには、美しいオーチャード・ヒルでの歓迎パーティーの時の写真数枚と、レスリーが別れの挨拶にきた時の家族との写真数枚が収まっていたが、私にとっては、ジョンとは一八三四C号室に入居した時と、歓迎パーティーの時の二度しか会っていなかった。それも少々長く会話したのは、パーティーの二時間程だけであった。


そして、約十数年後、当のジョンから突然の手紙が、横浜の自宅に舞い込んだ。

私の住所を調べるために、イリノイ大学の同窓生名簿を大学に問い合わせたという。しかし、同窓会の事務局は私の住所を教えてくれなかったと書いてあった。個人情報のプライバシー保護が徹底しており、何等かの営利目的に利用されることを警戒したのである。

したがって、手紙が私に届くまでの手続きは次のようになった。

ジョンから同窓会事務局に、住所が記入されていない手紙同封の封筒が渡される。代わりに同窓会事務局が、その封筒に私の住所を記入して投函する。そしてその封筒・手紙が私に届いたという次第で、複雑な手続きが行われたことが、ジョンの手紙の内容からわかった。

彼は就職して数年間の後に、再び大学での研究生活にもどり、バンダービルト大学で博士号を取得して、アーカンサス州政府高等教育局に就職していた。コンピュータや電話回線、テレビなどのメディアを利用した、「遠隔地通信授業」の効果的運用方法を担当して、その未来性と成果の程度や影響度を検討していた。アーカンサス州のロックヒルに住んでおり、十代の女の子が二人とジョン、レスリーの四人家族の写真が添えてあった。

その手紙がきっかけとなって、それからクリスマス・カードを交換するようになった。

そして数年後、今度は大学生の麻子が夏休みの間、ホーム・ステイするために、アーカンサス州ロックヒルの自宅に来ないかとの提案があった。

そのために、わざわざ部屋数が五つもある、大きい家に引っ越しして、その一部屋を空けて待っていると述べてあった。

「縁は異なもの」、まったく諺のとおり、縁とは不思議なものであった。

ほんの一瞬ともいえる付き合いを、大切に心の中で培養していてくれていたのだった。

「ほんの一瞬」とは、物理的には「微小な時間」であるが、心の中の世界では「無限」であったのである。

東京物語

それは四月半ばの暖かなある日のことであった。

気候は急速に暖かくなり、草原の草木は輝き、青々と、また、緑に満ちあふれていた。ここイリノイ大学アーバナ・シャンペイン校のキャンパスでは春の急速な訪れで、学生たちは心地よいリラックスのひとときに、若さと情熱を発散させていた。その時は、また、いろいろな文化的催しの時期でもあった。

偶然にも、その年のこの時期に大学構内で「日本映画紹介シリーズ」も開催され、一週間に二回上映して、一カ月間で合計八本が上映されるスケジュールのポスターが各所の掲示板に貼られていた。毎回夕方六時から一本上映される。八本の映画は比較的古いものが多かったが、上映スケジュールを見て、我々家族四人は、小津安二郎監督の「東京物語」（原作、広津和郎、監督兼脚本、小津安二郎、脚本、野田高梧、松竹大船撮影所、一九五三年）を見にいくことにした。

私は、その映画を日本で、テレビで一度見たことがある。仕事と家庭で忙しい長男、長女を東京に訪ねた老夫婦が味わう現実の空しさと哀しみ、戦死した次男の嫁との間に通い合うしみじみとした情感を描いている。女優原節子と笠智衆が好演している。昭和二十八年の作品である。

会場は広々としたキャンパス内の、クアッドに面したある文化系学科のビル内にあり、五百人は入る緩やかな階段状の教室である。会場には約二十分前に着いた。まだ、三割程度の入りであった。日本人留学関係者も数多く見られた。席を見付けようとあちこち見渡して、中央部の通路に近く、前から十列目の席に定めて、家族四人であれこれと取り止めもないことをしゃべっていた。会場も混んでいなかったので、私はゆったりするために妻、子どもたちから一席空けて座った。しかし、上映五分程前になると、会場の席もようやく満席近くにまで埋まってきた。

しばらくして、

「そこの席空いていますか」と白人女学生が妻に話しかけてきた。

どうも私と妻との間の席が空いているかどうかと聞いているらしい。

「OK, you can seat here」、（座っていいですよ）と答えた。

その女性がアンナであった。身長約百六十五センチメートル、ブロンド髪で顔にソバカスがあり、アメリカの女優シャーリー・マクレーンを若く、素朴な感じにしたような女性だった。私と妻の間に座ったこの女性と上映前の数分間、挨拶と自己紹介など語り合った結果、この女性は本大学の大学院に在席しており、英語教育学を専攻していることなどがわかった。

「日本に興味を持っています。将来、機会があったら、英語教師として日本を訪れてみたいと思います」とアンナは言った。

上映時間になり、映画が始まった。「東京物語」は先ほども述べたように、昭和二十八年に初めて日本で上映されて、すでに三十年以上前の古いものだったが、終戦後八年経った日本の生活や風俗をよく伝えており、戦後の親子関係が、成人した子供たちの、都会の、日々の忙しさの中で、希薄になっていく情景を示していた。白黒の映写フィルムで下辺に英語の字幕が入っていた。映写フィルムも古くなったのか傷ついており、ときどき映写中の画面に斜めの白い斜線が入った。夏のシーンでは、やけにウチワをバタバタと扇ぐシーンが多くて、現在の冷房完備の日本の生活状況とは遠く掛け離れていた。

そのような画面でも映画が進行して後半になると、隣席のアンナがさかんにハンカチを目にあてはじめたのである。薄暗い会場の中で私は驚きとともに、気付づかれないようにときどき彼女を観察した。

物語では、老夫婦が東京の息子たちの家族を訪問した後、尾道に帰り、しばらくして、その年老いた母親が急死する。東京から成人した息子や娘たち、および、原節子が清楚に演じている戦死した次男の息子の嫁が、集まって葬儀を行い慌ただしく帰っていく。最後に、一人残った老いた父親、つまり舅、笠智衆と嫁が、瀬戸内海海岸近くの丘の上の農家の一部屋で、夕日を浴びながら静かに言葉を交わす。

淡々としたストーリー運びながら、そこには情感を呼び起こす情景がある。うろ覚えで正確でないが、その映画の一シーンが瞼に浮かんでくる。

「一人になると一日が長くなってのう」

「東京では、あんたは、実の子どもたちよりも、わしらによう尽くしてくれたのう」

「あんたは、まだ若い。戦死した息子やわしらに気がねや、遠慮はいらないよ」

「新しい伴侶を見付けて、新しい生活をし始めてくれよ」

「先々、幸せになってくれることを、祈っているよ」

嫁は静かに微笑む、そして何かを答えた。

（このところがあまり覚えていない。そして、次に答える。）

「私も次の汽車で東京へ帰ります」


隣の女学生アンナは、やはりたえず白いハンカチを目に当てている。

私は実際のところ本当に驚いた。西欧の文化や風俗、慣習の中で育ち、教育を受けたうら若き白人女性が、この古くて、映写フィルムに、時々、白い斜線が入る日本の映画を見て、こんなにも心に触れるなんて、想像だにもできなかった。小津安二郎監督の心にくい演出なのかも知れないが、日本女性のたおやかな美しさ、その心に西洋人の若き女性が反応した。

アメリカ人は個人主義で、自己主張が強い。また、家族構成も複雑であり、それがかえって孤独とも隣り合わせとなっており、それぞれの立場への思いやりに憧れるのだろうか。それとも自分の境遇のある部分を原節子の役にダブらせたのであろうか。それとも、人間の心の中に発生する情感というものは、環境や生い立ち、信条に関係なく、万国共通のものなのだろうか。

映画が終わり、会場が明るくなった。再び元の快活な振る舞いに戻ったアンナは、我々と今見た映画の感想などの言葉を交わした。

「映写フィルムが少し古いですが、どうでしたか」と私は聞いた。

「小津監督の作品にはいつも感銘を受けます。私の心に触れます」とアンナが答えた。

これもなにかの縁と、週末にでも私の家にお招きすることにした。

「一度週末にでも、我が家で夕食をご馳走しますよ。是非お出でください」と我々は誘った。

「喜んでお伺いします。楽しみにしています」とアンナは答えた。

そして、アンナの連絡先の電話番号を聞き、またの再会を約束して別れた。

しかし、その後しばらく、私は博士論文の研究で忙しく、一段落して彼女に電話をしたのは、春学期も終わった五月の中旬であった。しかし、残念ながら、その時は知らなかったが、一般に、学生は学期ごとにアパートの賃借契約をするという事実であった。

この大学では春学期が終わると二週間の休暇の後、六月、七月の約二カ月間の夏学期が始まる。この二週間内で、貸主は次の借主のために室内をクリーンにする。夏学期に出席しなければ、五月中旬から六月、七月、および、八月中旬と、約三カ月間にも及ぶ長い夏休みとなり、ほとんどの学生たちは全国に散らばって一時的な仕事につく。学費稼ぎや生活費稼ぎをするためである。米国一般の親達は、二十歳超えると、できるだけ、自立生活を勧めるためでもある。アメリカは広く、著名な大学も大都市にあるとは限らない。アメリカの大学には、世界各地からも集まり、自宅通学者は少ない。間接的に、それが若者の自立心・自立した行動への訓練ともなる。

「……の電話番号はキャンセルされました……」

アンナの自動電話の応答からその電話番号がすでにキャンセルされたこと、その電話の契約主は引っ越ししたことがわかった。たった数日の差であった。

自動電話が自動的に説明した後、ジージーとの音を聞いたその時、アンナとのコネクションが切れたことを実感した。

その後の夏学期や秋学期にも、彼女とはキャンパス内外で、また、アーバナやシャンペインの町でも、二度と出会うことはできなかった。質素で素朴な、ソバカスのある細身の彼女が、時にはかすかに笑い、私や妻の目を見て、穏やかに語り合った、ほんの「一瞬のひととき」、その交歓は貴重で心に残る忘れられないものであった。

アンナはあの五月で卒業して、この土地を去ってしまったのであろうか。我々の夕食の招待を楽しみにしていただろうに、すまないことをしたと私は心から悔やんだ。

今、現在彼女がこの世界のどこかで、もしかしたら日本にも訪れただろうか。たくましく活躍していることを祈らざるをえない。

そして、長い年月、三十数年が過ぎ去った。

二〇一五年十一月下旬の各新聞やテレビで、原節子が死去したとのニュースが大きく出た。九十五歳であった。「東京物語」も、ＮＨＫ―ＢＳプレミアムで再放送され、留学時のイリノイ州やイリノイ大学の状況を思い出させてくれた。

また、同じ年の十二月初旬に、中・高校生時代に、映画、多くの西部劇で見た華やかな銀幕スター、女優のモーリン・オハラの死去が報じられた。同じ九十五歳であった。米国西部開拓時代のさまざまな状況を知らせてくれた映画であった。

いずれも、私の成長期に心情的影響を受けた作品であった。

なお、二〇一二年に英国映画協会（ＢＦＩ）が、十年に一度発表している「映画監督が選ぶ史上最高の映画」、一～一〇〇位が、"Sight & Sound"誌に公表された。世界約七十カ国、約三百五十人の映画監督が選んだ映画を集計したものである。

偶然か、その第一位の作品に、正にこの「東京物語（一九五三年）」が選ばれている。このことは、約七十年後の現時点でも、世界の映画監督達の心の中に記憶に残る映画であったことを示している。また、第二位には、「２００１年宇宙の旅（監督、スタンリー・キューブリック、一九六八年）」、（クアッド項で記述）が選ばれている。（「武田鉄

矢の昭和は輝いていた【昭和の名匠・小津安二郎の世界】」ＢＳジャパン（現在のＢＳテレ東）、二〇一八・二・二）

冬と雪

年も明け、二月に近づいても、アーバナ・シャンペイン地方はまだ春は遠い。

寒波が定期的に北極からジェット気流に乗って南下してきて、カナダ中部の大平原から、ミシガン湖、シカゴを通って、冷たい風を吹き下ろす。いわゆる、ブリザード（暴風雪）と言われるものである。気温は下がり続けて、ついに摂氏マイナス三十度近くにまで下がる日が出てくる。その時は、木々も、吐く息も、何もかも凍りついてしまう。

この状態で停電にでもなれば、実際一度ならず停電になるけれど、非常事態となる。オーチャードのアパートでは安全上の配慮からガスは使用されていない。停電になると、暖房が切れてしまって、厚着をしてベッドに入って毛布にくるまって寝るのだが、眠れるどころの騒ぎではない。歯がカチカチ鳴って震えが止まらず、気が狂うほどである。この世に、いくら厚着しても、ぶるぶると寒さで眠れない夜があることを、初めて経験した。

ここアーバナ・シャンペイン地方は、十二月から翌年の三月ごろまで約四カ月間が冬の季節で、家の中にいる場合が多い。しかし、その期間の積雪量は多くはない。せいぜい二十～三十センチメートル積もる日が五～六回ある程度である。

当地の気象局の統計によれば、十二月の平均気温、摂氏マイナス一度、積雪量十センチメートル／月、一月の平均気温、摂氏マイナス四度、積雪量十三センチメートル／月、二月は、摂氏マイナス四度、三月は、四度、積雪量十センチメートル／月である。一、二月には、摂氏マイナス二十度以下の日が、それぞれ五日以上ある。

イリノイ生まれのイリノイ育ちで、この大学を卒業した男性がカリフォルニアに行き、一年中温暖なカルフォルニアで生まれ成長した女性と知り合って結婚し、このイリノイ大学にやってきた。しかし、数年で離婚、理由はこの寒さと毎年冬の季節に、四カ月間も家の中で過ごすことに耐えられなかったとの噂が流れたほどの気候である。ちなみに、カリフォルニアの気候は一年中が春秋の気候である。

ブリザードが吹き荒れる日は、摂氏マイナス三十度にもなり、住み慣れた人は中古の自家用車はまず使わない。自動車で乗りだしたら最後、しばらくして動かなくなってしまうからである。ガソリンのなかの水分が凍り、うまく発火しなくなるし、その他それに付随して色々な故障が一度に出てくる。一般住宅の車庫とは違って、我々の車はアパート前の吹きさらしのパーキング・スペースに駐車する。夜が明けると車のドアは凍り付いているし、開かない。エンジン・キーも凍り付く、バッテリーも上がってしまう。手の指を直接車のドアの取手につけると、くっついてしまって、剥がれなくなってしまうのである。

日中に路上で故障で止まってしまって、そのような状態で車の中でぼやぼやしていると、凍死してしまう。このような場合、全米にくまなく張り巡らせたネットワークを持ち、サービスも適切な、ＡＡＡ（スリーＡ・全米自動車連盟）のお世話になる。毎年会費を支払えば、だれでも会員になれる。救援依頼の電話をすると、ＡＡＡ加盟店のガソリンスタ

冬のオーチャード・ダウン（アパート2階　2060Cから）

ンドのサービスカーが、三十分以内に助けに来てくれる。バッテリーを充電したり、自宅まで引っ張っていったりと、冬の期間は、サービス員は大忙しである。

昔、暖房もない時代、ネイティブ・アメリカンは、この寒さに耐えてきたのであろう。また、イギリスからメイフラワー号に乗ってきた最初の移民たちが、その極寒の事前情報もなく、したがって防寒対策も充分でなく、アメリカの東海岸プリマウスに上陸した年の、最初の冬に、この極寒に遭遇して、多くの人が、特に老人、子どもたちが、バタバタと亡くなったとの歴史的事実も理解できる。ところで、町全体、大学施設内、各教室及び寮、家族寮などの各部屋は、大学施設全館が集中暖房による暖房設備で暖かくなっている。したがって住民や学生は下着一枚に厚いオーバーを着て行動する。建物の中に入るとオーバーを脱ぐ、もう夏の服装である。それ程建物内は廊下もトイレも十分暖房され暑いぐらいだ。私も当地の冬は寒いと聞いていたので、日本から、毛糸編みのセーターや長袖の下着、「ももひき」と称する物まで、数多く持参したが、結局四年間の滞在期間中にほとんど使わなかった。

ブリザードが吹き荒れた翌日はカラッとした晴れの天気となる。

太陽は明るく、空はどこまでも青く透き通り、周りの木々には、凍りの花でキラキラと輝き、美しい朝だった。さあっと、外に飛び出せば、まだ気温は摂氏マイナス二十度、風も冷たく耳が千切れるように痛い。

今日は大丈夫だと、自動車を出して息子の新を近くの幼稚園に送りにいった。通常は十分以内で着く。いつものように、オーチャード・ストリートの大学アパート街区から一般道路に出て「これは、しまった」と思った。

どうも車の動きがおかしいのである。まだ早朝のため道路表面がカチンカチンに凍っていたのである。スノー・タイヤまでが滑ってしまって、自動車のハンドルとブレーキが全然利かないのである。それでも、なんとか行けるのではないかと、車をゆっくり進めたが、ハンドルはぐるぐる空しく回り、ブレーキも利かなく、自動車は酔っ払いのように左右に蛇行するばかりであった。それでも速度を落として注意深く、大学アパート街区から一歩外に出てしまうと、その周辺は、あたり一面冬の田園風景であった。まだ早いのか、歩く人の姿や、動いている自動車は何一つ見かけなかった。道路は広いが、中央部が少し高くなっており、路肩には雪が少し積もっており、側溝があるのだが雪のため隠れてしまっていた。舗装はされていない。それでも注意深くのろのろと運転したが、ついにズルズルと滑って、側溝に前輪が落ちて嵌まってしまった。いろいろと努力したが、〝にっちもさっちも〟いかなくなって途方にくれた。

「だいじょうぶ?」と、息子が心配そうな顔付きで呟いた。

「だいじょうぶだよ」と答えた。

しかし、言葉とはうらはらに、こういうトラブルには慣れていないので、ひじょうに心細くなる。子どもを車の中から出して自宅まで歩いて戻ろうか、それとも〝どうしようか〟などと思案して考えたりして、十数分、運良く大きな古ぼけた清掃車がゆっくりと近づいてきた。

車が止まり、窓から大男が髭もじゃもじゃの大きな顔をだして、

「Hey! What、s happened?」と言って、車から降りてきた。

この地方では、路上で車のトラブルで止まっていると、通りかかった車がかならず止まって「手伝うことはあるか」と聞いてくれる。これも車社会の習慣、エチケットであるらしい。

「車が側溝に落ちて動けなくなってしまって」と言うと、

「こういう朝は、よくあるんだ」と言って、

馴れた手つきで車からワイヤーを取りだし、自分の清掃車の後部と私の車の前部を結び付けて、エンジンをかけ力強く引っ張り上げてくれた。その時は、

そのおんぼろの大型清掃車もすごく頼もしく見えた。引っ張り上げると、これも慣れた手つきで後片付けをして、

「Good Lack for you, today!」、その男はこう叫んで、車に乗り、「Have a nice day!」と片手を振って、去っていった。

「Thank you!」と感謝を込めて返答した。

その後は、幼稚園へ行くことを諦めて、さらに慎重にゆっくりと運転して、アパートの自宅に戻った。

その後、摂氏マイナス二十度以下にもなる日には、どんなに晴天でも自動車は運転しないことにした。

リンカーン

アブラハム・リンカーン、彼はイリノイ州とは深い関係がある。

その青年時代から第十六代アメリカ合衆国大統領になるまで、人生の大半をこのイリノイ州に住み、活躍していた。

身長六フィート四インチ（約百九十二センチメートル）、痩せぎすで、顔は角張って、頬がこけた風貌で、顔色は浅黒く、髪は硬く黒く、我々が、彼のよく知られた晩年の写真から受ける印象は、アングロサクソン系の白人とはずいぶん趣が違う。

リンカーンについては日本では、アメリカの奴隷解放宣言と首都ワシントンにあるリンカーン記念館のあの巨大なリンカーン座像でよく知られている。しかし、彼の実像と実績は、その名前ほど日本人にはあまり知られていない。

西暦一八六一年四月十二日にアメリカ南北戦争が勃発した時点では、彼はアメリカが南北に分裂することを恐れて、奴隷解放よりもむしろ連邦制の維持のほうを最重要視していたのである。

また、生前は、彼はあまり国民には人気がなかったといわれている。彼が、世界的に崇拝されるようになったのは、一八六五年四月十六日、ワシントンのフォード劇場で暗殺されてから後のことであった。

「国家の統一を守りながら、人間の平等と尊厳を目的とする奴隷解放に努めたために悲劇の犠牲者となった」と全国民の崇拝を浴びることになったのである。

現在、イリノイ州ペテスブルグ近郊のニューサレム村には、千八百年代初期にリンカーンが六年間住んだ当時の丸太小屋などの家並が復元されて記念公園となっている。スプリングフィールドには、リンカーンが住んだ住宅、小さくまとまっている二階建住宅（兼弁護士事務所）が当時の状態で保存されており、内部も一般公開されている。また、その近郊には、南北戦争時の歩兵隊・騎兵隊等に関するミュージアムと、上部に高さ約三十メートルの細長い塔、その前部に高さ約三メートルのリンカーン像があるリンカーン墓地公園など多くの記念物がある。

その場所、史跡や公園、弁護士事務所兼住居などを、休暇中などに、友人たちと、その後、家族と車で行き、歩き回ったが、そこで取得したリンカーンの生涯についてのパンフレットや説明書などを参考に、当時のアメリカの産業状況を含めて、年代別にリンカーンの一生を追ってみた。

当時、アメリカ南部での綿花と綿布は、国や国民を豊かにする、産業革命でもあった。輸出により、自国の産業も活性化し、人々も豊かになる新技術の製品であった。その時期以前は、綿花と、それを原料とする綿織物は、インドの特産品の一つであった。

一七世紀ころから、イギリスがイギリス東インド会社を設立し、インドの綿織物は、主要な輸入品であったが、その後、自国でも綿織物を生産するようになり、輸出しイギリスの産業が大きく活性化している。

一八世紀には、アメリカ大陸の南部でも綿花を栽培するようになった。広大な土地で綿花を栽培収穫する（綿花プランテーション）ためには多くの労働者が必要だった。そのため、アフリカからその労働者を強制的に（奴隷として）集めたのであった。

一八世紀後半には、アメリカ南部の綿花プランテーションでの黒人奴隷による綿花生産が増大し、イギリス他への主要な輸出品ともなり、アメリカ南部は大きく発展していた。

一方、アメリカ北部は機械や電力などによる工業製品製造産業が隆盛となっていた。

そのような経済状況の時代に、

一八〇九年二月十二日　アブラハム・リンカーン（Abraham Lincoln）はケンタッキー州の丸太小屋で生まれた。

二月十二日はリンカーンの誕生日（Lincoln's Birthday）で、イリノイ州などでは祝日となっている。祝日になっていないのは、南北戦争当時の南部十一州のうち九州（アラバマ、フロリダ、ジョージア、ルイジアナ、ミシシッピー、ノースカロライナ、サウスカロライナ、テキサス、ヴァージニア）とニューイングランドの四州と西部の四州である。

そして、インディアナ州スペンサー郡で育ったが、そこは当時は辺境の地、未開の土地であり、若いときから開拓者生活を送った。九歳で母を失うが、継母の教育・指導と独学で、読み・書き・計算の基礎知識を学んだ。

ワバッシュ川を渡ってイリノイ州に来て、イリノイ州のセイラムで、雑貨店を開く、その後、州議会議員となり、法律を勉強する。

一八四四年　結婚、イリノイ州の州都、スプリングフィールドへ移住し、そこで、弁護士業を開業する。

一八四六年　連邦下院議員選挙に当選（三十七歳）したが、二年後に落選した。十年後に復帰。

一八六〇年　選挙に勝利した共和党は、イリノイ州の連邦下院議員リンカーンを大統領に推薦、当選した。

なお、この年（万延一年）は、三月に日本の江戸城外の、〝桜田門外の変〟で、大老井伊直弼が、水戸・薩摩浪士らに暗殺された年でもある。

一八六一年　リンカーンはアメリカ合衆国の第十六代大統領（一八六一〜一八六五）となる。リンカーンは全力で連邦維持に努めると宣言した。

ここに、アメリカの伝説「丸太小屋からホワイトハウスへ」が生まれたのである。アメリカ合衆国の第十六代大統領として、ワシントンに滞在するため、イリノイ州の州都スプリングフィールドを去る。スプリングフィールドはこのアーバナ・シャンペインから車で、南下して約一時間で着く。この土地では、その時の別れの言葉が有名である。

「……今、この地を去ります。私には、困難な仕事が待ち構えています。……皆さんのお祈りとともに、わが身も心も神にゆだねつつ、皆さんお元気で、さようなら」

一八六一年　南北戦争勃発、一八六五年まで続く。リンカーンは、この戦争を国の分裂を防止し、連邦維持を第一の目的としていた。

一八六三年　一月一日　奴隷解放宣言。当時、奴隷は、三～四百万人いたと言われていた。南部の農・牧畜・牧草地産業を支え、富裕層の家政婦など各家庭を支える大きな労働力を提供していた。

同年十一月十九日のゲテスバーク国有墓地で行った、この三～五分程度の演説は、日本の英語教科書にも載るくらい有名である。

……and that government of the people, by the people, for the people, shall not perish from the earth.

「perish」とは、新聞などでよく使用される用語で「消滅する」という意味である。shall not perishとは「決して消滅させてはならない」という意味である。

……government of the people, by the people, for the people ……

は、文章が簡潔で、説得力があり、世界中で広く知られる言葉になった。

「……人民の、人民による、人民のための政府は、決して地上から消滅させてはならない。……」

なお、この「people」の単語を英和辞典で引いてみると、人々・国民・民衆……、が出てくるが、これを翻訳した日本語は「人民」とした。リンカーンが「people」の言葉を使用したのは、分離しないように南部に配慮して、北部アメリカ合衆国の国民でも、南部アメリカ連合国の国民でもない南・北双方の「people」を指しているともいわれている。日本語への翻訳者は、その点を考慮して「人民」と訳した、その翻訳の能力も大変すばらしいと感じた。

一八六四年　再選

一八六五年三月四日　大統領再選の就任演説を行った。

「……なに人にも悪意を抱かず、すべての人に愛を持って、また正義を基に、努力してこの仕事を完遂しよう。」

一八六五年　四月十六日、ワシントンのフォード劇場で暗殺される。

ここにさらにもう一つの伝説が生まれることになる。「連邦国家団結のために、また、全ての人々が、平等に生活できるように、我が身を捧げた」と。

リンカーンの演説は、それぞれの言葉がひじょうに感銘を与えるものであった。そして、その後のアメリカ人に多大な影響を与え続けたのである。

人間の生きざまは、理念を持つことにかぎる。

人間は、崇高な理念に基づいた目標を掲げて実行すれば、たとえ志（こころざし）半ばで肉体が滅んでも、その理念と目標、その人の言葉は、その人の精神を表すものとして純白化され、いつまでも生き続けるものなのだ。たとえ、その崇高な理念が借り物であっても、別の世界から影響されたものであっても、である。

振り返って日本の幕末時代、二十代の多くの若者が志士として活躍し、命を失った。彼らのすべてが、世の中の動向や、日本のあるべき姿を掴んでいたわけではない。しかし、ある者は耳学問で、または他人からの受け売りで、西欧的システムの長所、理念を学習していた。いわゆる日本の風土に当てはめた「士農工商の身分制度を廃止して、天皇を戴いた人間平等と民主的議会制の採用」である。それは、今日からみれば、貴族的な制度が部分的に存続し、不十分なシステムであったかもしれないが、一つの大きな変革であった評価は大きい。その行動は直感であったかもしれないし、その理念を外国からそのまま借りて、日本に適用したものであったのかもしれない。彼らの多くの肉体は維新革命の最中に滅んでいったが、しかし現在でも、その志士達の行動は、その行動に裏打ちされた理念、精神を表すものとして、純白にお化粧されて生き残り、いろいろな文芸作品が生み出されて、我々の心に訴え、感銘を与えているのである。

アメリカの南北戦争では、南北双方が本格的に戦い、約六十～六十二万人が死亡し、双方が大きな損傷、苦しみ・痛み・悲しみを受けたが、ほぼ同じ時代の日本の幕末、江戸幕府から明治維新への新体制への大変革では、一八六七年の大政奉還、一八六八年の鳥羽伏見の戦いで敗れた後、将軍徳川慶喜は天皇へ恭順し、江戸城無血開城したこともあり、死者は約千人程度（当時の日本幕末の総人口は約三千三百万人）であったといわれている。ただし、その後の会津・奥羽・函館での戦い、特に会津戦争では、女・子供を含め、約三千人が死んだといわれている。（死者数は諸説あり、維新時全体での死者は、数万人との説もあり）

ただし、先の世界大戦（日中戦争一九三七年～終戦一九四五年）間に、三百十万人（毎年八月十五日の全国戦没者追悼式での慰霊者数）が犠牲となり、そのうち、三割弱が民間人であった。（厚生労働省資料）

さて、崇高な理念の実現への物語は、まさにここから始まるのである。

アメリカ南北戦争を勝ち抜き、崇高な理念を持って、一八六三年にリンカーンが奴隷解放宣言を行って、黒人を解放し、その平等化を目指したにもかかわらず、リンカーンの死後、この理念に対して、大きな「ゆりもどし」が起こるのである。そして、それからのリンカーンの崇高な理念の実現への道のりは、はるかに長い期間を必要としたのであった。

南北戦争に勝利して国家の連邦制度と団結は維持することができるようになった。また、同時に憲法を修正（一八六五年、アメリカ合衆国憲法第十三条の修正を議会が承認）して、奴隷制度を廃止し、黒人には公民権と選挙権が与えられて、白人と平等の政治的権利も持つことができるようになった。しかし、時が経過するにつれて、南部諸州はこれに納得せず、州の法律などにより、白人と黒人の社会的分離政策、つまり、居住地・交通機関・学校教育などでの分離立入禁止などの社会的差別が行われるようになった。

そのアメリカ合衆国の南部諸州において、黒人差別が法的に撤廃され公民権が認められるのは、それからさらに、百年近い長い年月（一九六〇年代まで、一九六四年公民権成立等）と多くの人々の犠牲を必要としたのである。理念が崇高であればあるほど、その実現には、長いジグザクの道のりと、長い期間と、さらに多大の人命の供犠（くぎ）が必要であったのである。

一九六八年、キング牧師のワシントンでの演説は、次のような言葉で始まっている。それは、暗殺された直後、テレビ・ニュースで世界中に放映された。

I have a dream that one day on the red hills of Georgia the sons of former slaves and the sons of former slaveowners will be able to sit down together at the table of brotherhood…

私には夢がある。ある日、ジョージアのレッドヒルで、かっての奴隷の息子たちとかっての奴隷所有者の息子たちが、兄弟のように、ともに愛のテーブルの席に付くことができうることを……。

そしてふたたび問う。理念とはなんぞやと。
人間一人一人の肉体は、やはり小さく、生命も短い。数億人で構成される国家においては、どこの国家であろうと、国が掲げる「理念」という巨大な怪獣が方向を変えて、歩き始めるためには、数世代にわたっての長い期間、多くの人間たちを食くいつくさなければ満足せず同意できなかったのかもしれない
リンカーンも、キング牧師も、また、その崇高な変革への「理念」という巨大な怪獣への人身御供になったのであった。その受難を粛々と受け入れた、イエス・キリストと同じ志（こころざし）だったのである。

そして、さらに、歳月をかさねて、
二〇〇九年一月、アメリカ合衆国第四十四代大統領、アメリカ史上初のアフリカ系黒人大統領が誕生した。オバマ氏（Barack Obama・一九六一年生まれ）である。父親がケニア出身で、ハワイ州ホノルル生まれている。ハーバード大学ロースクールを卒業後、イリノイ州上院議員を経て、二〇〇四年、イリノイ州連邦上院議員になっていた。
そして、二〇〇七年二月十日に、地元選挙区であるイリノイ州の州都のスプリングフィールドにて正式なアメリカ合衆国第四十四代大統領選挙に立候補宣言を行っている。
そこは、まさしく、一八六一年にリンカーンがアメリカ合衆国第十六代大統領に立候補宣言をした場所、また、当選し、当地を去る際に、有名な演説をした場所、イリノイ州の

州都、同じこのスプリングフィールドであったのである。

なお、オバマ氏は、その後、米大統領に当選している。

そして、二〇一六年五月二十七日、オバマ米大統領（当時、以下、略）は、日本で開催された伊勢志摩サミットに出席し、その後、広島原発慰霊碑を訪問している。

当時のテレビや新聞によると、オバマ米大統領が、山口県岩国市の岩国飛行場（海上自衛隊・アメリカ海兵隊岩国基地）に到着。そこから、車で、広島平和記念公園へ、到着後、原爆死没者慰霊碑に献花し、演説する。

〝第二次世界大戦及び原子爆弾投下による犠牲者への哀悼と、世界平和を求め、核兵器の廃絶に努力する！……〟

当時、テレビを見ていて、もっとも深く心に振れたのは、オバマ米大統領車列が広島に入り、広島平和記念公園へのかなり離れた道路からも、道路両側に、広島市民が数多く集まり、静かに歓迎し、近づくに従い、数を増していったことであった。〝寛容な市民の出迎えと、共に慰霊を！〟との市民の心であった。


さて、先に述べたように、南北戦争に毅然として戦った第一の理由は、特に、国家の統一、つまり、連邦国家を死守することあり、そして、同じく、人間の平等と尊厳を確保することであった。

現在、日本では、リンカーンは、「人間の平等と尊厳、奴隷解放」で有名だが、振り

シャンペインからスプリングフィールド（イリノイ州州都）への道
（高速道路インターステイト72号線、兼・州道36号線）

返って思うに、それに増して、特に重要だったと思うのは、その「連邦国家を守る」ことであった。それは、その後の世界史上に多大な影響を与えつづけている。特に、日本にも無限の影響を与えたのであった。それは、その後の第二次世界大戦で、大きく成長したアメリカ合衆国との戦いに敗れ、それまでの日本の国家基本理念・諸制度を根底から変革する多大の影響を及ぼすことになったのである。

もし、その事実の歴史を別に仮定すると、北米大陸で米北部軍と米南部軍が戦争の途中で和睦した場合、その後の流れとして、アメリカ北部と南部は、それぞれ独立した国家となる。これは、南部が最も希望したものであったからである。その流れになると、北米大陸の西部の太平洋地域も独立を希望し、独立することになる。また、メキシコと隣接するカリフォルニア州地域も独立を目指す。カナダと接するアメリカ中央北部もその流れになる可能性もある。

つまり、現在のアメリカ合衆国は、三〜五以上の地域の独立国家で構成されたものとなるのである。その現象は南米大陸の現状に重ねることができる。南米大陸は多くの国家で構成された地域となっており、そして、その国力も分散され、まだ、世界にはそれほど大きな影響を及ぼしていない。また、現在の巨大なアフリカ大陸でも、多くの、小さい国家で構成されて、各国で、しばしば揉めあっている状況である。

もし、北米大陸のアメリカ合衆国が三〜五カ国になっていた場合、国力が分断され、大きな軍事力も強くなく、世界への影響力も大きくなかったと想像できる。その後の世界第二次世界大戦での日米開戦はなかったとも考えられる。あっても、中層国は、欧州国との連携で参加したかもしれないが、影響力は大きくなかったとも思われる。その場合、現在の日本は、神聖天皇と、その天皇を背景に、権威と巨大な権力とを持つ、軍部も存在し続けて君臨しているだろうし、華族制度（華族の血統による世襲制度（一八六九―一九四七年）、及び、華族令（一八八四年）で、国家功労者への恩賞に基づき授与される栄誉称号含め、五等爵位（公・侯・伯・子・男爵）と、一般国民からなる階級制国民で構成される日本国が維持されていると想像される。また同時に、東アジア、南アジアは、現状とは大きく異なっていたとも想像される。

そう考えると、リンカーンの「アメリカ合衆国の連邦制国家維持」の業績が、いかにその後の日本（現在の日本国）に、想像以上の巨大な影響を与えたことを心に留めるべきであろう。

リンカーンが、目指した、「国家の統一、連邦制国家維持」を、双方で約六十万人の犠牲者をもいとわず戦い守ったことが、現在に至るまで、そしてこれからも、人類史上、特に日本も含めて、いかに大きな影響をもたらしているか、リンカーンが、未来に向けて信念を持って戦ったことに（本人は、後年世界第一位の先進国家になることまでは予想はしていなかったかもしれないが）、我々は改めて感服することになる。

なお、米国は、二〇〇八年七月二十九日に、連邦下院議会において、過去の奴隷制と、アフリカ系米国人に対する人種差別政策について、不当、野蛮、非人間的などであったとし、初めて国家として謝罪決議を行っている。

そして、将来、二〇四三年～五〇年頃には、ヒスパニック系が約三〇％になり、白人は米国全人口の半数以下となると予想されている。「人種の多様化は加速し、自由と平等・民主主義、米国の理想はますます複雑になる」といわれている。（地球回覧、「キング牧師と米国の夢」、日本経済新聞二〇一三・八・四）

ちなみに、カリフォルニア州のＩＴ（人工知能）等、先進技術開発の拠点町、シリコンバレーでは、移民（メキシコ・中国・インド・フイリッピン・ベトナム・欧州他）の町となっており、世界の頭脳が集まる街でもある。

二〇一六年十一月の大統領選挙時点で、アジア系がカリフォルニア州の有権者一五％、ネバダ州、同九％、ニュージャー州、同七％を占めていた。（「二〇一六米大統領選」、日本経済新聞二〇一六・九・一四）

アメリカには、世界各国から向上心があり、自国では慣習に絞られた有能な若者たちも、夢を抱いて移民してくる。他国とは違った特殊性から、国家が若さを保ち、経済力、新技術開発、軍事力分野で、そして、その複合した新システム創造力（ソフトパワー）で、今後とも、世界に大きく影響を及ぼしていく可能性も大きい。

“The Government of the People…”の「People」は、現在では「世界各国からやってきた、多種多様な宗教を持った民族の人々」、つまり「世界の民が集まって国民となった国家、新生アメリカ合衆国への誕生」というように、未来への夢・希望の言葉になっている。まさしく、百年～数千年後の人類と国家に向けての実験都市国家になる。科学・技術・経済・文化・進化、あらゆる分野での変革をもたらすのか、過去に、一八二三年、第五代大統領ジェームズ・モンローが提唱し、実施した孤立主義（モンロー主義：南北米大陸以外に、米国は干渉しないとの外交方針）・内向きになっていくのか、衰退するのか、人類の将来が、どのように変貌していくのか、人類の繁栄か衰退か、いまだ、そのヒントは、多くない。

しかし、人類の文化文明の発展衰退の歴史を振り返ると、エジプト文明・メソポタミア文明・ギリシャ文明からの西欧文明・インダス文明・中国文明・古代インカ文明など、古代の大きな文明の栄枯盛衰の事実を知ると、アメリカ巨大文明も遠い将来は衰退に向かうのだろうか。その時は、数百年後か、数千年後なのか。地球上の新しい地域で、新しい文明が創造され発展するのか、それとも、宇宙の星で？

リンカーンは国家分裂の危機の中で、自分の非力を嘆き、その解決に身も心も神に祈ったと伝えられている。その祈りが深く真剣であればあるほど、必ず、神は応えるものなのだ。

深く、直(なお)く、心身から祈念すれば、霊応あり、それを掴もう。

カク

「バタン！　バーン！……、ババーン！」

　今夜も、ドアをくるぶしや足で、蹴ったり叩き突ける音がする。

「ああ、また、定期便が始まった」と私は一人で呟く。

　ここは、夜の十時、シビル・エンジニアリング学部の三階、私はその三階の研究室にいて、研究論文を作成するために、一人で残って、解析用コンピュータ・プログラムを開発中であった。大地震を受ける鉄筋コンクリート構造物の挙動を、時々刻々明らかにするための解析用プログラムである。約一万ステップ以上のプログラムの文を、サブ・ルーチンごとに作成して再構成し、翌日の昼にコンピュータにかけてチェックするのである。その毎日の作業が、理論式の分析、コンピュータ・プログラムの修正、計算結果のチェック、実験結果との比較考察であった。翌日の計算に間に合わせるために、毎晩遅くまで修正などの作業の時間がかかってしまうのである。

　ドアを蹴る音は、一週間に二〜三度は聞く定期的なものとなっていた。

「ババーン！」と、また大きい音がする。

　どうも、私の研究室から廊下を隔てた斜め向こうのベック准教授室のドアを叩いているらしい。もちろん、このような深夜にはベック准教授はいないし、三階のフロアも研究員はほとんどいなくて、シーンと静かである。なんでだろうと気にはしていたが、自分の研究に没頭していたために、毎日が過ぎていっていたのである。

気になりはじめて、数日後の夜、また、ドアを大きく叩き付ける音がしたので、廊下へ顔のみ出してみると、なんと隣の研究室で研究しているカクが、ベック准教授室のドアを叩いていたり、足で蹴っていたのであった。そのベック准教授の部屋の前をうろつきながら、物思いにふけって、何かをつぶやきながら時々ドアをくるぶしで叩き付けたり、足で力いっぱい蹴っていた。

翌日、私と同室のフェルナンドが教えてくれた。

「カクは半年前、Ph.D（博士号）の最終試験を受けて不合格になったんだよ」

私がこの研究室に入る前に、カクはPh.D 資格取得の最終試験を受けたのであった。

最終試験（論文発表は公開、その後の審査は非公開）は、教授や准教授（Associate Prof.）・助教授（Assistant Prof.）で構成される五名の資格審査会が審査し、全会一致を必要として、合格か否かが決まる。一人でも博士の資格なしと反対すれば不合格となる。つまり、カクの最終試験には、五人の教授たち審査員のうち、誰か最低一名が不合格にしたのである。試験結果は非公開で決めるため、誰が合格にし、誰が不合格にしたのかは五人の審査員以外は一切わからない。したがって、カクは真夜中に、その審査員の一人であるベック准教授の部屋のドアをくるぶしで叩き突けたり、足で蹴って、ウップンをはらしていたのであった。

多分、残りの四名の審査員の研究室のドアに対しても、その時期、同じ行為をしていたのかもわからない。通常は、その不合格時点で、カクはこの大学から去らなくてはいけないシステムになっていた。いろいろな特典、授業料免除、奨学金、研究費などが貰えなくなるので、研究を継続するためには、新しい研究テーマとアドバイサー教授を探す一方、授業料や生活費を自分で稼がなければならないからである。これは、ここではほとんど不可能であった。

しかし、彼が本学部に強い嘆願をしたのかどうか判らないが、とにかく、もう一度この大学に残って、Ph.D 取得をめざすことが許されたのである。

この際、今までのアドバイサー教授から研究テーマ、すべてをご破算にして最初から始めなくてはならない。研究を再開しても最低限四年はかかる。

カクはその後、昼に時々、我々の部屋に顔を出すようになった。

通常時間の日中は、普通の学生であった。皆が彼の真夜中の行動を知って、彼を敬遠するようになると、いつの間にか、遅くまで残っている新人の私に話しかけるようになった。

「How are you doing tonight, Emori!」

今晩の調子はどうかい、エモリ！

彼は、私には自分の過去の不合格のいきさつは何も言わなかったし、審査員メンバーの教授たちの悪口も言わなかった。

彼は年齢三十歳以上、身長約百七十センチメートル、痩身で、身が引き締まっており、精悍な顔が日焼けして黒みがかった韓国人であった。時々話すようになって、まじめで誠実な男性であることや、祖国を愛する強い愛国心の持ち主であることがわかった。また、米国永住権取得の準備をしていた。

ベトナム戦争中に、韓国はアメリカ軍を支援するために、韓国軍を派遣したが、その派遣軍の中尉として参加した経歴を持っていた。また、その協力を基に、米国は、参加した若き退役軍人の米国大学への留学を、奨学金制度を設置し、積極的に支援していた。その戦争中は、かの猛虎師団に属していたが、そのことをひじょうに誇りにしていた。あまり詳しくはしゃべらないが、それでも断片的な話を繋げて推測すると、そこでは我々戦後の日本人の若者には、想像もできないような死地をくぐる過酷な状況にも、何度となく遭遇したようであった。

「自分の指揮下の小隊が壊滅し八〇パーセント以上の隊員が死傷した時もあったが、よく私は生き残ったもんだ」と述べた。

しかし、その前線での過酷な惨状を彼が話し始めると、自分でその状況を思い出して、私が面前にいるにもかかわらず、気が激昂して人が変わったようになった。

今思い起こすと、彼はベトナム戦争時のショックと後遺症を、深く心に受けていたのでもあった。

彼は、研究分野もすっかり変更して、新たに自分のアドバイサー教授としてお願いしたロビンソン教授のもとで研究していた。構造力学の数値解析法に関するもので、数学のマトリックス解析の効率的演算法についてであった。当時、この分野は、コンピュータ利用が盛んになるにつれて、脚光を浴びていた。しかし、博士論文に纏めるには大変難しい分野であった。

ある日の夜遅く、いつものように彼が私の研究室に来た。二人だけが残っている三階の室で一休みして、雑談中に、たまたま、英語などの言葉の話題になった。その時、彼はハングル文字が世界で最も合理的で、科学的な文字であることを自慢した。

「ハングル文字は、一五世紀に李氏朝鮮第四代の王、世宗によって作られたもので、現在は世界中でもっとも合理的な文字として認められている」と言った。

その時は、ハングル文字のしくみを分解して、生き生きとして熱く説明してくれた。

歴史的には、一五世紀以降も依然として漢字・漢文が正統であったが、第二次世界大戦後に朝鮮が独立して後、このハングル文字が朝鮮の正統な文字として復活したのであった。

私は反論した。

「日本語は、〝絶対にして、合理的で、唯一〟の言語ではない。しかし」と答えた。

日本の神々は八百万の神であるというように、外来の神を認めて共在する。日本の言葉もそのような神々の場合と同じである。

「日本では、言葉は、風土や環境とともに共在し、その人の精神をあらわすものとして考えられ、古代には、人が話す言葉は言霊（ことだま）ともいわれている」と話した。

その言霊は、古くは、同じ音を持つ中国語の漢字で表現され、次に、漢字を用い、ひらがな、カタカナが発明された。最近は、ローマ字、さらに簡単な英語までも包み込んでいる。日本の言霊は、漢字の神や日本で生まれた神の、ひらがなの神、カタカナの神はもちろん、外来言語の神々とも共在する精神を持っているのである。

私は漢字、ひらがな、カタカナの文字、および、ローマ字や簡単な英語の多様な組み合わせを持つ日本語が将来の言語のありかたに、ワープロやOA文書化などの情報化社会に最も適していると反論した。

振り返ってみると、英語は大文字、小文字それぞれをあわせて、アルファベット五十二文字である。さらに、ギリシャ文字などを加えても、記号文字は多くない。文法も比較的規則的で、枠組みもしっかりした平易な言葉であることは確かであった。しかも、世界共通語に近い。しかし、ハングル文字はアルファベット文字よりも、さらに合理的であるらしい。この議論は、結局うやむやになった。

その後、時を経て調べてみると、現在の日本語は、歴史的に、ある時期に、大変革、言葉の大改革が行われた。明治維新時代である。

それまでは、話し言葉や、書き言葉は、各地の方言、身分（士農工商）や、男女ごと、で、異なっていた。

日本の近代化に向けて、数多くの論争や衝突を経て、日本語も新しい「口語（その後、標準語へ）」を創造し、現在に続く日本語を確立したのであった。その際、明治後、数多く作られた、童謡、「唱歌」も、多くの国民に影響し、その一翼を担ったのであろう。

西暦二〇〇〇年頃から、スマホでは、絵文字の、「泣き笑い絵」で感情を伝えたり、「OK」を「おｋ」を使用する若者も多くなりつつある。

さらに、近年では、世界的に第四次産業革命に突入していると叫ばれている。ＡＩ（人工頭脳）、ＩｏＴ・フィンテック等、人工頭脳と経済・金融・新技術と混合した言葉が、カタカナ語が氾濫し始めた。もう、翻訳日本語よりも、カタカナ日本語のほうが慣れれば使いやすい言葉となっている。

そして、将来は移民や世界中に一時的に居住し、放浪する人々が増大し、言語も、多言語を話す人々で溢れかえる。既に、ヨーロッパでは、多言語を理解し、話す住民も、珍しいことではなく、常態化している。

彼とは、研究分野のディスカッションはあまりしなかったが、夜遅く、私の研究室に来て、しきりと話したがった。そして、もうドアを叩きつけることはしなくなっていた。

性格は激しかったが、不思議なことに、戦前の日本や軍の行為の非難は私の面前では一度もしなかった。礼節からか、自重していたのであろう。自分の研究の疲れの、一瞬の心の安らぎ時に、話し相手を求めていたのかもしれなかった。

私がその後、Ph.D を取得して、このイリノイ大学を去ってから数年後、彼は無事、Ph.D を取得して南方のテネシー州へ行ったと風の便りで聞いた。

ただし、資格は保持するものの、Ph.D 証書は破り捨て、大学を去っていったそうである。

フェルナンドとバーバラ

「ハーイ、エモリ！」

研究室に入るなり、いつも挨拶して笑顔をみせて、いろいろと話題の花を咲かせるのが、バーバラであった。

手に数冊の本を抱えて現れるところを見ると、授業の合間にここに立ち寄りに来るのだと思われた。

ここは、シビル・エンジニアリング学部（現在、シビル・アンド・エンバイロメンタル・エンジニアリング学部）の我々の研究オフィスである。建物は地上四階建てで、別の名をニューマーク・シビル・エンジニアリング・ラボラトリーという。建物に入ると中央部一階床には、四階まで吹き抜ける実験スペースがあり、そのスペースの各階両側に教授の部屋や会議室、研究オフィスがある。建物の両側はそれぞれが中廊下式であるが、一部廊下が実験スペース側にあるため、二階や三、四階の廊下から、中央部の実験スペースで行われている実験を、随時、観察できるレイアウトとなっている。

我々のオフィスは、三階のＣＥ三一一一号室で、博士課程専攻の四名分の机と椅子、本棚、電話及びコンピュータ端末機が収まる程度の、こじんまりとした窓のない空間である。四人の学生は、フェルナンド（コロンビア）、タンザニオール（タイ）、モエール（アメリカ）及び私である。なお、廊下を挟んで向かい側に教授たちのオフィスがある。
バーバラは同室のフェルナンドのガールフレンドである。フェルナンドは南米コロンビアからの留学生で、博士課程専攻の学生である。

「コロンビアでは、人口の約三〇パーセントが、ヨーロッパ系住民なんだ」

と、フェルナンドは言った。

いわゆる先祖がヨーロッパから移民して来たのであった。

「コロンビア銘柄のコーヒーは知っているかい」

「アメリカ合衆国という大国が近いので、そこから工業製品が入ってきて、あまり産業は育たないんだ」

と、説明してくれた。主要な産業はコーヒーと石油であるという。

コロンビアはスペイン語が国語であるし、彼、フェルナンドの名前から想像できるように、スペイン系の人である。スペイン語ナマリで英語を早口に話すので、少々理解しにくい。バーバラは、このイリノイ大学の学部四年生であった。スペイン文化とスペイン語を専攻していたために知り合ったようである。本人の家系もスペイン系のようである。

フェルナンドは一時期、ダニエルズ・ホールに住んでいたが、この大学には南米のスペイン語圏の国からの留学生も数多くおり、寮を出て、数人で大学近くの一軒家を借りて住んでいる。日本でいうシェア・ハウスである。バーバラもその数人の中の一人である。

身長百六十五センチメートルで丸顔、最初に会った時に比べて、少し太りぎみで、典型

ニューマーク・シビル・エンジニアリング・ビル
我が家族

的なスペイン系美人ではないが、可愛い学生である。陽気で誰彼と隔てなく話しかけては笑いころげる。時には、友人の女子学生を連れてフェルナンドに会いにくるが、そちらの方が可愛い。

「アメリカに来て、モルモン教、プロテスタント教、バーハイ教など異端派宗教が多いので、びっくりしたよ」

と、本音とも冗談とも取れる言い方で話す。

フェルナンドによると、コロンビアなど南米各国のキリスト教はローマ・カトリック教で、戒律が厳しいという。インディオなどの原住民もカトリック信者に帰依する者が多く、今では、コロンビアの人口の約九〇パーセントがカトリック信者である。

カトリック教は、ローマ司教の法王（教皇）を頂点に、イエス・キリスト（神）と信者の間に神父（神職）を置き、教会と聖書により、イエス・キリストを信仰するシステムであった。そのため、カトリック教では特に教会が重要な位置を占めている。

「カトリック教では、男女の交際も戒律があり自由ではないんだ」

と、フェルナンドは笑いながら冗談のように言った。多分、私をからかっているのだろうと思った。その点、彼は外見上は敬虔なカトリック信者のようにも見えなかったし、アメリカ合衆国にきて女性との自由な交際に青春を謳歌しているようにも感じられた。

南米・北米両大陸に住む民衆の間には、それぞれ信じる宗教の違いがある。コロンビアを含む南米のラテン・アメリカは主にカトリック系であるのに対して、北米のアングロ・

アメリカはプロテスタント系である。

プロテスタント系は、イエス・キリストと自分の間に聖書のみを置いて信仰し、また、自ら労働に励むことが、すなわち神への信仰であるとも考えていた。

キリスト教プロテスタント系の中からルター派とカルヴィン派の教派が現れ、さらに細分化して、一七世紀のイギリスに清教徒派（ピューリタン）が出現した。この背景には、イングランドの市民革命による市民の自由権確立があった。

開墾して農業に励むことが神への信仰とみなすイギリス清教徒の人々が、一六二〇年に北アメリカ大陸に移住定着し、アメリカ合衆国を建国した。

そのことから建国当初から、アメリカ国民は、アングロ・サクソン系を中心とする西欧プロテスタント系が人口の主要部分を占めていた。しかし一八四〇年代、アイルランドから多くのカトリック系が移住して、宗教人口は、ほぼ、プロテスタント系一に対して、カトリック系〇・六の比率となっている。


地球上に、歴史的にみても、人類の生活文化の進化にとっても、特にヨーロッパ人にとって広大な南北アメリカ大陸が、有史以来一五、六世紀に至るまでほとんど空白の土地であったことはまさに驚きであった。

当時、メキシコを境にして北米大陸は一六世紀末において人口がほぼ五十万人（「アメリカ」飯塚浩二『世界大百科事典』編集兼発行人、下中邦彦、平凡社、一九八一）のネイティブ・アメリカンの居住地が散在する広大な空白の未開の大地であったし、南の南米大陸は相当数のインディオが住んでいたとしても、それでも広大な空白地であった。彼等は、金属の使用を知らず、家畜の飼育もなく、原始的な狩猟採集民であった。

一五、六世紀以降、その広大な空白の土地にヨーロッパの既成階級からはみ出た「あぶくから出たアク」のような人々が、アングロ・サクソン系は北米に、ラテン系は南米に移民として、あるいは征服者として移住して来たのであった。まさしくこれは人類にとっても同時進行の並列実験でもあった。

スペインは、原住民を鉱山で強制的に働かせて、産出物を本国へ持ち出した。一方、北米大陸に移住してきたアングロ・サクソン系の人々は、農民として土地を開墾し、定着した。

北米大陸へ移住してきた農民たちは、南米へ移住した人々とは違って、各個人みずから働くことが、神への信仰であると考えたプロテスタント系でピューリタンでもあった。神への信仰と、禁欲で、自ら汗を流して働くこと、そしてその結果、得られる富、恥じることもない神からの贈り物であった。そして、その富の一部を、恵まれない人々や多方面の人々幸福発展事業に寄付することも暗黙の神への誓いでもあった。

この二つの実験の進行状況とその結果の意味することは重大である。我々日本人に大きなヒントも示してくれているのである。

このプロテスタントの信仰思考が、その後のアメリカ国家の未来の近代資本主義大発展への大原動力となっていく。この大学の奨学金で研究しているアメリカ人学生たちも、いろいろな事業に少額だが寄付をしているのをよく見かける。その行為は幼き子供時代から、親の背中を、慈善活動を眺めていたからでもあった。

はるかな遠い昔の大八洲（おおやしま）の国（日本書紀）、今の日本列島は中国、朝鮮のアジア大陸の民からみれば、まさしく海を隔てた空白の大地、緑豊かな豊饒の大地であったのである。そこでは、金属の使用も、家畜も知らない原始的な狩猟採集の民、縄文人が生活していた。アジア大陸から稲を携えてこの大八洲にやって来た民は、やはり定住してみずから耕す勤勉な農民であったと思う。そこは、「豊葦原（とよあしはら）の千五百秋（ちいほあき）の瑞穂（みずほ）の地（くに）」（日本書紀）であった。つまり、「葦草がいっぱいに生えた土地で、ゆたかに稲穂が実る国」なのであった。葦草がいっぱいに生えるところは、稲がよく育つ土地でもある。

農耕の性格として、集団的生活と規律と団結は、今まで住んでいた原住民を結果的に山へ、海辺へ、北方へ、南方へ追い上げてしまったのであった。そして、年代の経過とともに、渡来農耕民は残りの大多数の原住民と共存し、同化したとも思われる。

岩田一平は『縄文人は飲んべえだった』（朝日文庫、一九九五）の中で小山修三・国立民族学博物館助教授の「縄文・弥生時代の推計人口図」（北海道と沖縄を除く日本列島）を示して、その意見を紹介し、また埴原和郎・国際日本文化研究センター教授の意見も紹介して、解説している。

縄文時代の終わりの人口は最盛期の三分の一にあたる七、八万人にまで激減した。その後、人口は持ち直し、弥生時代になると、東日本二十九万人に対して西日本三十万人と、西日本が東日本を追い抜く逆転現象が起きる。古代人口推計によると、紀元前三世紀の縄文時代の終わりから歴史時代が始まる紀元七〇〇年ころまでの千年間に、人口が五百万人も増えている。この人口爆発は自然増加だけでは追いつかない。……百万人単位の渡来人が大陸からやって来たとも考えられる。

その各地の痕跡（遺跡）は、その地域の小中高校では、触れられるが、朝鮮半島からの渡来人が多かったと考えられている。特に、任那（日本古代の倭国と関係深かった、倭国出先地域？）・百済・高句麗の時系列的な滅亡によって、そのたびごとに、数多くの避難民（渡来人）が来たとも考えられている。一方、現日本人のＤＮＡ調査では、中国・朝鮮半島系の人のＤＮＡが占める数値は大きくないとも言われている。原日本人は、どこの地域から来たのか、種々の研究も継続されている。

その時、稲を持つ彼等渡来人はこの島に来て、好んで低湿地に入り開墾していった。多分、これら移住農民たちも自然神を敬い、労働に勤勉であったのだろう。毎年秋にこの肥沃な土地で、豊饒な米を自然神の恵みとして、まず神に捧げたのであった。

この大八洲は二〜三千年の間に、縄文時代晩期の数十万人の住む空白の大地から、弥生時代の約六十万人、古墳時代の数百万人、そして現代の約一億二千万人が居住する過密な国となってしまったのである。

ちなみに、鬼頭宏は、著書『人口から読む日本の歴史』（講談社学術文庫、二〇〇〇）に日本における年代別人口数表を記しているが、それによると、西暦一一五〇年の平安末期の日本の人口、約六百八十万人、同一六〇〇年（慶長六年）の江戸幕府成立時期、約千二百三十万人、同一八七三年（明治六年）の明治初期、約三千三百万人、同一九二〇年の大正中期、約五千六百万人である。

ところで、プロテスタント教徒が辿り着いた北米大陸には、その後、西暦一九〇〇年頃から一千数百万人以上が移住してきた。南米から、南欧、東欧、ロシアから、カトリック教徒、清教徒、ユダヤ教徒として、その後、中国、日本等アジアからも、移住してきている。

過去には人類の進化と人口増加があったが、その時、地球上に広大な空白で未開の土地、南北アメリカ大陸、オーストリア大陸が用意されていたのは人類にとって幸運であった。その中の一つの大地から、以前の土地の因習に囚われない新しい文化、システムが育成されたのである。

そして、現在、国連の将来の世界人口予測（大磯小機、「世界の人口増と中国の高齢化」、日本経済新聞、二〇一一・五・一七）によると、一九五九年に約三十億人であった世界人口は、四十年後の一九九九年には、倍増して約六十億人になり、現在約七十億人である。二〇四〇年代に九十億人に達する見込みで、二〇八三年に百億人突破（九十億人で減少の見方もある）するという予測をしているが、人口増加に見合う、エネルギー、食料、水などの資源供給が対応できるのかという問題が生じてくる。いずれも、ヨーロッパ、東アジアは横ばいか減少するなかで、二〇四〇年ごろには、中国（約十四億人）・インド（約十六億人）、そして、アフリカなどで、世界人口が増加してくるとの予測をしている。

ちなみに、日本の国立社会保障・人口問題研究所「日本の将来推計人口」によると、二〇五五年に八千九百九十三万人（老齢人口四一パーセントを占める）、二一〇五年、四千四百五十九万人（老齢人口約二〇パーセント）と劇的に減少していく。そのとき、古代の日本に、約百万人の渡来人が来たとも推定される場合と同じように、今度は、二二世紀・二三〜三〇世紀にかけて、数千万単位の渡来人（外国からの移民）が日本にやってきて定住し、新しい伝説を創造していくのだろうか。

米国では、一九六五年で、全人口に占める白人の割合が、八十数％あったが、二〇一五年頃で、六十数％になってしまっている。さらに、その五十年後には白人の人口比率は過半数を下回ると予測されている。（米ピュー・リサーチ・センター、日本経済新聞、二〇一七・一・一〇）

この現象は米国だけの例外ではない。情報革新、人工知能などの技術革新進展・豊かさを求め、地球上での移動・時間・空間が小さくなるにつれ、世界各国で起こりうる。日本でも二二〜三〇世紀以降に、日本人が占める割合は過半数を割る時代がやってくる。さらに、その後の遥か未来には、日本列島内で古代から培われてきた心温まる文化や伝説、遺産、習慣、懐かしい風景も薄まれていくのかも知れない。そこは、多くの神社や寺院も減少するのか？　多くのイスラム教院やキリスト教教会、ヒンズー教院も増加し多様な文化を持つ国家となる。

さて、将来、人類の数が大きく増加しても、しかし、そのような空白の広大なスペースは、もうこの地球上にはない。

いずれ人類がさらに増加するとともに、現在の既成階級からはみ出た「アクのような人々」が増えてくると思う。それを収納するスペースは、もうこの地球上にはない。したがって、数千年の後、いずれ人類はこの地球上から宇宙の広大な未知の空間へ移動するか、もしくはできなければ既成階級と衝突し爆発して双方が自滅していかざるを得ないのである。

一方、別の現象も、人類が地球王者になり、ますます繁栄する時、地球の環境激変も発生する。地球の歴史には、過去合計五回の生物大量絶滅時代が存在している。そして、数千年後か、数億年後か、次の第六回の生物大量絶滅時には、人類も含まれるとも言われている。

まず、民の移民に先立ち、北欧の王様の支援で、大西洋を渡って、アメリカ大陸へ、また、別の方向で、アフリカ大陸を回ってアジアへ、大航海時代を迎えたように、まず、宇宙に向かって、専門家・技術者による宇宙大航海時代に突入する。


そして、その時を迎える、宇宙元年の時、初めてのアメリカ大陸への移住の時にそうであったように、大八洲への移住の時も多分そうであったと思われるように、宇宙に飛び出した最初の移住の民の数十パーセントは厳しい環境との生存競争や病魔に敗れて死んでいくのであろう。

そこでは、数世代にわたって繰り返し環境との適者生存競争が細胞レベルで行われ、生存競争に敗れた幾多の人命が失われ、新しい環境に適応できる人々のみが生き残っていくのである。そこで生き残る人間の形状と風貌は、もう我々の人間形態とは似ても似つかないものになっているかもしれない。

太古の昔、海や川の中から出られなかった魚と、その水中から飛び出して、地上に這い上がり、数世代にわたって地上の環境に適応して姿を変えて生き残り続けている鳥や動物、そして、人類のように大磯小機、……である。なお、現人類（ヒト・人）のゲノム分析結果では、進化の過程を示すのか、多くの生物の遺伝子も組み込まれているという。

いずれにしても、地球の地殻活動（プレートのぶつかり合い）により陸地が移動し、数千万年後、日本海がなくなり、日本列島は大陸に近づいて、一体化し、消滅する。また、数億年後、地表の陸地は、まとまって、北半球に一つの巨大な大陸となり、地表の水はすべて蒸発して、生命は永遠に失われていると予想されている（「未来社会」Ｎｅｗｔｏｎ、ニュートン・プレス社、一九九三・一）。

万物は流転し衰退する。まさに、人類の未来も地球上では有限なのであった。

なお、ニュートン誌によれば、五十億年後、太陽が膨脹し始め、膨脹した太陽に水星、金星、地球がのみこまれて消滅すると記されている。太陽も膨張後、光を発しなくなり、縮小して小さな死んだ星となる。

大宇宙の中の一つの星、この地球上に、高度の知能を持った人類が存在していたという事実は、宇宙に飛び出し、ある星で姿を変えて生き残る将来の生物が存在するようになれば、古（いにしえ）の伝説として、語り継がれるようになるかもしれない。

フェルナンドは、陽気にマイペースで学園生活をエンジョイしながら研究していた。どうも、このイリノイの土地は、コロンビアに較べて居心地が良いらしい。

また、南米各国の留学生はカトリック教徒という信仰宗教の軸で団結していた。いわゆる群れを作っていた。彼等の所属する国家は二次的な存在にしかすぎないのである。南米のスポーツ大会にしても、日本の国体の大会のようなものである。北海道が優勝しようが、東京都が優勝しようが、あまり関心がないのと同じ状況であった。

フェルナンドもバーバラも、また、一部のアメリカ人も、紙に文章を書く時は、ペンは左手に持つ。そして、紙上の左側から右方向に書いていく。どうも、日本流のペンを右手に持って書く習慣を見慣れているので、奇妙にみえる。

ひじょうにまめで、私の研究分野に参考となる関連論文を見つけてきては、教えてくれる。私が学位取得後、そこを早々に立ち去ったので、彼が最後まで研究を続けたのかどうかは判らなかった。

日本に帰国して数年後に、アメリカに出張した時に、ふたたびイリノイ大学の先生、シュノブリック教授とソーゼン教授を訪問した際に、昔私のいた部屋に立ち寄ったが、フェルナンドはもういなかった。ジョン・モエールはまだ研究に従事していたが、彼とは研究課題について、話し合いの時間が長く費やされて、フェルナンドの消息を聞く機会を失った。

その後は、彼と彼女の消息は伝わってこなかった。

ジョン・モエール

日本人は高校時代、または浪人時代に必死に勉強する。一方、アメリカでは大学、大学院時代に必死に勉強する。日本人は昔と違って、生活の費用や学費は親が面倒をみる。必死に勉強するのは、良い大学に入り、将来に成功を得るためである。

アメリカでは、自分の能力を向上させることによって社会的な地位の確立を目指すために、必死に勉強する。

日米の大きな違いは、能力と高い社会的な地位を獲得するまでの費用を、自分で探さなければならないかどうか、ということにある。もちろん、アメリカでは、そのステイタスを確保するまでの費用も自分で探さなければならない。

このシビル・エンジニアリング学部（現在、シビル・アンド・エンバイロメンタル・エンジニアリング学部）にも世界的に著名な教授がいる。彼の息子は別の州の名もなき大学に在学している。もちろん、その教授は、裕福であるが金銭的に援助はしていない。こづかい銭程度は渡していても、自分にお金がないからではない。そのような風習なのである。彼の息子は、才能を認められるべく、まず成績を上げることに専念する。それには最低一、二年はかかる。その成績を元に全米中の適切な大学、自分の将来の進路に合った大学、自分を採用してくれそうな大学に奨学金付きの学生の口を探すのである。そのような考えのため大学から大学院修士、博士課程と、自分の才能を買ってくれるようないろいろな大学を渡り歩くことになる。学費が途絶えれば、退学する。そして、しばらく学費を稼いで、その気があれば、再び自己能力をＰＲして大学に復帰する。その時は前と同じ大学とは限らない、以前取得した学科単位はほとんど認めてくれるからである。したがって、最初に入った大学が名もなき大学であっても、なんらかの奨学金が貰えれば全然気にしないのである。それが彼の出発点だからである。つまり、本人の意思に依存する「高い社会的地位を獲得する複線で敗者復活線もある人生向上システム」が確立されていた。

日本では、大学生が遊び過ぎるとの芳しくない評価をする日本人がいる。しかし、これも当を得ない考えである。名前は忘れたが、ある日米の論者たちが言っていた。

「日本人の平均的人生は、大学受験のために小さい時からガムシャラに勉強し、企業に就職すれば、また会社のためにガムシャラに働く一生である。せめて本人の青春時代の大学四年間を金の心配もしないで、自由に、きままに、遊ばないで、本人の一生になにが残るのですか」と。

耳に痛いが、それもそうだと私は納得した。

ところで、アメリカに来る留学生の多くは、アメリカの学生に比べて、年をとっている。自国での大学卒業後、すぐ留学してきた人は少ない。いろんな手続きや英語の試験や、費用の準備などで年月が経っているからである。

アメリカ人学生の中にも大学卒業後一度企業に勤めて、大学院に再入学してきたものも多いが、ストレートで入学してきた学生も多い。たまには、特別進級組、いわゆる飛び級組もいる。

シカゴから来たジョン・モエールもその飛び級組の一人であった。この大学では、大学フェロー（University Fellow）という。年齢約二十歳で、身長約百七十センチメートル、細身でブラウン色の髪を持っており、大学院生ストレート組に対しても一～二歳若い。顔はあどけなさを残してはいたが、しばらくして顎髭、口髭を生やして年齢差は判らなくなってしまった。しかし、やはり年齢の差というか年の功というものはある。ジョンは年長組に負けまいと研究に必死であった。

彼も私と同じ研究室で机を並べた仲であった。

ソーゼン教授のもとでよく勉強し、夜遅くまで研究していた。研究分野は、鉄筋コンクリート構造物の地震時弾塑性挙動に関する研究であった。実験研究が主なため、試験体の製作や、振動台の調整、そして実験、データ整理と作業服を着て、実験場から研究室を駆けずり回っていた。

ガール・フレンドも見掛けなかったので、勉強と研究でそれどころでなかったのかもしれなかった。

ある時、ガール・フレンドのことを尋ねたことがあった。

「ジョン、この週末はガール・フレンドと過ごすのかい」

「いいや、今は研究や実験のことで頭いっぱいだ。それどころではないんだ、エモリ！」

と、身振りで、手を広げ、肩をすぼめながら、本音とも冗談ともつかない返事をした。

そして、その外国人留学生で、研究などの社会経験と実績も少なからずある年長組が次々と博士号を取り、あるものは母国に帰らず、アメリカの各地の大学の准教授などの研究職のポストを次々に獲得し大学を去っていくと、ついに心中の思いを声に出して叫びたくなってしまう。


「They are stealing our American's Jobs, Emori! 」

（我々アメリカ人が就くべき大学の研究職のポストを盗まないでくれ！）

（私の将来のポストは開けておいてくれ！）


と、私に嘆きながら呟いたものだった。自分の研究ポストがなくなるのを本当に気にかけていた。Theyとはもちろん、我々外国人留学生である。その外国人留学生たちがアメリカで資格を得て、我々アメリカ人の望む仕事（大学准教授、教授ポスト）をもぎ取っていくというのである。アメリカはそれほど、大学の研究職ポストにはアメリカ人、外国人に関係なく能力や、需要と供給に応じて、選抜し採用するようになってしまっていたのである。

教授側は、取得した研究プロジェクトの成果を上げるためにも、研究経験があり、能力がある他大学の、研究機関の研究者や留学生を採用する例も多かった。しかし、ここには、落とし穴もある。米国の大学の開放性、教員・研究員の流動的な環境の中で、研究の自由と、得られた知的資産の保護とのバランスも課題となっている。得られた新研究成果や革新技術は、その担当した研究者たちの脳の中に保存されるからでもあるからである。

ジョンは、いろいろな慈善団体などの寄付願い書が回覧されてくると、よく少額の寄付をしていた。アメリカでは、裕福でなくても、個人の意思で寄付し、社会を支える文化が根付いていた。

その後、約二十年ある情報から、ジョンは州立のカリフォルニア大学バークレイ校の地震工学研究所の教授になっていた。彼は優秀であったからこそ、その悩みは杞憂であったのだ。

学生の生活

イリノイ大学アーバナ・シャンペイン校では、高校を卒業しこの大学に入学すると、二年間つまり二年生までは、原則として全員が、大学キャンパス内にあるレジデンス・ホール、つまり寄宿舎、寮に入ることが義務づけられている。従って、学生を収容すべきレジデンス・ホールは、全部で約三十もの建物数になる。これら建物はキャンパス内全域に散らばって配置されており、大学キャンパスの建物群の四分の一から三分の一を占めている。ここには、かって戦前の日本にもあった大規模な全寮制の学生生活が存在する。大学院の場合と正反対で、学部の大学生の九〇パーセント以上はイリノイ州出身である。そこはシカゴなどの大都会から遠く離れた、トウモロコシや小麦、大豆畑に囲まれた特異領域でもある。

ちなみに大学三年生になると、規則から解放されて、半数以上の学生がレジデンス・ホールを出て、キャンパス周辺の一軒家やアパートを借りて生活し始める。

一軒の建物を借りる場合は、学生三〜四人で借りる。間取りも、四人が共同生活できるように、部屋数が四部屋、これはいずれも鍵付きである。一階に大きなリビング・ルームとキッチンスペース、トイレ、シャワールームなどがある。

共同生活する四人の組み合わせも様々となる。男性四人の場合、女性四人、男女二人ずつの大学生、または、男性二人は大学院生で女性二人は大学生の場合など、さらにそれに人種の組み合わせが追加され、さまざまなパターンができ上がる。食事は交替で作ったり、各自が作ったりとこれも様々である。

春学期（一月～五月）、夏学期（六月～八月）、秋学期（九月～十二月）単位で建物を借りる形式をとっており、家賃は均等に負担している。家賃契約は学期ごとの契約となる。長期間継続することもありうるが、夏学期は普通いわゆる長期間の夏休みのため、賃貸借を解消する。つまり、三～五カ月で一度賃借する学生四人のグループのメンバーが解散することになる。新学期になると、彼等は再び、新しいグループ・メンバーを見付け出して、共同生活を始めるのである。まるでアメーバーのように、一人一人があっちへ行ったり、こっちへ来たりとグループの中の出入りが激しい。

グループ・メンバーが二名、または三名しか集まらない場合は、大学の学生用掲示板に賃貸費などの条件や女子または男子学生何名、男女不問などと募集する。この様に各新学期になると、一緒に共同生活するための募集記事で学生用掲示板は一杯となる。現在はEメールや学内インターネットなどで募集しているだろうが、当時は口コミと学生用掲示板が多用されていた。

中間、期末試験が終わると数日間は、学生たちも、〝ごたぶんにもれず〟毎晩飲み会となる。キャンパス周辺には、ビア・ホールが数軒あるがたいしたものはない。ツマミもポテトチップ、ピーナツやチーズ、ソーセージ等で種類も少ない。お酒を飲む場合も、西部劇映画の中のカウンターのシーンで出てくるように、一杯ごとに先にお金を支払うのである。生ビールは樽からジョッキを少し大きくしたピッチャーで受け取って、各自のコップに分配する。ここには日本式バーもスナック・バーもない。したがって費用も実質的なものでひじょうに安い。また、いわゆる日本型喫茶店もない。当時で一杯三百円、一ドル以上もする香りのよいコーヒーを手にして、音楽を聞きながら静かに本を読むような店はない。

夏休みになると、大学の学生用掲示板が再びにぎやかとなる。当時はスマホもなかった。学生たちは故郷へ、あるいは数カ月の間、より良い賃金のアルバイト労働につくために、アメリカ全国に散らばって行く。とにかく学生は勉強もするが、よく働く。学生でも二十歳を超えると、できるだけ親の支援をあてにしない、自活の努力をしている。親の方も金銭的支援をしなくなる。

毛沢東時代の中華人民民主主義共和国では、スローガンをあげて強制しようとした「労学共同生活方式」が、もっとも資本主義の発達したアメリカで、自然にシステム化されているという皮肉な結果となっている。「労働して学び、学んで労働する生活」、これが毛沢東共産主義のもっとも理想とした人民の姿であった。

夏休みには全国へ、アメリカ中西部のイリノイ大学から西部のカリフォルニアへ、東部のペンシルバニアへ、南部のフロリダへと出かけるのである。車で出かける場合、発生費用を押さえるため同乗者の募集のビラが学生掲示板に貼り出されて一杯になる。そこでは三日から一週間程度の片道切符のグループができ上がる。目的地に着けばそこで解散する一時的なグループである。ここにもいろんな組み合わせができ上がる。

研究室で同室のタイ人のタンサニオールが、無事シビル・エンジニアリングの博士号を取得して、夏休みの七月に自国タイに帰ることになった。彼の計画では、車で北米大陸を横断し、カリフォルニア州のサンフランシスコに行き、数日間滞在し、その後そこで車などを売却して、飛行機でタイに戻るスケジュールである。彼も早速学生用掲示板にビラを貼った。

「当方タイ人学生（男子、二十八歳）、タイ国へ帰国するために、イリノイ大学から、北米大陸を横断し、サンフランシスコまで、車で行きたし、同乗者求む、年齢、性別不問、費用削減のため途中はテント宿泊を計画中」とのビラを張り出して、自分の名前と連絡先の電話番号を記入しておいた。

あけてびっくり、しばらくして一人申し込んで来た。なんと、その申し込み者はうら若きアメリカ人女子学生だったのである。カリファルニアの両親の家に帰りたいらしいがお金を節約したいらしい。何度確認してもＯＫの返事なので、即席ででき上がった、二人の片道切符の旅行を決行することになった。中西部のイリノイから大陸を横断して、サンフランシスコまで車で行くのに最低一週間はかかる。シャンペイン市から高速道路インターステイト七十四号線を走って、アイオワ州で八十号線に乗り換えてネブラスカ、ワイオミング、ユタ、ネバタ各州を横断して、そのままカリフォルニア州に入って、サンフランシスコに着く。彼は食料を買い、テントを調達して出発していった。高速道路沿いにはある一定間隔で、また、景色の良いところに、キャンピング・スペースは完備されていた。我々に去る日もいわず静かに去っていった。

楽しい旅行になったのか、緊張した旅行だったのか、あるいは、また、平凡な旅行だったのか、その旅行の結末は聞こえてこなかった。

未来のアメリカン・ライフ・スタイル

一八世紀の北アメリカ大陸西部の開拓者時代、広大な自然を背景にして、無秩序な草原の中で、白人定住とネイティブ・アメリカンとの闘争のはざまで、ガンマンは放浪する。ジョン・ウェインの西部劇映画「捜索者」（ジョン・フォード監督、フランク・S・ヌージェント脚本、一九五六年）の終章で、彼が馬に乗り、一時的な定住の町から、夕暮れの荒野へ向けて去って行くシーンがある。静かなバック・ミュージックが流れて、主人公が、安住の土地を求めて、北米大陸をさすらう姿を暗示する詩が詠まれてスクリーンに「THE・END」の文字が出る。

その情感は人間が人種や肌の色に関係なく共通に抱くノスタルジア（郷愁）であった。それは、はるか遠い昔、太古の人々が毎日の糧を、魂・心を、愛を、求めて、世界各地を移動と放浪を繰り返した時の心の情感へのノスタルジアでもあった。

科学文明がいかに発展しようと、遠い祖先の人類の創世記に味わったこの情感は、知らず知らずして、この二一世紀の我々の血の中に連綿として伝え続けられているのであった。我々が放浪と漂泊を繰り返す「柴又、フーテンの寅さん」にひかれるのも、やはり心の片隅で遺伝子のようになっている遠い昔の郷愁に感応しているからであった。ただし、寅さんには帰れる温かいところ、柴又があったが……。

そして現在、科学技術の発達したアメリカ合衆国、そこは自由の国、多民族の国、個人を尊重する国であった。人々は、いろんな言語をしゃべり、様々の宗教を信じ、考え方も多様で、肌の色もさまざまである。そこに住む人々の性格とその生活は、太陽の光がさんさんと降り注ぐ草原の輝きのように明るい。

しかし、また、貧乏と富の国、個人が自由に銃を持てる国、犯罪と殺人多発の国、知恵のある者がのしあがる国、そして矛盾と混沌（カオス）の国でもある。そのカオスからは、たえず、「新しい何ものか」が、生まれ出る。

未来の革新的なアメリカン・ライフ・スタイルもその一つであろう。ここに、二一～二五世紀にまたがるひとつのライフ・スタイルがある。当時のアメリカのある生命保険会社グループのケース・スタデー結果を参考に、最近の知見を加えて私なりに再構築したものである。これはもうすぐ、一般のアメリカ人、未来の人類のライフ・スタイルとなる。

あるアメリカ人建築家の一生

ジョン・スミス、男性、生存期間、西暦二〇七〇年～二一六〇年

誕生地、イリノイ州シカゴ、誕生当時の母親（二十七歳）はシングル

一歳～八歳　初等教育及び小学校教育を受ける。

八歳　十五名の生徒とともに、二年間の長期海外研修旅行に出かける。ヨーロッパ・アフリカ・中近東・アジアの世界各国を回り、各地で、それぞれの土地の言語と歴史、文化を学ぶ。

十歳　アメリカ合衆国に戻り、通常の生活を行い、正規の教育を受ける。

十五歳　労働と勉学のローテンション・プログラムに参加する。建築学、社会学及びコミュニケーション学の三分野で、見習いとして働き、かつ学ぶ。

十八歳　母親から離れて、大学寮に入り、文学、哲学、及び一般科学について、正規の教育を受ける。また、建築学について専門教育を受ける。

十九歳　中近東を拠点に三年間にわたる世界各国の比較建築学の現地調査研究を始める。

二十二歳　アメリカ合衆国に戻り、ドラフトマンとして働く。若い同性の三名の専門家達と、都市郊外において二年間の共同生活を始める。

二十四歳　これまでの共同生活を解消して、別の三名の若い友人とともに、一軒のアパートを借り、共同生活を始める。男性二人、女性二人の構成である。四名の収入は、各個人の財産であるが、その一部が共通の生活費となる。

二十七歳　四名のグループ共同生活を解消し、アパートを出る。ヨーロッパに行き、そして、別の一人の女性と結婚する。その女性も離婚歴があり、六歳の一人息子がいる。

三十歳　アメリカに戻り、スミスは建築家ライセンス試験を受けて合格し、免許状を取得する。

三十五歳　仕事を休止し、二年間の休暇を取る。妻と十四歳になった息子をつれて、南太平洋の小島に移り住む。そこで、三人共同して各々の趣味である絵画、彫刻、スケッチなどの芸術活動をする。

三十七歳　アメリカへ戻り、妻と離婚し、一人の生活を始める。

四十二歳　四十代のキャリア・ウーマン二人と一軒の家を借り、ふたたび共同生活を始める。しかし、三人の関係は拘束的なものではない。

四十八歳　三人の共同生活と仕事をやめ、一人の生活に戻る。アメリカからアジアの発展途上国に行き、その国の学生にコミュニケーション学を教える。

五十二歳　アメリカに戻り、パート・タイム・ジョブにつく。また、自分の専門分野をリフレッシュするために、学校へ行き、パート・タイム教育を受ける。

五十六歳　二年間の休暇を取り、以前の妻と孫の一人と一緒に世界旅行に出かける。十六歳の孫は、途中でロンドンに住む妻の両親の家庭にとどまる。本人達は、途中に中東で古代建築の調査に従事する。

五十八歳　アメリカに戻って、一人生活と仕事と学校に戻る。趣味として、写真を始める。また、その職業教育を受ける。

六十二歳　近くのコミュニティ大学で講師となって、学生に教える。受講学生の年齢は十二歳から八十七歳にまたがっている。テーマは、比較建築学である。
六十九歳〜　アフリカに行き、地域建築学の著作に取り掛かる。途中、各国へも巡る。
九十歳　アフリカ当地に戻り、肺炎により死亡

この男性はめまぐるしく遍歴する。大半は自分の本能に正直に生き、世界各地と母国（故郷）を移動遍歴し、生活する。

振り返ってみると、それは、はるかかなたの太古の時代、その日の糧を求めて、人間が世界各地を移動遍歴していた時代、定住がまだ一般化していなかった時代、人間の一生の長短の違いはあっても、まさに、同じような活動と生活を行っていたのであった。もちろん、科学の進歩の差による、文化と生活の水準の差があるし、行動範囲の広狭の差はあったであろう。しかし、未来のライフ・スタイルは、太古の人間の行動様式に戻ってしまうのである。そこには、近代的な道徳律はない。人間の本能が、より重く考慮される時代となる。約百年、二百年後の二二、二三世紀にもなると、地球環境の変化もあり、また、革新的な新技術開発とその応用、ＩｏＴ新システム、新運搬システム開発と移動時間時間が短くなり、移動コストも安く、ますます地球は小さな空間となる。

そこでは、アメリカ合衆国は、最先端新技術開発・経済・軍事など、世界をリードする突出した大国では、なくなっているかもしれない。このことは、過去の百年前、五百年前、千年前の世界を振り返ると明らかなことであった。

宇宙・地球・その地底・深海の底を含めて、日本国内はもちろん、世界各地に、自分の本能に従って、遍歴と漂泊を、又は、自由に、風・水の流れに、身を任す、浮き草のように、一時的な定住を、繰り返す異人たちで満ち溢れることとなる。そこでは、各地に、大小の出来事が、異民族間の結婚や出産、離婚などが、大小のアワとなって発生しては消失せる、無限のカオス（混沌）の中に浮沈し、やがて、そのいくつかは伝説となって、はるか将来の後世に伝えられることになるかもしれない（関連した記述、第二章ネイティブ・アメリカン、及び、第四章フェルナンドとバーバラ）。

そして、日本では、二〇一七年九月十一日、首相官邸で、安倍首相も出席して、「人生百年時代構想会議」が発足した。現在十歳の日本人のうちの半分は百七歳まで生きるとの資料を提出した（二〇一七・九・一七：日本経済新聞）。その会議のメンバーであるリンダ・グラットンさん（英ロンドン・ビジネススクール教授）は語る。「これまでの人生は学習、仕事、引退の三つの段階しかなかった。これからは、学習、仕事、休養を柔軟に切り替える人生を送るべきだ」と。

ＩＴ、ＡＩ、生命科学、などの技術革新により、通信・移動速度も速くなり、地球が小さくなり、人類は世界中に容易に移動できるようになる。人類という生物も、その人生の生き方も画一ではなく、無限の多様性を持ち、それぞれの人生を送るようになる。その中から、さらに進化した多様性のある思考、知性を持つ人工体、知能体をも持つ新しい人類も生まれてくるようになる。

一方、その「カオス（混沌）」が時には、激しく、時にはさらに極限に、爆発的に、目覚ましく変転し、渦巻く炎の中で、ある一瞬の時に、別の新世界が誕生する。それは、多様な才能を持つ新人類の誕生と、それに適応した多様な知能を持つ人・工学システムを内蔵した異次元の新世界への突入なのかもしれない。

なお、カオス（khaos）の語源は、ギリシャ神話での、「宇宙ができる前の混沌とした状態」を指す。（久松潜一・林大・阪倉篤義、『国語辞典』、改訂増補版、講談社、一九七二・九）

日本では、歴史上、我が道を求めて、あるいは、生きるために、多くの漂泊者が、現れている。仏の道を求めて、行脚した一遍上人、詩人では西行、俳人、芭蕉（漂泊ではないが、晩年の北への旅。終焉地は大坂）など、遊行僧など。そして、旅ガラス、流れ者……。

野垂れ死にも、我が人生と、覚悟をして、日本各地へ、漂泊の生活を続けていった。

魂の揺らぐところ、それはさすらい。そして、森羅万象の理（ことわり）を知る。

シュノブリック教授

シュノブリック（William C. Schnobrich）教授、イリノイ大学のシビル・エンジニアリング学部の構造力学分野のオーソリティーである。ドームなどのシェル構造、地震工学及び構造物のコンピュータ利用による数値解析法の分野で世界各国から来た多くの留学生を指導し、彼のもとでPh.D（博士）を取得した学生は多い。

彼は一九六二年に博士号を本イリノイ大学から取得した。その間、研究助手と准研究員を務めた。一九六八年教授になった。通常は、ビル（Bill）と呼びあう。彼の妻サリー（Sally）と二人の共稼ぎである。パーティーなどでは、サリーさんは積極的で活動家で、シュノブリック教授にいろいろと指示しているのをみると、教授は奥さんには頭が上がらないように思えた。

彼は私の指導教授であり、学位論文の主任教授でもある。名前から判断できるがドイツ系アメリカ人である。身長一八〇センチメートルの大柄な体格の持主である。髪は金髪のナチュラル・カールで、あまり服装には拘らない。趣味はレーシング・カーである。隣州のインディアナ州のインディアナポリスのカーレースの競技の見学によく出かけていた。やはりドイツ系小型自動車を愛用していた。

彼は学生には甘い。日本でいう物わかりのよい教授の風采である。私のやることにアド

振動台実験のため試験体設定状況

バイスして、身振り手振りで大げさに研究のポイントやヒントをアドバイスしてくれるが反対はしない。

シュノブリック教授は、ソーゼン教授とともに全米科学財団（NSF）から研究費を受けて、共同研究プロジェクト「地震動が鉄筋コンクリート造建物に及ぼす影響研究」を行っていた。建物の構造種類は、ブロックによる組石造から純フレーム造、純フレーム造と壁造と組み合わせた構造物、など数種類にわたっていた。本研究では、シュノブリック教授は主として、新しい解析法を開発して構造物に適用し、その挙動を解明することを担当し、ソーゼン教授は振動台による実験からの挙動の解明を行って、ともにその結果を付き合わせて新知見を明らかにしていた。両教授の元で担当している学生も常時六、七人はいた。その中には過去に日本人の優秀な研究者たちも、参加しており、それを引き継いで私も参加したのである。

当時も現在も、この分野は、日本でも盛んに研究活動が行われており、日本の研究者の数も多く、学問の水準も高い。しかし何と言っても日本の短所は、ある意味では長所ともなるのだが、同質文化と集団主義で、研究の方向が、全員一定の方向に向いてしまう傾向がある。また基礎研究よりも、応用研究に走りがちであった。ということで、異文化を持つ研究者と一緒に研究することは、異文化や科学技術の交流が盛んとなり、混沌（カオス）を発生させ、発想が豊富になり新しい知見を生む可能性が大きく、大変に有益なことなのである。

近代のフランスの画家たちが一時期異文化の日本の浮世絵に魅了されて、模写したときの絵や参考にして描いた絵が数多く残っているが、これなども、その良い例で異文化の絵を模写することにより、なんとか西欧文化からは得られない何か新しい画風を会得しようとした試みなのであった。

このことは、芸術に限らず、研究、技術、社会制度、政治体制、経済、ひいては人種間の混血に至るまで、すべての分野にあてはまる。新しい進化は混沌（カオス）の中から発生するのである。

私の担当分野は、骨組（フレーム）と耐震壁を持つ建物が強い地震を受けた時にどのような動きをするのか、また、フレームと壁は連動して、どのようにしてこの地震に抵抗しようとするのか、地震の強さをどんどん大きくしていった場合、その建物は柱、梁、壁のどのところから壊れ始めるのかを解析的に明らかにしようとする研究である。

この挙動を解析するためには、建物を構成する要素、つまり鉄筋とコンクリートにまで立ち戻る必要がある。鉄筋やコンクリートが大きな力を受けた時にどの様に変形するのかを最初に実験研究して、挙動の法則を見付けることになる。次に鉄筋とコンクリートで造られる柱や梁、壁についても同じ手順で法則を見付ける。そしてさらに柱や梁、壁で構成される建物全体の挙動の解明へと進んでいく。

この解析を行うには、大型電子計算機の使用が不可欠となる。力と変形の関係をマトリックスで表し、鉄筋、コンクリートから、柱、梁、壁、および建屋全体に至るまで、それぞれの数学マトリックスを作成して、最後に全体を合成して解析大系が完成する。

解析大系が完成すれば、具体的な地震波を入力して、コンピュータで解析しその値が正しいか、実験結果ともすりあわせて検討する。これが大変で、まずコンピュータが答えを出力しない。してもでたらめな値を出してくる。ここから孤軍奮闘が始まる。どこか理論上の間違いがないかどうか、数式のチェックと膨大なコンピュータ・プログラムを、一行一字ごとにチェックすることになる。その実験担当は、ソーゼン教授が指導の元で、同じく、博士課程の学生、アブラムスであった。実験結果と私が担当の解析結果の摺り合わせなどの議論も行っていた。後に、私と同じ頃にPh.Dを取得し、別の研究機関に就職したが、六年後に本学のシビル・エンジニアリング学部の准教授となって戻ってきた。

さて、私については、シュノブリック教授と相談し、私の研究実施計画と内容がほぼ確定した時節に、手紙が届いた。

一九七七年六月二十七日に本学の大学院大学の長（Dean）から、博士課程候補学生の私に手紙が届いた。

それは、私が数年後に提出予定の博士論文（強地震動を受ける鉄筋コンクリート造フレーム・壁構造物の挙動解析）の目標・実施計画内容（MEMORANDUM）を事前審査する委員会（Preliminary Examination Committee）の構成委員、五人の名前の通知と博士論文を作成する前に、研究実施予定のタイトル・研究内容等を審査する事前審査試験の実施日の通知であった。

私の研究指導教授のシュノブリック教授と研究プロジェクト推進主管のソーゼン教授と関連分野の教授・准教授の三名を含めて五名であった。選定は、シュノブリック教授が、私と打ち合わせし、受講した研究関連分野の大学院授業の成績が「Ａ」ランクの中から選定された。

最後に、「本審査委員会は一九八二年一月に解散する」との事前通知もあった。

一九七七年九月一日、私の博士候補の研究実施計画書の事前審査（Preliminary Examination for Ph.D. Candidate）の周知が、私の博士候補の研究実施計画書の事前審査・指導教授から、審査委員会の前記四名の教授・准教授に提出された。

同年九月十三日　私の博士候補の研究実施計画書の事前審査が実施された。

そこで、研究の内容説明を行った。

各審査委員から質疑があり、途中、指導教授のシュノブリック先生から、本研究プロジェクト実施計画と、今までに実施した解析結果のデータや、アメリカ国立科学財団（ＮＳＦ）から研究資金（Research Grant ENV 74-22962）を受けていること、今までの前任者の継続研究であることとの説明もしていただいた。

そして、同日付けで、合格（パス）した。

シュノブリック先生は、私が作成した研究実施中のタイトル・研究内容等、数年後の研究成果の学位論文、そして、米国内外の発表論文（先生と連名）の文章と内容等も、一ページごとにチェックしてくれた。

なお、この解析法は、現在では、構造技術者に広く使用されているし、より高性能の解析用ソフト・プログラムも市販されている。当時は大型計算機を使用していたが、現在は、大容量を必要とする計算でもパソコンで解くことができるようになってしまった。研究の進歩は本当に早い。

定年退官後、アジアの国際会議にもよく来られ、日本にも数回来訪し会食もしている。「ワシントン州ベリングハムで、技術コンサルティング業や、著作に従事しているよ。また、時には、大小の飛行機を飛ばす趣味で暮らしているよ」と話していた。

「今どんな仕事をしているのかい。研究は続けていますか。エモリ？」

「今、地方の大学で学生に教えています。また、研究も行っています。」

我々は、昔の指導教授と学生に戻っていた。

ニューマーク教授

ある日、シビル・エンジニアリング学部（現在、シビル・アンド・エンバイロメンタル・エンジニアリング学部）の建物に入ろうとすると、入口で初老の教授に出会った。風貌は、まだどことなく若さが残っており、学者風であった。

「ハロー、プロフェッサー」と挨拶した。

「ハロー」と返答してきた。

その人がニューマーク教授であった。学術論文で、また、写真などで名前と風貌はよく知っていたが、その時に初めて出会った。もう六十半ばを越しているので、授業は持っていなかった。私の方は教授を知っているが、向こうは私の名前を知らない。こういう場合は、気楽に「ハロー、プロフェッサー」と言って挨拶するのがいちばんよい。


ニューマーク（Nathan M. Newmark）教授は、一九一〇年九月二十二日にニュージャージ州プレインフィールドで生まれた。

一九三〇年、ニュージャージー州の田舎の名もないルトガース（Rutgers）大学で学士号を得て、本イリノイ大学大学院に入学した。

一九三四年に、シビル・エンジニアリング学部の博士号を本イリノイ大学から授与されている。一九四三年に教授、五六年に本学部のヘッドになった。一九八一年一月に逝去された。

その間、世界各国から数多くの賞を得ている。一九六八年にはリンドン・ジョンソン大統領から科学者にとってはひじょうな名誉である国家科学賞（National Medal of Science）を授与されている。その分野では、当時全米でトップの三人の中に入る著名学者であった。専門分野は構造力学、構造物の動的解析、鉄筋コンクリート構造、鉄骨構造等である。

私が当学部に博士課程の学生として、またリサーチ・アシスタントとして在席していた時は教授で、その後名誉教授として活動していた。

今でこそ、日本の超高層建築の耐震技術は世界最先端の位置にあるが、当時私が留学していた時代は、日本は超高層時代の幕開け時代で、外国から構造解析技術や設計法、施工法の分野で、多くの技術を導入しつつあった。

その解析新技術分野で、博士の名は日本でもよく知られており、大学、研究機関や民間会社でも利用しているのは、ニューマーク・ベーター法で知られた、地震を受ける建物の時刻歴地震応答解析法である。

超高層建物や原子力発電所など重要建築物を建てる場合、日本では地震に対して安全かどうかがひじょうに重要な検討項目となる。

そのため、実際に建物を実状に合わせてモデル化し、ある特定の地震の波を入力して、地震時の建物の挙動を、時々刻々、計算して、最大応力や変形などを得て、それに対して、十分耐えられるように設計されている。

当時、過去に起きた地震の波の記録は、一分から三分間以上取れているが、その中でも大体四十秒以内の波の記録が重要である。ほとんど、その中に、発生した大きな地震の波の大きさと性状が含まれてしまっているからである。

解析するには、その波を、〇・〇一～〇・〇〇一秒刻みのステップに分解してデジタル化して、建物に作用させるのである。もちろん、手では解けないのでコンピュータで解く。入力する地震波の継続時間が、地震発生から三十秒間であれば、三千～三万回解析することになる。

だが、その時に厄介な問題が発生する。建物が持つ固有な振動特性が、ある範囲にある場合、各ステップごとに、解析しても解析法の誤差が蓄積され、その解が発散してしまって、答が出ないのである。つまり、その結果、建物の動的挙動が解明できない現象が起きるのである。

このコンピュータによる解の発散問題を解決したのが、先ほどのニューマーク・ベーター法なのであった。このニューマーク・ベーター（β）法は、数学的理論の基から、解を求める方法で、収束計算が必要でなく、また、コンピュータ演算時間も短く、コストが安くできるというこの上ない長所を持っていた。ニューマーク教授はコンピュータのハード技術が大発展する以前にこの問題を解決していた。

彼のその論文を読むと、ひじょうに基礎的な数学式で、論理的に論じられており、判りやすく、数学者でなくても判るように段階を追って論じている。正に研究とは、学問とはこういうものであろうと感銘した次第であった。

これは、ニューマーク博士の業績のほんの一部で、このような業績を数多くあげている。超高層建物の建設黎明期だった日本では、建物の初期の地震時振動解析法が解の発散問題に直面し、研究者や建設各社の技術者が、試行錯誤を繰り返して独自の解析手法を採用していた。

このニューマーク・ベーター法は、収束計算をせずに解を得られるため、大きな効果を発揮していた。

現在、メキシコ市の中央部に一九五四年に建設されたオフィス・ビル、ラテン・アメリカ・タワーが建っている。高さ百三十二メートルの四十三階建てで、当時中南米で最も高いビルであったし、高地震多発地帯では世界初めての超高層ビルであった。

この建物の、想定大地震による時刻歴地震応答解析と耐震設計を含む構造設計は、本イリノイ大学、シビル・エンジニアリング学部でPh.D 取得のレオナルド・ジーバート(Leonard Zeevaert)が、本学のニューマーク（Nathan Newmark）教授の超高層建築の耐震解析設計についての指導の下で実施された。

そして、竣工後、一九五七年、メキシコ市にマグニチュードM7・9の巨大地震が発生したが、多くに建物が被害を受ける中、このビルは無傷であった。また、その後、約三十年後の、一九八五年に、メキシコ市に、再び巨大地震、マグニチュードM8・1が襲って大きな被害を受けたが、このタワー・ビルは大きな損傷は発生しなかった。

ニューマーク教授の超高層建物の時刻歴地震応答解析による耐震構造設計法が史上初めて実証されたのであった。

ちなみに、同じく高地震地帯の日本での最初の超高層ビルは、地上三十六階、地下三階、地上高百四十七メートルの霞が関ビルディング（一九六五年三月起工、一九六八年四月オープン、東京都千代田区霞が関三丁目）である。この建物の、想定大地震による時刻歴地震応答解析と耐震設計を含む構造設計は、当時の武藤清東大教授（後に名誉教授、武藤構造力学研究所長、鹿島建設副社長、日本文化勲章受章）が指導した。その後数多くの超高層ビルが建設され、二〇一一年三月十一日に東日本大震災（東北地方太平洋沖地震、震源は、宮城県牡鹿半島沖百三十キロメートル、M9・0）が発生し、東日本沿岸地では地震と巨大津波による被害や建物被害も大きかったが、超高層ビルに限れば、震源地は東京から遠く、大きな被害はなく、長周期地震の影響（超高層建物がゆっくりと横幅大きく揺れる現象や長周期振動パルス）が課題となったが、その後、対応処置（建物周期を長周期に一致させないダンパー装置・各種機能装置の設置等）している。

しかし、アメリカの大学で実施している研究で最新技術情報に注意を払うと、そのような基礎解析技術はいたるところに転がっていた。最新技術資料は、また第三者の誰にでも見つけやすいように、きちんと整理されていた。そのような資料の整理や保管管理に対する努力と費用は莫大なものとなる。これはなんといっても、アメリカの科学技術の王者の風格による。王者の風格とは、昔の隋や唐などの時代に、日本が文化を輸入した中国文明と同じように、求める者には拒まず、自分の養分さえも分かち与える風格である。

日本はそのような数多くの最新基礎技術を効率良く収集して、その上に立った応用技術の開発に日本独自の能力を発揮する。新しい新鮮な産物を器に入れ、発酵させて、より美味な食べ物を作る能力を持っているのである。つまり、この場合、どのような複雑な構造物でも、大容量でコストの安いコンピュータを開発し、地震時の建物の挙動を瞬時にわかるようにする技術である。複雑な建物を簡略化しないで、その巨大なまま、解析してしまうことを、一般の設計ルーチンの中に入れてしまうのである。

どちらが良いかは別として、アメリカでの基礎的な学問の神髄に触れた思いであった。日本では、秘密の解析法がアメリカでは、そこらに転がっている石ころのように広くオープンであった。日本人はアメリカのあちこちに数多く転がっている石ころの中から、光ものの石ころを見付けて、それを有機的に組み合わせて、応用技術を発展させていた。

アメリカ合衆国が、世界の科学技術先進国である国々、たとえば英、仏、独、日本などの諸国と比べて、なぜ、このように自国で開発した先進技術に対してオープンで、第三者の国々の接近と取得に対して寛容なのか。他国の人々に対して包容力ある国家なのか。それとも、最先端の新技術開発には、人種・国籍に限らず優脳な研究者が必要だったのか。

この疑問に対して、私は、長く考えあぐんでいた。そして、それはやはり、アメリカ合衆国の風土と約三百年という短い建国の歴史の中にあるのではないだろうかという考えにいたった。

阿部行蔵は、『世界大百科事典』においてアメリカ合衆国、社会・文化の中でアメリカ合衆国の「思想と生活」をつらぬく「あの底しれぬ明るさ」に言及し、アメリカ合衆国が国の気質として持つようになった「近代ヒューマニズムの精神」を、ひじょうに格調高く、歴史的に論理的にわかりやすく説明している。

つまり、まずアメリカ合衆国は、ヨーロッパ文明が、その未開地に移植されて以来わずか三百年しかたっていない若い国であること。その間のアメリカ文明、技術文明の特色は、人間精神を大切にして機械を重要視したこと。物質を精神の支配のもとにおくという意味で、精神を尊重する文明であったこと。また、そこには合理的精神を積極的に尊重し、人間の生命を大切にして、科学が人間の欲求に正しく奉仕するという点で近代的な意味があると説明している。そして、以上の理由から、その文明をささえるものが、ヒューマニズムの精神にあると述べている。

ここでもう一度、「ヒューマニズム」の言葉の持つ意味を、講談社の『国語辞典』（改訂増補版、監修、久松潜一、林大、阪倉篤義、一九七二・九）で調べてみた。

人間性や人間らしいことを尊ぶ考え方。現実の人間のあるがままを肯定し、その資質や能力をほこりとして、どこまでもそれをのばそうとする考え方。人間中心主義。人権の平等と人類の共存をはかろうとする考え方。

ここでは、新しい言葉、「人類の共存」というキーワードが出てくる。世界各国の異文化を背負って移民してきた人々が、ひとたびアメリカ合衆国の一員として暮らしはじめると、ヒューマニズム「人間中心の、人類共存の人類愛の精神」がはぐくまれ、知らず知らずして、国民の血のなかに気質として変質し体得していったのであった。最新技術への他国の接近と取得にオープンで寛容なのは、アメリカ合衆国の持つ人類共存の人類愛の精神を内臓する「近代ヒューマニズムの精神」が基底にあったのである。しかし、このアメリカ合衆国がもつ「近代ヒューマニズムの精神」はそう簡単にでき上がったものではない。そこでは、アメリカの風土が、その環境が大きく影響し作用していたのであった。

再び阿部行蔵（前出）による。

最初に米国に移民してきた、プロテスタント系カルヴィン派のピューリタンの思想は、「人間の創造性を神による救い」という点で肯定した。そこでは、あくまでの神の尊厳と人間の原罪・滅亡を軸とした教えであった。

「そしてこのピューリタニズムにおける良心的人間の自覚は、神より人間へと焦点が移動していくにつれて、人間を人間の立場において肯定しようとするヒューマニズムへと進むこと」になる。

「このように、ピューリタニズムとヒューマニズムとの」……「二つのものの接近と結合とを実現するために、きわめて重要な作用を演じた媒介項」が、「フロンティア（辺境、開拓線）であった。」……「それは文明と未開の地域とが互いに接する波打ちぎわであり、たえまなく未開地を征服して進む文明の最前線である。」……「開拓者たちは、人間の技術的知性の権威をかたく信じながら、未開と野蛮とを征服して、これを文明に変革していった」。そして、ここに、「いわゆるアメリカのヒューマニズムが創造」されたのである。

フロンティアを開拓するには人々は、出自に限らず協力し、団結し、助け合うことが必要だったのである。

ここに、フロンティアを触媒として、キリスト教プロテスタント系ピューリタニズムとヒューマニズムとの中からアメリカの「近代的ヒューマニズム」が誕生したのであった。そこではアメリカの思想と生活の中で、あの底しれぬ「ある明るさ・やさしさ」を発散し、自らの道を切り開いていくその姿勢が、他国の人々を驚かせていたのであった。

なお、アメリカ思想史的には、その後、さらに進化し、プラグマティズム（実用主義）

へと発展してゆく。

プラグマティズムとは、奴隷制をめぐる互いの正義が対立した南北戦争への反省から、絶対的な真理の把握を目指す伝統的な西洋哲学の姿勢を批判し、多様な価値観を共有する多元主義に立つ。人は間違いを犯す存在と捉え、行為と結果をたえまなく検証することを大切にした。（文化、正義が不確実な時代、プラグマティズムに脚光、日本経済新聞、二〇一五・二・二八）

そして、近年では、反知性主義（知性を持ったものが権威を持って指導することでなく、学のあるインテリ（社会の支配階級）も、無学な者も皆平等で、同じ平等な立場に立つことの重要性を論じ、知性が過度に権威（米国建設初期のピューリタニズムの実績を認めつつ、その後の過度な権威）と結びつき指導することへの反発）も注目されている。

米国は、さらに、民主主義、そして、人種や文化、いろいろな背景を持つ人間等の多様性を収納した「るつぼ」の中で混ざり合うことから、小さな炎が燃え上がり、巨大な炎になるように、その中から新しい文化・革新技術、そして、新しい次世代の人類が生まれてくるのかもしれない。

さて、米国のフロンティア精神の中から生まれてきたヒューマニズムと、ほぼ同じ時期のヨーロッパでは、別の視点から、ヒューマニズムを掲げ始めた人々が現れてきた。それは、産業革命により世相が一変し、資本家と労働者間の階級差・甚大な貧富格差が生まれ、搾取され悲惨な環境に陥っていた弱者、労働者を、人間性確保の立場から救済しようと、科学的社会主義を掲げ、西欧のギリシャ時代から近代にいたる伝統的に思惟する哲学思想の中から、培われてきた哲学的弁証法を、経済学に適用して社会改革に向けて活動をする人々が現れたのである（第二章クアッドの項、大学附属図書館の項で一部記述）。その一人がマルクスである。マルクスとその友人、エンゲルスは言う。

「人間が人間にとって最高の存在である」、そして「その価値判断は、人間の本来的無限性を確信する人間中心主義、すなわち、ヒューマニズム（humanism）である」と。

さらに「人間的自由の回復による人間開放を社会の科学的把握を通して実現することを求める」と宣言し、活動を行っていく。（「4、マルクス主義―科学的社会主義の成立」小松茂夫『哲学の名著』）。

ここに、人類という生物は、初めて、人種・宗教・階層・性別に関係ない人間中心主義を掲げた慈しみの精神、「ヒューマニズム精神」を勝ち取るべく行動するようになる。

そして、現在、再び、資本主義が問われている。自由競争で私有財産を膨大に増やす資本家と、若年層を主に、不定期就職と低賃金の階層が増加し貧富格差が増大している。また、グローバル化により、新興国が輸出により成長し、先進国の労働者雇用も減少、さらに、第四次産業革命（第一次は、蒸気機関の発明&利用、第二次は、電気の発明と利用、第三次は、コンピュータ&インターネット発明）とまで言われる現在では、人々の仕事も大量にＡＩ（人工知能）、ＩｏＴ（インターネットとものを結びつける）技術により奪われることになる。

その中で、能力主義から超格差社会・格差固定化へも……。

その環境を解決すべき新しい人間主義理論・思想は生まれるのか。

そのような社会現象の中では、ポピュリズム（グローバル化反対や他の課題解決でも大衆に迎合する主義）も広がりつつある。

さて、日本は、大昔から、地理学上では、巨大な中国大陸から朝鮮半島を経て、間に対馬海峡という海が存在して大八洲（おおやしま）の国（日本書紀）として構成されている。

そして、近世に至るまで巨大な中国大陸の文化は、例えば新鮮なお米であり、朝鮮半島はそのお米を入れるための漏斗（じょうご）であり、大八洲国は酒樽で例えられる。対馬海峡は、酒樽の口に蓋をする栓である。ここでは、大八洲国に住む日本人はこうじ菌である。

大八洲国の風土と四季折々の環境によって、外国からの文化や技術が（古代から、六世紀頃まで、朝鮮半島から数百万移民も含め）、独自に混ぜ合わされて、対馬海峡という蓋によって密閉された酒樽の中で、発酵し、そこに住む日本人のための、新しい文化や技術が生まれてきたのであった。

文化が被弊してくると、ときどき、新しい種類のこうじ菌を大陸の半島から持ってきて、混ぜ合わせて、効果を高めていた。

特に、約二百六十年間存続した江戸時代は、鎖国時代でもあり、独自文化を発酵させた酒樽時代でもあった。

明治以降も、中国文化が西洋文化に置き換えられただけであって、現在に至るまで、この酒樽のシステムは生き続けており、変わっていない。

このシステムでは、大八洲国の酒樽から、新しい素材の食物は出てこない。ただ、新しい素材を取り入れて醸造された美味しいお酒を、世界の人々に売り、心ゆくまで飲んでもらって、生計を立てているのである。

また、別の発想をすれば、この大八洲の国は、周囲にいろんな野獣が蠢く、ジャングルや草原の中での「安全な穴蔵」に例えられる。太古の時代から現在まで、この穴蔵は、対馬海峡という扉があるために、長い間、外界から安全に守られてきた。外界では野獣たちの激しい弱肉強食の争いが繰り広がれてきたのに、穴蔵に住む日本人という野獣は、ジャングルの暗闇の中から目のみを光らせて、扉のみを少し開けて、明るい外界の草原で繰り広げられている野獣の争いをジイーッと見詰めてきていた。そして、傷付いて弱って、近くに来た野獣に少しだけ身を乗り出して襲いかかって獲物を得ていたのである。

しかし、現在の高度に文化や科学技術・情報が発達した時代では、これからは、この酒樽システムや、安全な暗闇の穴蔵システムはもう存在しなくなる。周囲の薄暗いジャングルの木々はすっかり切り倒されて、明るい草原の中の穴蔵にすぎなくなっている。これからが本当の生きざまとなる。生きていくための獲物を得るためには、穴蔵から出て、自らの野獣の姿を明るい草原の中にさらけ出して、あらゆる野獣の見守る中で、獲物を戦い取っていくことになるのである。

また、酒樽システムが確保されても、その中の日本人のＤＮＡは純粋になったままで存在することになる。その人種は将来の地球環境激変の中では、生き残れないのである。そのことは、明確に人類史上に、実例がある。家族を大切にし、その集合体で一時期繁栄した、ネアンデルタール人の滅亡と、我々の祖先、ホモサピエンスが、同じく家族集合体を大切にしながらも、いろいろな人種を交わり、複合のＤＮＡを持つようになり、生き延び現在の我々が繁栄を謳歌しているのである。

さらに、はるか未来には、日本は高齢者増加、少子化、それに伴う、世界各国からの多数の多様な文化・宗教を信ずる民族が流入してくる。犯罪も多様化し、各自が自分自身、家族を守ることが当たり前となる。それは、米国の西部開拓時代の「銃」で自己・家族を守る状況を思い出させられる。日本民族が長く守り、ときには、再建保持し続けてきた、日本の歴史アイデンティティの記念建造物である木造の神社や寺院も、多様な儀礼も、多民族国家になっていくにつれ、海外からの各種多様の宗教設置・信仰の渦に巻き込まれ、少しずつ減っていくかもしれない。

しかし、多様なＤＮＡを持つ日本人、多人種、多様な宗教・風習を持つ新日本人で、日本国家（各国も）も変容し存続していくことも考えられる。

かつて、私が研究助手（博士課程の学生兼務）として研究室に通ったイリノイ大学アーバナ・シャンペイン校の、このシビル・エンジニアリング学部の建物は、現在は、故ニューマーク教授の業績を記念して、ニューマーク・シビル・アンド・エンバイロメンタル（環境）・エンジニアリング・ラボラトリーと銘名されている。

そして、Ph.D取得し、日本の建設会社に復職後、私は、原子力施設建屋の設計や技術開発、及び、解析研究に従事した。ここでも、偶然か必然か、その時、日本における耐震構造分野の世界的権威で武藤清博士（前述）のもとでご指導を受けることとなる。

ここに、私は、日米両国の耐震分野の世界的権威の両学者に、ある時は間接的に、時には直接的にご指導を受ける貴重な経験を持つこととなったのである。

ソーゼン教授

ある日の夕方、私が参加しているジョイント・研究プロジェクトの主任教授であるソーゼン教授の自宅で、ゼミ学生を主体としたパーティーが催された。ソーゼン（Mete A. Sozen）教授の自宅はイリノイ大学キャンパスの近くにあり、自動車で十分以内に着く。

しかし、教授は自転車で大学の自分のオフィスに来る。自転車通勤である。冬ともなると、厚い赤い色のジャンパーを着て、顔も目と口の部分のみを出した、当時、日本のテレビで活躍したプロレスのデストロイヤーまがいの防寒面の重装備をして、リュックサックを背にして自転車で通勤してくる。

ソーゼン教授の自宅は二階がプライベート・ルームで我々は上ることはできない。一階のレイアウトは大きな居間とベランダと台所などでオープン・スペースである。半地下の一階には広いスペースがあり、ソーゼン教授とシュノブリック教授と我々とのゼミに使っていた。

パーティー参加者は二十数人程で、ニューマーク名誉教授をはじめ、シュノブリック教授、ベックノード准教授などの先生方夫妻も参加された。

こちらのパーティーは日本と違って、始まりと終わりがはっきりしない。日本では最初に主催者が挨拶して、パーティーの最後に締め括るような手続きをするが、ここでは行わない。教授宅に来て、ホスト役の教授夫妻に挨拶して、各自めいめいに飲み物と食べ物を取り、適当な場所に座り談笑するのである。座る場所は一階のオープン・スペースの、いろいろなところにあり、一カ所に固まってはいないのである。四人ほど座れる場所が居間やベランダのあちこちに設定してある。飲み物を取りに行く時などに、場所を移動して、いろいろな人と談笑する。終わりも、適当な時間に、各自がばらばらに主催者のソーゼン教授夫妻に別れの挨拶をして退去する。

私もパーティーが始まって、あちこち話し合っていたが、二時間ほど経つと半数近くが帰り、気が付くと私は、ソーゼン教授とニューマーク名誉教授、そして、私と同じ博士課程の学生アブラムスと四人で話し込んでいたのである。ちなみに、ソーゼン教授や、シュノブリック教授、ベックノード准教授は、ニューマーク名誉教授の教え子である。

もちろん、私は聞き役がほとんどであったし、あまり難しい話はしないが、話題は豊富であった。

ソーゼン教授は、私が日本人であることを紹介するためか、「日本の文房具の一つ、サインペンやボールペンは、使いやすく、素晴らしいね。インク、サラサラでスムーズ、機能もよい」と話した。

最近の学生の奨学金の話に及ぶと、ニューマーク先生は自分の身の上話をしてくれた。ニューマークは、ニュージャージー州のルトガーツ大学を優秀な成績で卒業し、このイリノイ大学のシビル・エンジニアリング学部に入学した当時を振り返った。この年、彼は一名枠の奨学金に応募した。二人までの絞り込みのリストに残っていたが、最終的に落とされた。

どうも納得できなかったので、その理由を聞きに学部長に会いに行ったが、要領を得ない。はっきりしないが、どうも自分がユダヤ系アメリカ人だからじゃないだろうかと、うすうすながら気が付いた。当時は、まだそのような人種差別があったとのことであった。「しっかり勉強して好成績を取り、その翌年、再度応募したら、無事奨学金を貰えるようになりました」と述べた。先生はその後、この大学で輝かしい研究成果をあげ、一生涯ここで働くことになる。

「アメリカでは、泣き寝入りは一番良くないことで、理不尽であったら、自分の気持ちや考えをはっきり述べ、訴えることが必要です」と話してくれた。

次に、私が日本人であるため日本の話題になった。世界にはいろいろな人種が存在する。アジアにおける人種でもインド人、中国人、日本人などが酒の肴となった。ソーゼン教授はさかんに最近の日本の技術の素晴らしさを論じる。

土木建築分野でも、当時の日本の研究や技術開発成果は、すでに世界で注目を浴びつつあった。

しかし、いろいろ論じていると、ニューマーク先生は、どうも日本よりも中国の歴史的業績に興味を持っているように感じられた。人類史上、中国人が果たした文化的業績に敬意を払っているように感じられた。ユダヤ人も中国人も歴史的には数千年も前から、人類への文化的、科学的貢献をしてきたとの認識であった。先生には日本人は世界の歴史の中での業績や実績については、まだ新参者と映ったのかもしれない。

当時も日本の経済発展は、このアメリカ中西部の田舎の大学でも話題となっていた。その時、そのキーワードとして、今は日本でも崩れつつあるが、アメリカには存在しない日本型雇用システム、新卒一括採用を基本とした終身雇用制と年功序列（賃金）制が話題となった。その時、さすがニューマーク先生は、アメリカにも特殊分野にはその制度が存在すると説明してくれた。

「アメリカの軍隊システムも終身雇用制と年功序列（賃金）制になっているよ」と述べた。

そういえば、アメリカの戦争映画の中で日本の大企業のサラリーマンが話題にするのと同じ場面があったことを思い出した。

「彼は俺と同期なのに、今回彼が先に将軍（ゼネラル）になってしまった」などと言ったセリフである。

アメリカの職業軍人は、定年まで勤めることができるし、年功と能力によってある程度の地位まで昇進するシステムになっているのである。

また、日本的な意味での終身雇用制ではないが、大学の教授ポストも、准教授（アソシエイト・プロフェッサー）になれば、その後は定年までほぼ雇用が保障されている。

第二次世界大戦後、アメリカは軍事的にも、政治的にも躍進し、ケネディ時代頃まで、経営の分野でも、自信を持ち世界をリードし、一般企業も従業員、顧客や、株主、そして、社会に配慮した経営を行ってきていたが、現在では、株主利益を第一義と考える経営理念になってしまっている。

　この件について、ソーゼン教授が最後に締め括って言った。

「将来は、西洋と東洋がお互いに歩み寄ったシステム、それぞれの長所を取り入れたシステムになるのではないか」

　ニューマーク先生は一九八一年一月に亡くなってしまったが、その時のパーティーでの、先生の風貌と話ぶりは、今でも心に深く焼き付いている。


　そして、二〇〇八年九月十五日のリーマン・ショック後の現在、日本も終身雇用制と年功序列（賃金）制は大きく崩れている。定職につけない若者も、日本を含めて、米国、欧州や世界各国で増え始めている。そして、エア・ラインの交通手段も便利になり、若者の地球規模での移動・遍歴が始まっている。


　ソーゼン教授はかねがね私の博士論文の研究について、

「前任者のやり残した落穂拾いの研究はやるなよ。前へ、前へ、進め！」と、さかんにアドバイスしてくれた。

　そのソーゼン教授も、名誉教授の後亡くなられた。ソーゼン教授の指導を受けた日本の留学生は多い。

　本大学のシビル・エンジニアリング学部は、その業績をしのんで、世界に寄付を募って

「ソーゼン・フェローシップ基金」を設立して、後進の学生の育成を計っている。もちろん、私も小額のお金だが寄付させてもらった。

そして、二〇一五年九月には、改正労働者派遣法（間接雇用）が、国会で成立した。正規雇用・間接雇用・契約雇用・パートタイム労働など、多様な働き方を可能にした。

日本の大学でも、博士号獲得後、若い研究者生活にも厳しい現実が待っている。任期付研究者という不安定な立場で研究する生活に不安定な若い学者が格段に多くなっている。研究に専念する若い大学の一部の助手たちは生活に多く時間を費やし、一方、実績のある高齢教員・兼務教員は多くなってきている。

日本の少子化・高齢化への社会へ、大学の教育・研究分野での将来はどこへ。

ファイナル・イクザミネーション

「Final Examination. Dec.7, 1978. AM10, 3117 CEB Mr. Katsuhiko Emori will present his thesis. His advisor is Prof. W. C. Schnobrich」

シビル・エンジニアリング学部（現、シビル・アンド・エンバイロメンタル・エンジニアリング学部、以下同じ）の週間公報に、右のような内容の文章が掲載されて工学部各掲示板に張り出された。一九七八年十二月七日午前十時、シビル・エンジニアリング学部の三一一七号室にて、私の博士号（Ph.D, Doctor of Philosophy）の審査が行われると記されていた。発表論文は「Analysis of Reinforced Concrete Frame-Wall Structures for Strong Earthquake Motions（強地震動を受ける鉄筋コンクリート造フレーム・壁構造物の挙動解析）」である。

指導教官シュノブリック教授が議長となり、その他四名の教授を加えて五名で審査するのである。鉄筋コンクリート構造学分野のソーゼン教授、ギャンブル教授、鉄骨構造学分野のストルマイヤー教授、構造力学解析分野のベックード准教授が私の審査員である。

私がこの大学の大学院に入って、約二年間のコース・ワークの中で各教授の授業科目を取り、いずれも「A」の成績を取った先生方である。

ちなみに、修士から博士課程に進みたい学生にとっては、まずコース・ワーク（講義の受講）が重要である。コース・ワークの中で将来の博士論文の審査員になりそうな先生方と知り合いになり、色々と研究テーマや研究内容の相談、研究プロジェクトに参加できるかどうかなどを相談できるからである。それには、先生の講義を真剣に受講して、質問し、良い成績を取って名前と性格を覚えてもらって、実施中の研究プロジェクトに参加させてもらうのである。自分の研究したい分野と同じ研究プロジェクトに参加できれば、奨学金は自動的にもらえるし、遅くはなっても、博士号ももらえる確率は高いのである。研究プロジェクトに採用する学生の選任権、人事権は、その研究プロジェクトの責任者の教授が全権を持っている。

博士論文審査は全会一致制度で、一人の反対者でもいれば不合格となる。博士号候補の論文発表は公開で誰でも聞くことができるが、審査は非公開である。今回の私の論文発表に際しての傍聴者は、同じ分野を研究している博士課程の学生のダン・アブラムスと、ジョン・モエール他数名であった。

私の場合は、オーバーヘッド・プロジェクターを用いて、ここ数年間この大学院で学位論文として研究してきた成果内容を説明した。六十分程説明した後、質疑を受け、ディスカッションとなる。研究内容に食い下がる先生もいたが、私の研究内容を良く知っている指導教官のシュノブリック教授や、研究プロジェクトのヘッドであるソーゼン教授が、ディスカッションに加わり、意見を述べた。さらに、今後の研究の方向性や課題の抽出へと発展した。

論文発表と討議が約一時間四十分程で終わり、議長が終了宣言をする。直ちに、審査員以外の傍聴者と私は室外に退出させられ、ドアが閉められる。私は廊下に出て、ドアのところで立って待機する。

約十数分後、突然ドアが開けられ、議長で指導教官のシュノブリック教授が出てくる。

「Congratulation! Dr. Emori! From now, you are a Doctor」

「博士資格審査試験に合格して、おめでとう！」

大きな微笑みを顔に浮かべて、シュノブリック教授が、ぶ厚い大きな手で握手を求めてきた。ただちに室内に招き入れられる。各四人の教授から次々と握手と祝福の言葉が述べられる。私は、ただ夢中で、

「サンキュー・プロフェッサー。サンキュー、サンキュー」と、繰り返すのみであった。

その場で直ちに、学位論文審査に合格した旨の、当日の（一九七八年一二月。日付なし）が記入された証書五枚にそれぞれ五名の審査教授が順次サインして私に渡される。

この五枚の証書は後に、本大学の正式の博士号（Ph.D）の証書を貰うために、学位論文誌作成に、また、イリノイ大学の大学院学部や関係各部署に、事務手続きの提出用書類として必要となるものである。

その後はあまり覚えていない。自分の研究室に戻ると、同室のアブラムスとフェルナンド、ジョンから祝福の言葉があって、ここに至るまでの状況を色々と聞かれた。

そして、その後の約一週間で、本学を去るためのいろいろな事務手続きも忙しくなっていった。

シビル・エンジニアリング学部長サイン入りの、私のPh.D. 取得とその論文の正式承認書（日付あり、一九七八年一二月二〇日）を渡された。

大学では、必要書類をチェックした後、正式のPh.D.証書（一九七九年一月一五日）が手渡された。証書には、学長・学部長含めて、四名のサインが記入されている。

さらに、リサーチ・アシスタント職を退任する書類を、シビル・エンジニアリング学部長に提出した。

また、シュノブリック教授から「私の家族のオーチャード・ダウンの大学アパート滞在を、春学期の一九七九年一月中旬まで延長」の許可願いの手紙を、大学住宅管理部署に提出していただいた。

昔、テレビでの登山者へ、「なぜ、苦労までして山に登るのか」との質問があった。その時、ある著名な登山家が答えた。「そこに山があるからだ」と。

実際、登る山を見ると目前に聳える山は、登る際の多大の苦労を想像させる。一歩一歩と試行錯誤して苦労して登って頂上に到達すると、ひじょうに清々しい気持ちになる。

そして時間の経過とともに、その苦しさ、能力不足のにがにがしさが、忘れ去られて、清々しい景色やあの時の気持ちだけが胸に残るのである。

まさしく、私のイリノイ大学での経験はそのようなものであった。その経験は貴重なものであった。わかりやすく言えば、何か一つの「つきもの」が落ちたという感じであった。「研究者として一人前になったと認めて、このまま研鑽すれば、一流の研究者になれる可能性と資格がある学生」に与えるというアメリカ流の博士号システムは、当人にとっても生活が安定し、また、学問の進歩の推進力にもなりひじょうに良いシステムだと思う。

ちなみに、アメリカの学位の博士号は急峻な山を一つ登れば与えられる。その途中の苦労の経験を貴重なものとして、それを高く評価するからである。将来、本人がベテランの山登り（研究者）になる資格があるとの期待を込めて与えられる。

その当時の日本での博士号は、ヨーロッパ（ドイツ）型で、どちらかというと幾つもの急峻な山を登って、ベテラン級の山登りになった資格として与えられるケースが多い。

従って、アメリカでは、早くて二十五～六歳で博士号を取得する学生がいるのに対して、日本では三十歳前後で取得する例が多かった。

博士論文の成果は、アメリカ国立科学財団（ＮＳＦ）へ研究成果報告書を作成して提出した。

Analysis of Reinforced Concrete Frame-Wall Structures for Strong Motion Earthquakes, Civil Engineering Dept. Univ. of Illinois at Urbana-Champaign,

SRS457, 1-209, 1978。

また、シュノブリック先生と日本に帰国した私とで、日米間で連絡を取りながら内容をチェックし、約二年間の間に、先生との共著論文として、研究視点を変えて、三編発表した。すべての論文は、実施担当者（私）、次に、指導教官の名（シュノブリック先生）の順となっている。

当時は、日本では、順序が逆であったが、近年は、アメリカ式の順が多くなっている。動的解析結果と振動台による実験結果との検証部分が、英国が発行している査読付きの国際的な構造技術研究ジャーナル誌に掲載された。

Dynamic Analysis of Reinforced Concrete Frame-Wall Structures, Journal of the Engineering Structures, Vol.2, IPC Business Press Ltd, England, 103-112, 1980。

また、一九八〇年に、トルコ・イスタンブールで開催された「第七回世界地震工学会議」に参加し、動的解析結果と振動台による実験結果との検証の要約部を、口頭で発表した。

Computed Behavior of a Ten-Story Reinforced Concrete Frame-Wall Structure for Static Lateral Loads。Proceedings of the 7th World Conference on Earthquake Engineering, Vol.5 Structural Aspects Part 2,529-536, 1980。

一九八一年に、鉄筋コンクリート造フレーム・壁構造要素部の柱・梁・接合部及び壁各要素の基礎的弾塑性理論・解析部分を査読付きの権威あるアメリカ土木学会構造系学術論文誌に掲載された。

Inelastic Behavior of Concrete Frame-Wall Structures,
Journal of the Structural Division ASCE, Vol.107 No.ST1 145-164 1981

振り返ると、よくも頑張ったものだと思った。若い時は信念を持って、一歩一歩と愚直に、上だけを見て進むべきだとも思った。若ければ若いほど、その時体得したものは何かの起爆剤になりそうだとも思った。

そして、ある「こと」をなし遂げたときに発する次の言葉を実感した。

〝信と願と念の言の葉は具現化する〟

その後（十数年後）、地震国の日本でも、建設業界・プレハブ業界や、同分野の財団法人の研究団体、それぞれが、巨大な振動台実験システムを構築し、耐震性機能の研究にいそしんでいた。

例えば、（財）原子力発電技術機構：多度津工学試験所（香川県仲多度郡多度津町）で、

当時としては世界最大級の高性能の大振動台実験装置を設置している。主に原子力発電所施設の機器・配管システムの耐震安全性を実証するため耐震信頼性実証試験を実施していた。（二〇〇〇年五年九月業務終了）

また、一九九五年一月二十七日の兵庫県南部地震（阪神・淡路大震災）後に、（国立研究開発法人）防災科学技術研究所が兵庫県三木市に世界最大級の実験施設「実大三次元震動破壊実験施設（E-ディフェンス）」を建設している。

実大規模の土木・建物構造物に時刻歴大地震波データを載荷し、構造物の挙動、破壊メカニズムの解明や耐震補強効果の検証等を行っている。

AI（人工知能）ソフト技術等含めて新研究・新技術・新システム開発策とは、巨大研究資金と、多くの人材を投入すれば、十年前後には追いつき、さらに新分野へ拡大できるものでもあった。当時の日本は経済発展し、勢いで、新技術開発を実施し、世界トップクラスになっていった。

現在の中国の新技術開発力が、拡大しているのを知ると、当時の米国や日本の新技術開発力・投入費用等の状況を思い出し、感無量である。

愛、そして、悠久と瞬

悠久と瞬、それは、悠久な時の流れと、その中の一瞬の時間、そして「悠久」と「瞬」の中に潜在する秘められた巨大なエネルギー。

悠久な「時」が作り出した大自然の風景の中にいると、そこから湧き出る巨大なエネルギーを全身に浴びて、その風景の神秘性を心の奥底にまで浸透する。悠久な時の流れの中で、「過去」と「いま」も、「日常」と「神秘」も、自然の中で溶け合っている風景でもある。

北米大陸横断・縦断旅行の途中で、「悠久な時の流れ」の中で生成された、大草原や大砂漠、そして、巨大な渓谷、グランド・キャニオンやモニュメント・バレー、また、大自然の草原の中で（イリノイ大学でクアッドの芝生に仰向けに横たわって、夜空を仰いだ場合でも）、暗黒の夜に眺めた深遠な宇宙と満天の星空、その宇宙との繋がりの中で、北米大陸横断・縦断旅行は我々がこの地球上で生息していることを、そして、その風景・風土から発する巨大なエネルギーを浴びていることを実感させてくれた。その悠久な「時」の流れの中では、人類の歴史、五百万年は一瞬に過ぎなくて、さらに個々の人間の六十〜百年の一生とは、短く、ほんの一瞬の生業でもある。

そのことは、約七年間地中で眠り、その後、地上に這い上がり、夏の数日間を懸命に鳴き続けて、一瞬の命を閉じるセミの鳴き声を聞き、我々からみると一瞬ともいえる日々の中で、最大限のエネルギーを発散して一生を閉じる姿、その生業に、我々の一生を重ねて、深く感動することになる。悠久の時、その中での「瞬」、それは相対的でもある。

一瞬ともいえる米国各地の風景との出会い。イリノイ大学での四年間の中の異人たちとの出会い。その出会いの中での心を揺さぶる感動、それは、一見、日常の平穏な勉学と研究生活の中での時の流れではあったが、長年生活し育った日本の環境の中では味わえない、心の中から沸き出る大きなエネルギーを体得した瞬間でもあった。

日本でも昔から現在に至るまで、歴史・文学などの中に、悠久な時の流れの中で「瞬」に心を寄せた人々は多い。

例えば、古今から、人々は日常生活の中での一瞬の出会い、一瞬の災難を「偶然」と言う。「偶然」には、深い、不可解なもの・霊的なもの・人知の及ばない「あるもの」が、存在しているのかもしれない。

日本では、古代から、人智を超えた天候異変・巨大災害、疫病を、不当に処罰した者の怨霊のたたりとして、その怨霊の怒り・一撃を受けたとして、畏怖し、その怨霊の怒り（エネルギー）を鎮めるために祀ってきたのである。

また、日本の古今和歌集にも「悠久と瞬」の時の流れに情感を表した和歌もある。

「久方の光のどけき春の日にしづ心なく花の散るらむ」紀友則

日の光が降り注ぎ、のどかに時が流れる春の日（悠久）に、どうして桜花がぱらぱらと（一瞬、一瞬）散っていくのだろう。悠久と一瞬の対比の描写に情感を感じる。

また、熟語「一期一会」や、江戸時代の慣用句に、「早起き三文の得、見切り千両（早起きは三文の得がある。一瞬の決断は千両の価値がある）」もある。

大局観を持ち時の流れを読む一瞬のセンス、直観力（ひらめき）、決断力にも無限のエネルギーがあることを示している。

「一瞬」、仏教用語では「刹那」という。その対極語は、永劫の「劫」。「刹那」とは、その時、その時を充実して生きること。

俳句などで使われる用語、「而今（じこん）」、今という今、今の一瞬を意味する。一日一日を極めて大事に思うようになった心境を表す。今を生きてあり。

また、同じく俳句の用語で、「夕去り」、夕暮れのひと時をあじわうこと。

我々は毎日、平穏に暮らしていると錯覚している。宇宙も、地球上の自然も、一瞬一瞬の時間の積み重ねが一分となり、一時間となり、一日となり、一カ月、一年、十年、百年、一千年、一億年……と悠久な「時」の流れの中で、無限に向かって進み、歴史となっていく。その「悠久」の時が持つエネルギーは無限に大きい。しかし、その平穏ともいえる

「時」の流れに、突然、一瞬の、断点、巨大な不連続点が発生する。個人が遭遇する交通事故による災難や、地域に発生する巨大地震等による災害もそうである。

一瞬ともいえる経験、例えば、北米大陸での神秘的な大自然との出会いや、イリノイ大学での留学生活や異人たちとの出会い、そこで実感する心身の成長の糧、我々は「一瞬」が持つ巨大なエネルギーの威力をも思い知らされた。

「一瞬」とは、時間的には、ほんの極小の時かもしれない。しかし、その威力、エネルギーも、無限大となることがあるということを思い知らされた。

また、自己の意識の空間と時間は複合的に結びついている。その空間では、時には、時間の流れは一定ではない。時間は、個人の業務や研究に心身とも没頭している場合、その激動の中の意識空間では、時空が曲がり、短くも長くもなり、時間がすばやく過ぎ去るように感じるように、その中にいる我々行動や思想を揺り動かす。

熱中し、思考するとき、その意識空間はどこにあるのか。そこは、脳の中か。意識・心は脳の中にあるのか。もし、意識・心が脳の中に存在するとすれば、意識・心が、個々の時間を制御しているともいえる。

時の流れは、絶対座標では一定かもしれないが、自分の意識・心の空間の中では、空間が曲がり、時間は長くにも、短くにも、極小にもなることがわかった。アインシュタインは、一般相対性理論の中で、時間は一定ではない。短くにも、長くにもなり、曲がっていると述べた。それは、環境変化が激しく夢中に生きている個人の意識空間の中でも真理であった。

そして「愛」、慈愛、慈悲、親が子への愛、友人愛、人類愛、生きとし生きるものへの愛、宗教の中の人々救済への愛、それは、万民が持つ広大で、無限・悠久の「愛」。一方、一瞬で心身が反応して、命の危険が迫った他人を救う、自己犠牲をも伴う一瞬の「愛」、「愛」の中にも、無限の力、巨大なエネルギーが潜在している。

人類は、長い年月の経過（悠久）の中で、この世界の成り立ちを、未来を考える能力を、そして、「一瞬のひらめき」の能力から、革新的発想や新技術開発する能力を身につけていったのであった。

私が一時期を過ごしたイリノイ大学アーバナ・シャンペイン留学時代での、一瞬の出会い・想い、そして、現在、長い年月の経過とともに、時の流れの変化を知る。しかし、その一瞬の「時」が私に与えたエネルギーは無限に大きい。歴史とはそういうものなのだ。そして、時は何事もなく経過していく。その一瞬の出会い・想いと変化の中の巨大エネルギーを、そして、悠久な「時」が創成した風景・風土、景観が発する、その巨大なエネルギーを、愛の無限のエネルギーを、私の魂の中に受け入れて、そして、また、脳裏にもとどめながら……。

愛、そして、悠久と瞬。
その内に秘めたるエネルギーを掴もう。
変化への判断力、決断力、そして、気迫ある勇気を持って。
そして、その全エネルギーを、眼前の大宇宙に向かって、解き放とう。

終章

ついに、このイリノイ大学アーバナ・シャンペインを去る時がきた。過去四年間、次から次へと友人たちを見送り続けた我々が、今度は見送られる番になった。

一九七九年一月のある日の薄曇りの寒い朝であった。

朝早く、前日高熱を出した八歳の長女麻子は体温三十六・九～三十七・一度とほぼ平熱近くに戻っていた。我々が本日日本へ去りたいとの願いを聞いて、診察した医者もすごい処方箋を書いてくれたものだ。薬の威力も怖いぐらいだ。しかし、その薬の助けを借りて、一家四人、このイリノイ大学アーバナ・シャンペイン校、その双子町を去ることにした。

早朝、単身この土地へ訪れた時とは正しく逆方向に、今度は家族四人で郊外の小さなウィラード空港からオザーク機で飛び立った。飛行機はすぐぐん高度を上げていった。眼下にはアーバナ・シャンペインの町並が数センチの雪を被ってやっと眠りから覚めかかったように、ひっそりと生きづいていた。しかし、それも視界に写ったのは数分間であった。あとは広大な大平原が雪を被って白々と、また延々と広がっていた。その中で高速道路の街路灯がまだ点々と明かりをつけていた。広大な白い原野の中を白色光のマダラの紐のように二本、縦横に伸びていた。そのマダラ紐は、太古の昔から、この北米大陸の主として、生息している神聖なる巨大な白蛇が縦横に二匹、大陸大平原を動きながら、この大平原から去る我々との別れを惜しみながら、我々の未来への光栄を期待し、祝福してくれているようにも感じられた。

た。
「いざ、さらば、我が再生の地、アーバナ・シャンペイン！」と心の中で静かにつぶやい

ウィラード空港からシカゴのオヘア空港へ、飛行時間約五十分と、ゆっくり感傷を味わう時間もないほど短い時間ではあったが、過去の出来事が走馬灯のように頭の中を駆け巡った。この四年間、我々は「まれ人」として、この地を訪れ、小さな数多くの出会いとほんの一瞬の物語をともに生み出して、元の共同体へ、日本へ戻ろうとしていた。グッバイ！　アーバナ・シャンペイン！　グッバイ！　イリノイ！　グッバイ！　アメリカ！　いつの日か、また、訪れる日まで。

飛行機が雲の上に出て、平行飛行に移り周りも落ち着くと、ふたたび私は目を閉じて、心の中で浮かび上がった歌を口ずさんでいた。

我々と出会った若き友人たち、異人たちよ、永久に幸あれ、
それぞれが抱えた課題に立ち向かったその時点で、
結果としての喜怒哀楽の行動に、それぞれに意味のあるものであったことを。
たとえその行いが一瞬のうたかたの泡と消え失せようと、
記す。友人たちよ、
若き異人たちの伝説として、

かっての若き異人たちの未来に幸あれと。

その時、我々は学んだ。
同じ異人たちの共同体の一員になったことを。
どのような試練に出会おうと、それに立ち向かう勇気と知力と心意気を、
そして、寛容の心持を、密かに持続していれば、十分であることを。
それは我ら若き異人達の暗黙の契りでもあったことを。

そして、
そして、長い年月が経ち、記憶が薄れかかる今、やっとこの物語を書き終えて、再び口ずさむ。

時は全てを遠い彼方へ忘却し去る。

途中の汗と涙と血潮をも、全て洗い流し去る。

そして、若き異人たちも老い、かりそめの住家を、定住として暮らし始める。

過ぎ去りし日の喜びよりも懐かしさを持って、ある種の慈悲と諦念と、そして、静寂と、
その後のほほえみと、心の安らぎを持って。

……

第五章　最終章

我が歩みの跡

この世に生まれて、高年まで生き続け、ふと、我が歩みを止め、我が歩みの跡、幼少期・青年期、就職、米国留学、会社での職務・研究活動、そして、最終章を迎えて、私にとって、世の激変時代での歩みを振り返る。

一九四一年（昭和十六年）一月十九日、福井市の福井城址近くで生まれた。一九四五年七月十九日、たそがれ時に、太平洋戦争末期に、米軍の福井地域空襲で、家族生活の二階建て木造建屋全焼。我々子供たちは、事前に田舎の親族の所へ避難していた。B二九機が福井地域空襲後、村は、その帰る通り道になり、私たちは、村の民たちと共に、親族の農家から近くの丘へ走って逃げた。市内地域への空襲した後、残った爆弾を、我々の村々に捨てて去っていった。遠くの田んぼで、大きな爆発音・光を背に逃げた。福井市街地方向を眺めると、赤々と燃えていた夜空が望めた。

そして、その三年後、私は、八歳・小学三年生の頃、福井大地震が発生した。福井大地震は一九四八（昭和二十三）年六月二十八日午後四時十三分に発生。マグニチュード（M）７・１の大きな揺れで、当時、最大震度の規定だった震度六の上に震度七が新設される契機となった。

空襲で全焼後、新しく建てて、平穏な家族生活に戻っていた二階建て建物（一階は衣服品店・崩壊）が、再び全焼したが、家族は全員無事であった。福井城址周りの濠の一角の福井神社境内・周囲の広場で、テント暮らし。地震被害を実体験した。約一週間後、自宅周りの焼け跡周りを歩くと、多くの黒焦げ焼死体を、数台の市のダンプカーの荷台に、山盛りになるまで積み上げて、どこかへ去って行った。その数時間後、別のダンプカー数台が来て、同じ作業をする繰り返しの作業だった。現在、近くの足羽山の中腹の西墓地に戦災・震災犠牲者の慰霊碑塔が設けられている。

そして、その後、福井城址周りの濠の一角には再び、わが自身の死への体験があった。

小学四年生の頃か、毎日、濠一角の、当時、木造の順化小学校へ通っていたが、休日に友人、三人と、福井神社前の、濠一角周りで、覗いて魚などを捕まえようとしていた。私は身をせり出したその一瞬、足が滑って、当時、約一・五メートル下の濠の中へ、落ちてしまった。身の丈より深く、全身、沈んで、必死になって、もがいていた。その時、なぜか、水の中から両目を開けて、必死に、上を……、青空が見えていた。偶然か、右手が濠の石垣下部に生えていた小木から水面に垂れ下がっていた枝先端に触れて、しがみつき、助かったのであった。

一九六四年（昭和三十九年）三月に、京都大学・建築学科卒業（卒業生三十九名、十三

福井城址の濠（左）、福井神社（正面）、順化小学校（右）
（写真：2015・4・28）

名は大学院へ）。その数か月前から、「就職先をどこにするか」と思案していたが、あまり考えず、各会社の募集リスト（学科事務局前の壁に張り出されていた、各社採用数指定）の中から、なぜか偶然、何も知らず、鹿島建設（採用数二名）に応募し、（締切日近くまで、応募私一人だったが、締切日寸前にもう一人が応募してきた）採用されて就職した。後に知ったことだったが、当時の鹿島建設は主に土木工事が会社を支えており、当時の鹿島守之助社長は、十数年前から、世界も驚く日本経済、急発展拡大につれ、都市建物・工場建設の増加で、建築分野へも人材を増大させていた。その例の一つが、超高層建築の耐震構造解析・設計で、当時、著名だった武藤清東大名誉教授（のちに文化勲章受章）を副社長に招いて、三十六階建て霞が関ビルの耐震構造解析・耐震設計にかかわっていたことであった。

当時、鹿島守之助の妻で、卯女（うめ）役員は、会社・社員共々、家族経営（社員を家族とみなして経営する理念）で会社運営を提唱していた。その提唱に、約十年後に、米国イリノイ大学自主留学の件等で、私は救われることになる。

また、米国から帰国後、復職し、（株）鹿島出版会（守之助氏の長男、鹿島建設役員の昭一氏、鹿島出版会役員兼務）から、翻訳書を出版させていただいた。

『わかりやすい高層建築の構造』（英語書：High Rise Building Structures（Wolfgang. Schueller,John Willey & Sons,Inc.）、訳者：江守克彦　監訳、佐藤邦明、（株）鹿島出版会

一九八二年）。

その頃から、約四十年経過した現在、日本経済界は、「さようなら日本型雇用」と、終身雇用制度の疲労・限界・終焉へ。そして、ＡＩ（人工知能）技術利用等、働き方改革へ、就職・働き方も多様に激変している。

さて、私は、建築設計部・構造設計課からスタート。二十三歳で初めての東京暮らし。都会の右も左もわからなかった。当時、日本経済は高度成長大進展中。一九六四年の東京オリンピック開催で、建設ラッシュが世間をにぎわせていた。プラント生産工場、住友金属和歌山製鉄所、大昭和製紙各工場、帝人徳山石油プラント施設設計、建物設計等も多大に出件、大学病院施設やマンション・ビルなども、各種の巨大工場施設・建物等の構造設計業務を担当していった。各地の都市も拡大、若者は都市集中へ。

将来的にも、電力不足が、現実味となり、政府は、長期エネルギー開発計画を策定した。水力発電へ巨大ダム建設、同じく巨大石炭火力発電から、巨大石油火力発電へ拡大、そして、電力の主力電源の一つへ、原子力発電所システム開発へ、その未来動向から各電力、メーカ・建設会社が動き、その研究開発・設計・建設へとたどり着く。

原子力発電所の設計エンジニアリング業務に参加した最初のプロジェクトは、中国電力島根原子力発電所一号機のタービン建屋だった。その許認可設計業務（原子力施設の安全性審査を基本に、学識・専門家等で構成される委員会で設計内容・極限荷重状態への対応、耐震性等の施設全体の審査）が終了した時点で、東電福島第一原子力発電所三号機の建設・設計業務が出件し、その原子炉建屋の許認可設計業務と、その後の研究・解析・設計エンジニアリング業務を担当することになった。その許認可業務が終了し、政府から建設許認可を得て、その研究・解析・設計エンジニアリング業務等も実施中に、今度は、動燃事業団（動力炉・核燃料開発事業団）の新型転換炉ＡＴＲ原型炉プロジェクト（建設地：福井県敦賀市）が出件し、その許認可設計業務と研究・解析・設計エンジニアリング業務を担当することになり、それは約四年間続いた。現在は、その動燃事業団の新型転換炉ＡＴＲ原型炉は、発電実績も少なく、冷却材として採用した液体ナトリウム流出事故で、営業発電前に、すでに廃炉が決定している。

しかし、さすが、原子力の研究・解析・設計エンジニアリング業務のみに長年従事すると、少し疲れを実感するようになったので、リフレッシュのため、米国のイリノイ大学に四年間休職私費（二年後、大学のリサーチ・アシスタントに、また、会社支援も受けて）留学しPh.Dを取得した。

上司からの勧めもあり、再び鹿島に戻って、原子力発電所建設に際しての建築構造エンジニアリング分野の各種受託・共同・自主開発研究業務等を担当し、その後、国家総合プロジェクト、青森県下北の再処理施設の鹿島担当各施設の許認可設計・研究・解析・設計エンジニアリング業務を約八年間担当した。その間、会社の原子力分野の技術開発関係（原子力技術開発委員会：ＲＴ委員会）を担当し原子力施設の健全性に必要な開発テーマを抽出する業務にも没頭した。

数々の原子力施設の受託研や研究・解析・設計エンジニアリング業務を担当したが、これが我が人生の殆どを占めることとなった。おかげで、日本全国の辺ぴな海岸の所（人があまり住んでいない所だが風光明媚）や訪問先から少し足を伸ばして、周辺の名所見学等も含めて、各電力会社の原子力施設の見学、各担当のプロジェクトの現地調査・打ち合わせ等や設計監理などで訪れることになる。北から北海道泊、青森下北半島の大間、六ヶ所村、東通、宮城女川、福島浪江、茨城東海村、新潟柏崎、能登半島志賀、福井敦賀・美浜・高浜・大飯、静岡浜岡、島根（金曜日朝、羽田から飛行機で島根へ）。午後、島根原発建設所で設計技術打ち合わせ、現場調査等、業務終了後、夕方、隠岐の島へも、日曜日に周囲見学後島根へ、東京へ戻った。四国伊方（近くの、多度津工学試験所も見学、当時、世界最大級の大型高性能振動台を用いて原子力発電所施設の重要機器・配管システムの耐震安全性を確認する巨大施設実験を見学）、九州玄海、時には、種子島を訪れ、当地のロケット台最先端部へ上り、先端技術開発の経過の説明受けた（技術開発振興協会主催の新技術開発状況見学）。

原子力建屋施設の構造関連の研究にも従事し、成果を発表すべく、四年に一回開催される国際原子炉構造工学会議（ＳＭｉＲＴ）に、また原子力施設の地震工学・新分野の課題研究成果を発表するために、世界各地を訪れた。

フランスで開催されたときは、ポルトガル・スペイン・フランス・ドイツ、の原子力各施設の見学（主催者側計画・案内実施）、アメリカでは、受託・共同研究等で、電力・メーカー・我々業者共々、カリフォルニア州、フィラデルフィア州、ニューヨーク州、イリノイ州にも、現地近くの名所にも。日本各地、世界各地の現場を見学した。

また地震工学研究成果を発表するために、中国北京、シンガポール、韓国ソウルへも出かけた。

気がつけば三十数年近く経っていた。

その中で、共同受託研究では、時には、各電力の担当者たちと打ち合わせ・成果内容の議論も、また、東芝・日立・三菱のメーカーや建設会社の第一線の有能なエンジニア達と共同的仕事をし、あるいは意見が発熱し、または、親密になった。それぞれ社風には特徴があった。

我々の時代は、政府、官・学・産、連携の原子力先端技術開発、そして、設計・建設であった。当時の最初は、それほど仕事に熱中したわけでもなかったし、途中、逆に気が塞ぐこともあったが、今は、それに約三十年間にわたって打ち込めたことは、日本のエネルギー開発の歴史の一時期、一翼に参加でき、私の生涯に、色を加えることができたと思うように感じられるようになった。

当時、日本は、原子力開発・推進体制を構築し、原子力基本法（平和目的・民主・自主・公開原則で、一九五五年・国会承認）に基づいて、内閣総理大臣（担当：当時・通産大臣等）、・電源開発調整審議会・原子力委員会の基本方針の基に、原子力発電技術顧問会・原子力安全委員会・同原子炉安全専門審査会等を設置（変更も）許可審査・設計及び工事計画書の審査と認可（設公認）をしていた。各委員会等は、学者・国の研究者等で構成されていた。関連官庁は、通産省・科学技術庁・文部省・農林省・外務省等で、（社）日本原子力産業会議・電気事業連合会等・企業等で国の方針・研究開発・建設計画情報交換等で業務を推進していた。現在は、経済産業省資源エネルギー庁が原子力・各種エネルギー産業・省エネルギー政策等を担当している。（関係省庁のホームページ・各種委員会の資料参照）

我々建築設計エンジニアは、「設公認」を得るための提案書類を作成していた。つまり、原子力施設建屋への安全設計業務であった。つまり、最新技術で施設建屋の耐震性・種々の想定外の外力を含めた安全性確認の書類作成であった。

一九七八年には、初期の原発耐震指針（教授や専門家等で構成される委員会が策定）が策定されていた。その後、日本各地での巨大地震が発生し、建物崩壊の防止策や新技術研究開発成果により、随時その指針が改訂されていった。

一九九五年一月十七日、阪神大震災発生。

私は、その約一か月後、単身で、二日間、阪神地域の海岸地域・山辺地域、国道二号線・ＪＲ線・阪神電鉄線・阪急電鉄線の周辺、被災地を歩きまわり、被害状況を調査した。阪神電鉄線から海辺間が被害大で、平行して走る阪急電鉄線の山辺地域は住宅地で被害も比較的少なかった。ＪＲ線はその中間を走っていた。

さて、原子力施設の建設・技術力不安で、一般の人々は、我々の活動を原子力村と呼び、一般の人々に、安全性や、設計・建設内容を公開していないと反対する人々、国会議員・設置地域の地方議員も数多く存在していた。

我々の担当する原子力施設建物の構造システム・終局荷重・耐震性等の健全性への研究については、国の外郭研究実施機関・電力・メーカーからの受託研究・共同研究・そして、自主研究を含めて、実施していた。

その成果は、世界を含む国内の研究発表会議等で、発表（時には、大学の指導先生・電力・メーカ連名）し、原子力施設に適用していた。したがって、国の外郭実施機関、電力もメーカーも、私が働く会社も、できるだけ公表してよいとの立場で、論文発表に反対することは、なかった。

又、（社団法人）日本建築学会でも、産・学・他の専門家で構成の原子力プラントコンクリート構造小委員会で、「原子炉建屋構造設計指針・同解説」（一九八八・一〇・一五）を発行し、公開している。私も、その一部を執筆している。

定年二年前に前橋工科大学の教授へ転職して鋼構造、耐震工学を八年間教えた。その間、大学の自己点検評価業務や大学改革にも従事した。

二〇一一年（平成二十三年）三月十一日（金曜日）十四時四十六分、宮城県牡鹿半島の東南東沖百三十キロメートル（北緯三十八度〇六・二分、東経一四二度五一・六分、深さ二キロメートル）を震源とする東北地方太平洋沖地震が発生した。地震の規模はモーメントマグニチュード九・〇で、発生時点において日本周辺における観測史上最大の地震であった。

大津波は二回（①十五時二十七分・②十五時三十五分）来襲した。

1F・RB敷地高：1F1～4：O・P（旧海抜表示、以下同じ）＋十メートル、1F5・6：O・P＋十三メートル、2F・RB敷地高：2F1～4：O・P＋十二メートル。

　東日本大震災（巨大地震発生と、津波等による巨大な被災）が、午後二時四十六分、発生時、私は（公立）前橋工科大学の建物二階の学長室にいた。大きな揺れが起きて、しばらく後に、静まったとき、急いで、一階の事務局長室へ行った。すでに、事務局長他数名が、校内の被害状況調査に出かけていた。私も、一人で学内の施設に被害がないか歩き回った。その後しばらくして、事務局長から、「大きな地震被害は見受けられなかった」との報告を受けて、安心したのだった。

　その後は、新聞やテレビ等で時々刻々示された。大津波が襲来し、各発電所の非常用電源が作動せず原子炉を休止させることが出来ず、私が担当した許認可設計（学識研究者による審査うける、建物の構造安全設計）の、福島第一原子力発電所三号機建屋（１Ｆ３）の屋根水素爆発・一部崩壊も生じた（一号機、二号機、四号機建屋も水素爆発を含み、屋根や構造一部崩壊）。放射能が地域に拡散した。

　これらの現実を受けて、ここに、１Ｆ３建屋の建築・各種解析・耐震設計、及び、その許認可書類作成業務を担当した者の一人として、大震災・津波・原発事故等で亡くなられた住民たち、多くの人々に、深く哀悼の意を示し、長期間の避難生活に堪えている人々に、深く敬意を示したい。

　私が福島原子力発電所事故について、ここで、個人的に同施設の建築設計・エンジニアリング業務の限られた分野での経験について記述することを、お許しくださいますようお願いしたい。

事故から、一年数か月後に、東京電力（二〇一二・六・二〇）・国会（二〇一二・六・二八）・政府（二〇一二・七・二三）から、各独立調査（学識研究者等で構成の委員会）による「事故調査・検証報告書（各タイトル名は異なる）」が作成され、公表された。また、民間独立委員会の事故調査報告書も作成された。また、四年数か月後に、ＩＡＥＡ（国際原子力機関）からも、独自調査による「事故調査・検証報告書」（二〇一五・八・三一）」が作成され、広く公表された。

なお、大震災・原発事故後一年（二〇一二・九・一九）、政府は、原子力発電所・施設の安全審査を担う原子力規制委員会を新たに設立し、独立性を持ち、厳しい安全審査を行なっている。（「原子力規制委員会十年　三氏に聞く」、二〇二二年八月十四日：読売新聞）

私が担当した１Ｆ３建屋については特に細かく、各報告書内容を調べた。「主に、大津波襲来を受けて、電源が喪失し非常用電源装置が作動しなかったことによる原子炉冷却できなかった」ことが主的理由となっている。

なお、福島原発への地域の電力伝導の高架鉄塔が大地震で倒壊（分岐塔の一部は被害をのがれている）している。

ここでは、「東京電力福島原子力発電所・国会事故調査報告書（委員長黒川清）二〇一二・六・二八」を主に（一部、他の資料からも）、主要部を要約した。

①原子力施設建屋：原子炉建屋の構造耐震性

1F（東電福島第一原子力発電所、以下、記号同じ表示）建屋の基本的な構造計画として、硬い地盤上に建設、しゃへい機能（鉄筋コンクリート造厚壁・厚床）も必要で、厚い基礎版・太い柱・梁と高耐力の配筋構造であった。各原子炉建屋1F1～6機の三・一一大地震による建屋主要構造物の大きな損傷は無かったと推定される。

1Fでの襲来した推定津波高さ：約十三メートル、浸水高：十五・五メートル（但し、津波被害、全電源喪失・水素爆発等により、建屋上部崩壊が起こった。1F5～6は、定期検査中で停止しており、建屋の大きな被害はなかった。）

また、同じく太平洋岸に面する2F（東電福島第二原子力発電所）は、1F間との距離は、約十二キロメートル。地震時2F1～4機は：定格運転中で、外部電源1回線確保でき、制御棒挿入で、原子炉自動停止し、冷却冷温停止した。津波高さ：約九メートル。緊迫・緊張の迅速な状況判断の作業でもあった。建屋の大きな被害はなかった。

②重要な機器・配管系含む建屋総合システム系の老朽化について

1Fは、約三十～四十年間、稼働中。老朽化も考慮すれば、重要な機器・配管系全体が、本地震に耐えられる状態にあったとは保証できない。設備の経年劣化が、事故の発生又は拡大に影響したかどうかは、現時点（報告書作成の調査時）では不明である。（当時、建物を含めた老朽化調査・解析・改修への作業開始は遅れていた）

③津波対策

政府の地震調査研究推進本部は、二〇〇二（平成十四）年七月、「三陸沖から房総沖にかけての地震活動の長期評価について」を発表した。この中で、福島第一原発の沖合を含む日本海溝沿いで、マグニチュード八クラスの津波地震が三十年以内に二〇％程度の確率で発生すると予測した。

この長期評価は、東北地方太平洋沖地震の震源域の一部しか推定できていなかったが、本事故時の高い津波は、この長期評価からだけでも予測できた。

東電が二〇〇八（平成二十）年五月ごろに計算した結果によると、この長期評価の予測する津波地震は、福島第一原発の敷地に潮位、O・P（旧海抜表示）＋一五・七メートルの津波が襲い、四号機原子炉建屋周辺は二・六メートルの高さで浸水すると予想された。

東電は、本事故の約半年前の二〇一〇（平成二十二）年八月から四回にわたり、津波対策に係る検討会（福島地点津波対策ワーキング）を開き、防潮堤、防波堤、海水ポンプの水密化等の対策について検討していた。

周辺集落には、影響が大きい等で、防潮堤建設は止め、各設備での対応を進めることにしたが、具体的な施工計画は、立てられていなかった。

F3号機の施設建屋の構造・耐震構造等の設計・エンジニアリング業務を担当した私は、被害者への哀悼と、無力の中で、どうにか、心をすこし鎮めることができた。

その後、二〇一八年の、当時の福島県知事の要請を受けて、東電社長は、福島全域の第一、第二の原子力発電所の合計十基の廃炉に向けての作業を行うことを報告している。

そして、事故後の現在、政府、電力企業者、メーカ、建設業者等が、地域除染・廃炉などに取り組み、処理水にも対策案を策定しつつある、政府は、住民の心身の傷、被放射線、健康調査等を続けて、二〇二〇年代（～二〇二九年）に、希望する住民が帰還できる方針（避難指示解除）の検討を発表している。

日本の電力エネルギーは、高度経済成長の基盤エネルギー確立・推進の中で、不足していったエネルギーをまかなえるように、石炭火力から石油火力、そして、原子力発電へと流れを大きく、変換していった。

これからは、地球・世界規模で広がる温暖化防止のために、さらに、真剣に脱炭素・再生エネルギー採用へと推進していくことになる。原子力発電は、主力発電の位置から退去することになるのか。

そして、原子力技術の先端技術分野で、若手の研究希望者も少なくなり、高齢化も、日本は新技術開発力も劣化していくのか。

二〇二二年、ヨーロッパでは、ロシアが二月二十四日に、ウクライナに軍事侵攻し、三月四日に、ウクライナ南部のザポリージャ（露語：サポロジェ）原発の施設を攻撃（放射能は外部に漏れなかったとも・不明）、占拠した。これは、世界各国の原子力発電所への想定外の有事となった。（二〇二二年三月四日（金）：読売新聞夕刊）

三十日、日本全国知事会は政府に、「原発施設への軍事攻撃に対する対策強化」を要請している。テロ対策は行っているが、原発推進への想定外の大きな課題となった。

又、東京電力は、二〇二二年三月二十二日、管内で初の「電力需給逼迫警報」を出し、全国の大手七社から「最大百四十一万キロ・ワットの融通受ける」と発表した。（二〇二二年三月二十二日（火）八：二十六、配信：読売新聞）

しかし、現在は、再生エネルギー採用・拡大への努力も、太陽光発電・風力発電・地熱発電等も、周囲の自然現象・環境変化への課題で大きく左右されている。

日本の環境・豊かな生活・活動、そして、企業活動への必要なエネルギー算出への大きな課題解決は、これからである。

そして、二〇二一年六月十七日、東日本大震災による福島原発事故による被害者住民の損害賠償訴訟（国と東電へ）、四件に対して、最高裁判所は、「津波の規模は事前の想定より大きく、国が東電に対策を命じても、事故は防げなかった。賠償額計約十四億五千万円は東電のみが負担する」と判決した。『最高裁判決、「原発事故、国の責任否定、津波は想定超え」と発表した。』（二〇二二年六月十八日：読売新聞）

時の流れに、喜びも、楽しみも、驚きも、悲しみも、苦しみも、災難での必死に生き抜こうとする生命力も、悔やみも、哀れみも、そして、新たな出会いも、慈愛も、それは、人生の歩みの中での偶然なのか、とも。それは、我が歩みの跡に、多様性、多面性の、刺激や辛味をも含めた、香りを与えてくれる。

人の歩みとは、答が無限に存在するという意識の中で、多様な情感の中で、偶然に人々と、また、仕事・業務に出会い、「縁」なのか、その一つを受け入れ・選択も、決断も、心広く、慈愛で、心・身、無心で実行していく足跡であった。

最後に、私が中学一年の春に、父、伊三吉が、戦災と大地震で全て家屋等失い、元の平穏な生活に戻すべく戦災後も、大地震後も自宅家を建設し、店を開き働き、その苦労で肺結核に病み、行年五十歳（釋海心）で亡くなった。その後母が残された私を含む六名の子を育ててくれた。晩年に、福井ケアセンターで過ごしていたが、私は仕事が忙しく、訪れて、ゆっくり談話・世話などできなかった。

その母（末子、行年八十六歳・釋妙定）の「短歌」を、ここに示して、私たち姉弟を育てていただいたことに深く感謝する。

母が、晩年に詠んだ短歌（「福井ケアセンター・短歌の会」福井新聞掲載、一九九四・一・六）

肩組みて、野原を行けば道の辺に
可憐に咲きいるコスモスの花

回想、知の探訪の果てに

遠い昔のイリノイへの留学での経験を思い出し、当時は、その出来事・背景については、それほど深くは理解していなかったが、日本に戻り、平穏な数十年の生活の合間に、時々思い出し、また、種々の本（歴史・思想・哲学・経済等）、新聞、テレビ等からも得た多くの知見で、ああ、あの時の状況は、宇宙・地球の、その多様な世界・多くの異人たちの背景は、〝そうだったのか〟と近年、更に多く、納得できることも多くなってきたので、それを加え、また、私の人生を、「我が歩みの跡」として加え、心に刻んで、〝回想、知の探訪の果てに〟を、増補版として書き記した。

また、高年になり、前書作成の時よりも真剣に詳細に、多くの書類等整理し、処分している祭に、偶然、当時の古い日記帳を自宅の書斎の奥に、また、当時の記録データ・ファイル類・HDを見つけたので、色々なこと、出来事の年・月・日等も、ほぼ正確に記述することができるようにもなったのだった。

そして、「我が歩みの跡」、この世に生まれて、幼年期、自宅地域への空襲、巨大地震遭遇・青年期、会社就職、米国留学、会社での職務。そして、大学教員・研究活動、地域振興活動も、そして、人々との付き合いも、友情も、転職も、決断も。そして、我が歩み・

最終章を迎えて、振り返る。

あの時の岐路で、「別の選択をしていたら……」などと考えながら。

私が歩んだ道：人生とは、過去・現在・未来を振り返れば、不思議なもの

・時間と空間が……、曲面へ

・時間：伸縮自在にも

・空間：歪(ひず)みや、隔(へだ)たり、偏(かたよ)りも

その時間・空間の多様な形状から発生する、いろいろな色彩の光が、厳しい雷光も、多様な彩(いろどり)がきらりと輝く。

その中に、偶然と出会い・不思議な出来事、巡り合い・仕事も・本も・人々とも、家族・上司・先生たち・会社や大学の人々とも、

混沌とした多様、多面性に触れ、失敗・挫折・後悔も、そして、別れと触発も、

そこから、私の心・魂・ぼっとした脳からも湧き出る、ひらめきも。

そこで、多くのターニング・ポイントが生まれる。

そして、私の歩み、行動を変えていく。

それらは、私の決断だったのか、自然の流れにゆだねたのか、偶然なのか、奇跡なのか。運が振り向いたのか。それとも……。

それは、私のターニング・ポイントだったのか、それは、高年になって振り返ってもわ

からない。

そして、歩んだ道の、足跡の喜（怒）哀楽の輝きを、私に与え続ける。

人生も芸術。

司馬遼太郎が述べていた。「アメリカ合衆国、各州も「人工的国家」であった。」と。

（「司馬遼太郎『アメリカ素描』を行く」ＮＨＫ―ＢＳプレミアム、二〇一〇・四・二六、再放送）

イリノイ大学で、教育・研究の私の周りの先生・同僚・友人達、その出身は世界各国の人々であった。留学生や先祖は、世界各国出身の人々であった。話題の中で、「ジャパニーズ・アメリカンなど、先祖出身を付けて「……アメリカン」と答える。

「国家とは、何だろうか」

その後の私の人生、建築構造専門家・原子力施設構造設計チーフ・エンジニア、コーディネーター業務・大学教授……

そして、東日本大震災発生へ。

われわれの世代は、会社就職後、高度成長時代に入り、バブル景気、その後の不景気の中を過ごしてきた。我々時代の初任給は約二万円弱、それがバブル後の若手初任給は約二十万円弱、約十倍となっていた。しかし、ここ十数年間、大学卒の初任給は増加していない。

それにともなって、最新技術動向に対応できなかったのか。自動車などは世界一に躍進しているが、ＡＩ技術、情報関連に遅れてしまっているようでもある。

造船所は売却や撤退へ。資本主義で、コスト安い国へ奪い取られている。

この状況は歴史が示している。日本が大繁栄したのも新技術と低コストであった。

新技術は、直ぐに、追いつかれてしまうことも事実である。

明治維新で、日本は急速に西欧・米国の新技術・システムに追いついていることで証明されている。

バブル景気で、急速で経済発展した日本風土、家族経営は、日本人の特性をも示している。日本民族・ほぼ単位民族で構成されている国家なのであった。

その近世の経済発展の基軸は、江戸幕府の政治を確立した、徳川家康から秀忠・家光であった。この政治の中で、多大に影響を与えたのは、二百六十年間続いた鎖国政策とキリスト教禁止であった。

米国でも、移民が急増で、特に、南米から、メキシコを通り、合衆国へ。米・メキシコ間に壁を建設したが、バイデン大統領は、撤去へ。

歴史は繰り返す。過去、地球上で、大繁栄し強国だった国々や地域の行方は、アフリカ大陸のエジプト、西欧では、ギリシャ・ローマ・オランダ・スペイン・イギリス・ロシア、そして、アメリカ合衆国へ。

東洋では、中国・モンゴル……、近代の日本も。

この歴史的考察から、いずれ、アメリカ合衆国も、その席を譲ることになるのか。

貧困・夢を求めて、南アメリカから北米・アメリカ合衆国へ。メキシコ国境に壁設置を。ヨーロッパへはアフリカ大陸から移民多く。太古からホモ・サピエンスからアフリカから北へ移動、中国は歴史上で、防護の万里の長城設置を。インドは、隣接する国境設定に争いが絶えない。

数億年前、人類史では、ホモ・サピエンスがアフリカからヨーロッパへ、アジア地域へ、アメリカ大陸へも移動して、地域の人々と交配して生活移動していったが、当時の、家族・親族で、地域の人々で社会生活していたネアンデールタール人は、滅び去っていったように、再び、アフリカからはもちろん、世界各地から、幸いを求めて、ランダム的に地球新天地へ、次世代の新型ホモ・サピエンスが誕生していくことになるのか。

約数百年後、振り返ると、東日本大震災、コロナ・パンデミック、そして、高齢化も、日本のターニング・ポイントだったと気が付く。日本は劇的に大変化したことに。日本は、多民族国家に、日本のみならず、世界各国も多民族国家へ、人工的国家へ。そこに、私はいない。二百年後、五百年、千年後の世界で。

現在、高年に到達し、過去を振り返り、我が心・魂が超越し、体で五感で感じた、留学先の「美しいアメリカの風景・風土、そして、多くの異人たちとの出会い」を思い出し、我が時間は、ゆっくりと流れる。

回想して思うことは、私が経験したイリノイ大学での経験、境遇、「異人」たちの風景・出会い、その貴重な経験は、ＡＩ（人工知能）、ＩｏＴ（ものをインターネットでつなげる技術）、ＳＮＳ（インターネット上のコミュニティサイト）、ＬＩＮＥ（無料のコミュニケーション・アプリ）機能では得られない。

その風景・経験を軽んずれば、遠い未来の人間・人類は、ＡＩによる疑似ＡＩ人類になっていくのか。

ＩＴ（情報技術）が情報収集・管理。そして、人類が持つ「喜怒哀楽」の感情と知識・知性・思考力・想像力等を持ち得るようになりえるのか。

それとも、未来、ＩＴ（情報技術）が、強力な情報管理、それで人類の知性・知識・思考に影響を与え、人類は、揺らぐ民主主義へ、ＩＴ全体主義への課題を、解決できるか？

又、コロナ・パンデミックで働き方改革・在宅勤務等も世界中で大きく広がっている。それを可能にしたのは、前記の新技術類に依存する。その仕事・生活・娯楽など全てを包んで、世界中で移動しながら生活費を得て、勤務・旅行も・娯楽も……。人類の未来は、輝くのか、それとも、…どこへ？　再び、ホモ・サピエンスが世界へ移動していったように、そこから新人類が誕生するのかも。


仕事も人々も、そこは、偶然な出会いに、不思議な縁も。

それは、高年になって、偶然、歩いてきた道を振り返った時、突然、心に湧き出た状況を思い出し、それが、私の人生の多くのターニング・ポイントだったのかもと気が付くことを。


過ぎ去りし日々、年の経過、年齢を重ねると共に、こころに残る我が人生、「我が歩みの跡」の記憶は純化され熟成し、貴重な宝物となる。

そして、いろいろな思い出・回想、また、好奇心・探究心、それは、我が身も心も魂をも、そして、脳も、若々しく活性化してくれる。それを失わない限り、我が魂も無限なり。

あとがき

現在、かってないほどに大規模に、この地球上で民が移動している。彼等は小さな〝つて〟を求めて、より安息の定住を求めて、世界各地を遍歴し、漂泊する。

その中で、大学コミュニティは、特にアメリカの大学コミュニティは、世界各国からの若い異人たちの遍歴と漂泊の途上における一時的な仮の宿である。その仮の宿は、自分の国の厳しい現実と、時には冷たい視線から手厚く保護された一時的な温室でもある。この温室で暖まり、元気を取り戻し、再び世界各地へ散って行く。

このイリノイ大学コミュニティで出会った数多くの若者たちは、ある者は国を捨て、永続的な定住を求めるために入学してきた者であり、また、ある者は、自分の属するコミュニティから一時的に訪れた来訪者である。勿論、期待されて訪れる者も多い。

彼等は生まれ育った土地の国の歴史や風俗、人種、宗教などで培養された文化を運んで来る。そして、大学という一つの小さな共同体の中で交歓し、慌ただしく去っていく。いわゆる彼らは、当地のコミュニティに対する「若き異人たち」なのである。

二〇〇六年二月に初版「イリノイ大学　スケッチ・ノート―若き異人たちの伝説―」を新風舎から発行して後、二〇〇五年五月に、同じ書籍を、文芸社から、さらに、二〇一四年十月に改訂版「イリノイ大学　スケッチ・ノート 改―愛、そして、悠久と瞬―」を発行し続けた。

　その後、さらに、少しずつ、新知見を得るごとに、私個人の理解と独自の発想が湧き出てきて、文章修正や追加を行ってきた。つまり、イリノイ大学アーバナー・シャンペイン校での体験内容と現状にいたる事象を基に、その中に内在する宇宙感・地球・人類・歴史・宗教・哲学・文化・思想・技術革新・進化・人々の行動等などの中に、それほど深く知っていたわけではなかったが、数十年経過中でのその時、その時に、それらの知見を身に付けるごとに、〝この世は、あの時は、そうだったのか〟と気が付いたことを加筆し続けた。

　そして、その集大成としてここに、我が人生の最終章として、「イリノイ大学　スケッチ・ノート　増補　―回想、知の探訪の果てに―」を発行することにした。

　それは、レオナルド・ダ・ビンチが、絵画、『モナ・リザ』を、最晩年まで、作業室の中、隅のキャンパスに置き、他の仕事に力を注ぎながら、休憩中に、ところどころ、加筆し続けて、後に認められた大作品となったといわれていることも、頭の中にあった。

　また、モネが一九世紀後半から池の中の睡蓮の絵を、大作を含めて二百枚以上描いていたこともこの我が人生最終章版作成に励みとなった。

　そして、ニュートンも、晩年に、著書、「光学」を発刊しているが、これも、四十年間にわたって改訂を繰り返して発行している。（ページの向こうに、「ニュートンの創造的休日」、大河内直彦、二〇一七・五・一四、読売新聞」

様々な宗教・歴史・思想を背景に世界各国から大学に入学し、交歓し去っていく若き異人たち、そして、米国大陸横断縦断旅行での悠久な時が刻んだ風景と感動、その当時の状況、交歓は、まさしく現在の日本が、ようやく、グローバル化の大海の中に、一歩足を踏み入れようとしていること、多くの日本人が未知の異人たちとの交歓をも暗示しているからでもある。

これは、まさしく、私がこの本を改訂するにしたがって、異人たちとの交流、悠久と瞬の時の流れ、愛、この世とは、人類とは、その生業（なりわい）とは、現在にいたる世界状況の変化、宇宙、自然、歴史、宗教、思想についての高年の私の思索力も、脳力も熟成していくことに気が付いたからでもある。

遠い未来、五百年後、一千年後、地球上の国々、日本を含む世界の国々は多民族国家となっている。今、異人たちとの交流は、まだ、振出しにしかすぎない。

思い返せば、私は四年間、我が家族は二年間、イリノイ大学在学中にいろいろな出来事があったが、ほんの一瞬（時間は伸縮自在）であった気もする。偶然とも必然ともいえる、その一瞬の交歓の中に、若き異人たちの生態を見て、しみじみとした情感を持った記憶が蘇ってきたので、それを記すことにした。

人間が成長する段階で、喜びや、怒り、または嘆き、哀しみ、ときには楽しむ、また、我執と、数多くの感情を体験する。そして年月の経過とともに年老いて、若き時代を振り返り、自他の行動結果に対する寛容と慈悲と、そして諦念へと没入する。それが一生であろう。それは、太古の昔から、人間が繰り返す一つの業のようなものである。

我が家族、子供たちも巣立ちをし、それぞれの遍歴の旅を行い、同じような経験をするかもしれない。その時、この物語は、我々家族も含めた若き異人たちへの鎮魂歌ともなろう。

本書では、各異人達の文化的背景を調べるために、平凡社の（『世界大百科事典』、編集兼発行人、下中邦彦、一九八一）を、哲学の分野に関しては、（『哲学の名著』、久野収編集、毎日新聞社、一九六八）を、大変参考にさせていただきました。また、その他、本書に記載の文献についても、大変参考にさせていただきました。ここにお礼申し上げます。

最後に、私と出会った、また未来の異人たちに、「幸あれ！」と祈りたい。将来、日本からも世界を舞台にした「フーテンの寅さん」物語（ただし、寅さんは、帰る町・家があるが）がぞくぞく出てくることを期待して。

当時、お世話になった先生・異人・諸先輩・友人たち、親戚及び我が家族に感謝します。

今回の増補版、「イリノイ大学　スケッチ・ノート　増補　―回想、知の探訪の果てに

―文芸社」版の出版に際してお世話になった㈱文芸社の須永賢さん、井上格さんに心からお礼申し上げたい。

各章で私自身が心の中で響いたことの記述（歴史・宗教・思索・思考・事象など）に重なることがありますことをお認めいただきたい。

長寿の新春、新生の光輝く天空に、身も、心も、そして、脳もエネルギッシュに！

著者プロフィール

江守 克彦（えもり かつひこ）

福井県福井市出身、神奈川県横浜市在住。京都大学工学部建築学科卒業。

イリノイ大学アーバナ・シャンペイン校、Ph.D.

1964年、大学卒業後鹿島建設へ入社、建造物の構造設計業務に携わる。

1975年からアメリカ・イリノイ大学へ留学し、4年後に帰国。

（公立）前橋工科大学学長、（一財）群馬県建築構造技術センター理事長、各学会・委員会委員等を経験、建築構造関連の翻訳書・著書を持つ。

現在は、前橋工科大学名誉教授。


本書は2014年10月に文芸社より刊行された文庫本に、「我が歩み跡」と「回想、知の探訪の果てに」を追加し、全体に新知見を加えたものです。

イリノイ大学　スケッチ・ノート　増補

—回想、知の探訪の果てに—

2022年12月15日　初版第１刷発行

著　者　江守 克彦
発行者　瓜谷 綱延
発行所　株式会社文芸社
〒160-0022　東京都新宿区新宿１－10－１
電話　03-5369-3060（代表）
03-5369-2299（販売）

印刷所　株式会社暁印刷

ISBN978-4-286-25064-9